KB210476

그럼에도

은혜면 충분하다

그럼에도 은혜면 충분하다

저자 김병태

초판 1쇄 발행 2021. 4. 16.

발행처 도서출판 브니엘
발행인 권혁선

등록번호 서울 제2006-50호
등록일자 2006. 9. 11.

서울특별시 송파구 백제고분로28길 25 B101호 (05590)
마케팅부 02)421-3436
편집부 02)421-3487
팩시밀리 02)421-3438

ISBN 979-11-90308-44-1 03230

독자의견 02)421-3487
이메일 editorkhs@empal.com

북카페 주소 cafe.naver.com/penielpub.cafe
인스타그램 @peniel_books

도서출판 브니엘은 독자들의 원고를 설레는 마음으로 기다리고 있습니다.
위의 이메일로 간단한 기획 내용 및 원고, 연락처 등을 보내주십시오.

도서출판 브니엘은 갓구운 빵처럼 항상 신선한 책만을 고집합니다.

그럼에도

은혜면 충분하다

김병태 | 지음

당신을 향한 하나님의 놀라운 사랑, 그리고 계획

브니엘

| 프롤로그 |

하나님은 인간을 흙과 먼지로 지으셨다. 그곳에 하나님의 생기를 불어넣으니 살아 있는 존재가 되었다. 흙에서 태어나 흙으로 돌아가는 게 인생이다. 그런 인생을 가리켜 사도 바울은 '질그릇'으로 묘사한다(고후 4:7). 크나큰 값어치가 없고, 연약하고 유약해서 깨지기 쉬운 존재이다. 사실 요즘 목회현장에서 자주 경험하는 게 질그릇 인생을 바라보는 일이다. 이런저런 암으로 투병 중인 성도들, 치매나 노인성 질병으로 장기요양 중인 성도들, 각종 육체적 질병을 치료하느라 정신없는 성도들, 우울증·조울증·공황장애 등 정신적 고통을 당하는 성도들, 다른 사람들이 하는 말과 행동 때문에 크고 작은 상처를 안고 아파하는 성도들…. 이들을 바라보노라면 '인생이란 무엇인가!'라는 탄식이 절로 나온다.

그러나 인생은 거기서 마무리되는 게 아니다. 바울은 또다시 인생을 '보배를 가진 질그릇'으로 묘사하고 있다. 연약하고 한계를 가진 인간이지만 그 안에 담고 있는 보배인 예수 그리스도와 그분의 복음, 인간 안에 비춰지는 하나님의 영광을 아는 빛을 간직하고 있다. 인간의 가치는 바로 질그릇 안에 담긴 '보배'에 의해 결정된다. 질그릇 같은 인생에 하나님의 심히 큰 능력이 담겨 있기에 하나님의 사람들은 '실존 이상의 삶'을 살게 된다. 이것이 바로 은혜가 이끄는 삶이 아니던가!

어느덧 내 나이 예순 언덕을 일 년 앞두고 있다. 되돌아보면 크고 작은 인생의 파고를 넘느라 애써왔다. 나는 어머니 배 속에 있을 때 이미 죽음의 고비를 넘겼다. 어느 날, 만삭인 어머니가 감 장사를 하기 위해 감나무에 올라가서 감을 따고 있었다. 그런데 발을 헛디뎌 높은 감나무에서 떨어지고 말았다. 만삭인 어머니의 배 속에는 내가 들어 있었다. 며칠 동안 태동이 없었다고 한다. 그러니 아이가 죽은 줄만 알았다. 그런데 죽은 줄만 알았던 그 아이가 지금 이렇게 글을 쓰고 있다.

초등학교를 입학하기 전 어린 시기였다. 매서운 겨울이 지나고 따스한 봄날이 다가오는 어느 날, 시골 집 마당에 옹기종기 아이와 어른들이 따뜻한 햇살을 즐기고 있었다. 옆집에 사는 어린 친구가 샘을 판다고 녹아내리는 땅에 곡괭이질을 하고 있었다. 철없던 나는 궁금해서 고개를 내밀었다. 그런데 친구는 내가 내미는 머리를 보지 못하고 곡괭이질을 했다. '아차' 하는 순간 내 머리에는 피가 줄줄 흘러내렸다. 지금도 정수리 우측 0.5cm 위치에 큰 흉터가 남아 있을 정도로 적지 않은 상처였다. 그런데 병원에도 가지 않고 된장덩이 하나 붙여놓고 낫기를 기다렸다. 4남 3녀 중 여섯째이니 죽어도 괜찮았던 건가, 아니면 너무 무심했던 건지!

대학 진학을 위해 대구에서 새벽 열차에 몸을 실었다. 서울에 도 착하니 하늘이 무너지는 소식이 나를 기다렸다. 그날 새벽에 내가 기댈 수 있는 단 하나의 언덕이었던 맏형이 교통사고로 저 세상으로 떠난 것이었다. 상중(喪中)이니 대학이고 뭐고 생각할 겨를도 없었 다. 그런데 형수님의 강력한 고집으로 원서를 접수하고, 그 후로 대 학 공부를 하게 되었다. 서른두 살이던 형수님과 유치원에 다니던 남자 조카 둘과 함께 대학시절을 지냈다. 등록금을 마련하기 위해 공사판 막노동부터 길거리에서 오징어와 쥐포 장사도 하고, 센베이 과자 장사도 하며, 공장을 다니기도 했다. 때때로 초라한 내 모습에 부끄러움도 찾아왔지만 그래도 훗날 내 모습을 상상하며 묵묵히 걸 어왔던 대학시절이었다.

그런데 가만히 묵상해보면 이러한 세월이 그리 힘든 것만은 아 니었다. 왜냐하면 주님과 함께했던 시간들이었으니까. 내 발자취가 아닌 주님의 발자취가 남는 생애였으니까. 이것을 하나님의 은혜에 이끌리는 인생이라고 말하지 않던가! 나의 나 된 것은 전적으로 하 나님의 은혜라고 고백했던 바울처럼.

살다 보면 이해가 되지 않고 받아들이기 어려운 일들을 만난다. 세상이 왜 이런 거지? 하나님이 살아계시다면 어떻게 이런 일이 일 어나도록 방관하시는 거야? 더구나 악하고 나쁜 사람들은 떵떵거리 면서 잘만 살아가는데, 왜 착한 사람들이, 믿음생활을 잘하는 성도들이 저런 일을 당해야만 하는가? 하나님이 공의로우신 분이라면 왜 저런 일이 일어나는 거야? 이렇듯 하나님의 침묵이 이해되지 않은 때가 한두 번이 아니다. 하나님께서 주관하신다는 세상이 요지경처럼 생각되는 때가 부지기수다.

그러나 우리가 다 이해할 수 없어도 하나님은 일하고 계신다. 다 해석할 수 없어도 하나님이 행하신 일이다. 하나님의 침묵이 답답해 보여도 언젠가 하나님의 공의는 드러날 것이다. 인생은 내가 원하는 일들만 일어나는 게 아니다. 내가 보기에는 불청객이었는데 그 언젠가 그것이 행복의 씨앗이 되어 있기도 하다. 악한 자의 횡포로 어지러운 세상이 그 어느 때부터 자연스럽게 풀리는 것도 보게 된다. 때때로 받아들이기 어려운 예기치 않은 돌발 상황조차도 하나님의 경륜의 일부분이다. 그러니 감히 누가 인생을 함부로 논할 수 있단 말인가?

인간은 세상을 다 이해하고 다 알 수가 없다. 지금 이해가 안 된다고 부정할 필요는 없다. 나중에 풀리기도 한다. 인간의 생각대로 안 된다고 하나님을 의심할 필요도 없다. 하나님의 때에, 하나님의 방법대로 일하시는 걸 보니까. 하나님의 계획 안에서도 얼마든지 답답하고 기가 막힌 일들이 일어난다. 이해하기 힘들고 받아들이기 어렵다고 하나님이 안 계신 것이 아니다. 때가 되면 하나님이 일하시고 징벌하신다. 욥은 하나님과의 대화를 통해 믿음의 세계로 들어갔다. 거기서 하나님께 설복당했다. 이해하고 받아들이기 힘든 일이지만 하나님은 남유다 백성들에게 "바벨론으로 가라!"고 말씀하셨다.

거기서 평안을 주겠다고 하셨다. 내가 그려가는 인생 그림과 하나님이 만들어가시는 인생 작품이 얼마든지 다를 수 있다.

'이것'으로 끝나는 게 아니다. '이 세상'으로 마무리되는 게 아니다. 하루살이처럼 '오늘' 이상을 못 보는 근시안으로 세상을 판단하려 해서는 안 된다. 우리가 알지 못하는 그 무엇이 더 있다. 어떤 면에서 보면 세상에 불필요한 파편은 없다. 우리의 관점에서 불필요한 것일지라도 하나님의 계획에서는 꼭 필요한 것일 수 있다. 우리네 인생의 종국은 하나님의 은혜이다.

이 책을 통해 하나님이 이끌어가시는 은혜의 삶을 엿볼 수 있기를 기대한다. 아무리 구질구질한 삶처럼 보여도 하나님이 그려가시는 기가 막힌 작품임을 깨닫기를 바라며, 하나님이 만들어가시는 작품을 나의 어리석음으로 망치지 않기를 소망한다. 이 책을 통해 최고의 예술가이신 하나님께서 빚어가는 질그릇이 되어 하나님의 솜씨를 자랑하고 감사하는 인생으로 살아가길 소망한다.

글쓴이 김병태

C·O·N·T·E·N·T·S
차 례

C·H·A·P·T·E·R·1

이해할 수
없어도
은혜는
흐른다

G·r·a·c·e

—————————— "도대체 내가 뭘 그렇게 잘못했는데 이렇게 힘들게 할 이유가 뭐야. 내가 잘못한 게 있다면 좀 말이나 해주지. 해도 해도 너무 하잖아!"

살다 보면 이해할 수 없는 일들 앞에 허둥댈 때가 있다. 느닷없이 들린 소식에 한순간 얼굴에 핏기가 사라진다. 너무 놀라 심장이 갑작스레 멎는 느낌이다.

"어떻게 이럴 수가?"

머리가 백지장처럼 하얘지고, 당혹스러움에 두 손과 온몸이 부들부들 떨린다.

교회 설립 60주년을 맞은 어느 교회에서 오래 전부터 교인들이 돈을 모아왔다. 성지순례를 가기 위해서다. 부푼 가슴으로 이집트로 출발했다. 그런데 어느 날, 한 남자가 버스에 올라탔다. 폭탄을 품고서. 이것을 눈치 챈 가이드가 죽음을 각오하고 온몸을 던져 막았다. 다행히 버스 문 입구에서 폭탄이 터졌다. 4명이 죽고, 14명이 부상을 입었다. 이집트 이슬람 교도의 자살 폭탄테러였다.

그뿐만이 아니다. 어느 날, 경주 마우나 오션리조트 체육관 지붕이 붕괴됐다. 신입생 환영회를 하던 부산외대 학생들은 졸지에 아픔을 당해야 했다. 10명이 숨지고, 105명이 부상당하는 참사였다. 왜 이런 일들이? 도대체 뭐가 문제야? 그래도 함부로 말하지 말라.

"도대체 이해할 수 없다"고.

살아가면서 이해할 수 없고 해석되지 않는 순간이 한두 번이 아니다. 그럴 때마다 생각이 복잡해지고 가슴이 먹먹하고 답답해진다. 그럴지라도 인생을 함부로 판단하고 평가하지 말아야 한다. 우리가 다 이해할 순 없어도 하나님의 은혜의 강물은 여전히 흐르고 있으니까.

다 이해되어서 사는
인생은 없다

"주인아주머니께 죄송합니다. 마지막 집세와 공과금입니다. 정말 죄송합니다."

서울 도심지에서 기가 막히고 가슴 아픈 일이 벌어졌다. 서울 시내에서도 사람 살기에 꽤 괜찮은 동네에서 세 모녀가 동반자살을 한 것이다. 세 모녀가 함께. 도대체 왜? 세 모녀는 서울 송파구에 있는 단독주택 지하방에 세 들어 살고 있었다. 이불 두 채를 깔면 더는 공간이 없는 비좁은 방이었다. 누렇게 뜬 벽지 위에는 가족사진이 걸려 있었다. 부부와 두 딸의 가족사진이. 그런데 화목해보이는 사진 속 가족은 이제 한 사람도 남아 있지 않다. 가난하지만 행복하게 살아오던 이들 가정에 느닷없이 불행의 폭풍이 몰아친 것이다.

12년 전, 남편은 암으로 세상을 먼저 떠났다. 게다가 큰딸은 고혈압과 당뇨가 심했다. 그런데 쪼들리는 가정형편 때문에 제대로 치료도 받지 못했다. 홀로 된 어머니는 먹고살기 위해 근처 놀이공원 식당에서 일하고 있었다. 둘째 딸은 종종 아르바이트를 해서 생활비와 병원비를 충당했다. 하루하루 살아가는 게 고달프고 정말 아슬아슬했다. 그래도 집세와 공과금을 미룬 적 없이 착실히 냈다. 월 38만 원의 집세와 매달 20만 원 정도인 공과금. 만만치 않은 돈이지만 그래도 근근이 버티며 살아왔다. 그렇게 생활을 이어오던 중 둘째 딸이 신용불량자가 되고 말았다.

그리고 한 달 전부터 문제가 불거졌다. 식당일을 마치고 귀가하던 어머니가 길에서 넘어져 크게 다친 것이다. 결국 식당일을 그만두게 되었다. 유일하게 정기적으로 들어오던 수입원마저 끊기고 말았다. 이들은 막다른 길에 몰렸다. 한 달간 고민했다. 그러나 길이 보이지 않았다. 결국 그들은 결론을 내렸다. '함께 죽자!' 극단적인 선택이 마지막 선물이었다.

일주일 전부터 방안에서 텔레비전 소리만 나고 인기척이 없었다. 의심스러운 생각이 들어 집주인이 신고를 했다. 경찰이 도착했을 때 세 모녀는 나란히 누워 있었다. 그러나 이들의 숨은 이미 멎은 상태였다. 숨진 세 모녀 옆에는 흰 봉투가 가지런히 놓여 있었다. 겉면에 적힌 글씨가 우리네 눈시울을 적신다.

"주인아주머니께 죄송합니다. 마지막 집세와 공과금입니다. 정말 죄송합니다."

봉투 안에는 현금 70만 원이 들어 있었다. 봉투에 적힌 글을 본 집주인은 안타까운 마음을 하소연하듯 내뱉었다.

"정말 착한 사람들이었는데…."

생활고와 투병에 지친 이들은 만반의 준비를 했다. 방 창문은 청테이프로 막혀 있었고, 바닥에 놓인 그릇에는 번개탄을 피운 재가 고스란히 남아 있었다. 방문도 침대로 막아놓은 상태였다. 기르던 고양이도 모녀 옆에서 함께 죽어 있었다. 얼마나 힘들었으면 이런 극단적인 선택을 할 수밖에 없었을까? 마음이 아프다. 당뇨병을 앓으면서도 치료를 받을 수 없는 큰딸을 바라볼 때마다 가슴이 메어졌겠지. 살려고 몸부림치다 보니 원치 않게 신용불량자가 된 둘째 딸이 안타까웠을 것이다. 이들을 돌보아야 했던 어머니의 어깨는 너무 무거웠을 것이다. 그런데 움직일 수 없는 지경이 되었으니 앞날이 보이지 않았을 것이다. 그러니 더 갈 길이 없는 것처럼 여겨졌을 것이다.

"어떻게 이런 일들이?" 반갑지 않지만 때때로 나를 찾아오는 불청객, 아무리 거부해도 내칠 수 없고 피하려 애써도 도저히 떼놓을 수 없는 어둠의 그림자이다. 이것이 우리네 현실이다.

동방의 부자이자 의인으로 널리 알려진 욥, 그는 7남 3녀를 둔 다복한 가정의 가장이었다. 혹여 자녀들이 부지중에라도 하나님 앞에 죄를 범할까 노심초사하던 아버지였다. 그는 자신의 성결뿐만 아니라 자녀들의 성결생활에도 각별한 관심을 가졌던 모범적인 신앙인이었다. 성경은 그를 아름다운 신앙의 모델로 묘사하고 있다. "그 사람은 온전하고 정직하여 하나님을 경외하며 악에서 떠난 자더라"(욥 1:1). "그와 같이 온전하고 정직하여 하나님을 경외하며 악에서 떠난 자는 세상에 없느니라"(욥 1:8).

그런데 그런 욥에게 뜻하지 않은 일들이 몰아쳤다(욥 1:13-22). 그것도 숨 돌릴 여유도 주지 않고서. 이런 상황을 성경은 "그가 아직 말하는 동안에 또 한 사람이 와서 아뢰되"(욥 1:16-18)라고 묘사하고 있다. 정말 숨 가쁘게 들려오는 소식이었다. 이렇게 닥쳐온 일련의 사건들은 도무지 이해할 수 없고, 받아들이기조차 힘들었다.

첫째, 맏아들 집에서 잔치할 때 스바 사람이 침입하여 칼로 종들을 죽였다(욥 1:13-15).

둘째, 하나님의 불이 하늘에서 떨어져 양과 종들을 살라버렸다(욥 1:16).

셋째, 갈대아 사람 세 무리가 달려들어 낙타를 빼앗고 칼로 종들을 죽였다(욥 1:17).

넷째, 주인의 자녀들이 맏아들 집에서 잔치를 하는데 광야에서 큰 바람이 불어 집이 무너져 자식들이 모두 죽었다(욥 1:18-19).

기가 막힌 상황이었다. 느닷없이 닥친 일이었다. 얼마나 원망스러웠겠는가? 스스럼없이 질문이 터져 나올 법하다.

"왜 나에게 이런 일이 생깁니까? 도대체 내가 무슨 잘못을 그렇게 저질렀습니까? 연단을 위한 고난이라면 꼭 이렇게까지 해야만 합니까?"

그런데 욥이 취하는 태도를 보라. 먼저 겉옷을 찢고 머리털을 밀고 땅에 엎드려 예배했다(욥 1:20). 그리고 여호와의 이름에 찬송을 올렸다(욥 1:21). 그리하여 범죄하지 아니하고 하나님을 향하여 원망하지 않았다(욥 1:22). 욥에게 닥친 일련의 사건들도 이해하기 어렵지만 욥의 태도 역시 도무지 이해하기 힘들다. 인간이라면 어떻게 이럴 수가? 그렇다면 욥은 어떻게 이런 반응을 취할 수 있었을까? 그것은 하나님에 대한 신뢰 때문이었다. 욥은 하나님의 소유권과 주권을 인정했다. 주신 이도 하나님이시고, 취하신 이도 하나님이심을 인정했다. 그렇기에 다가오는 모든 불행을 받아들일 수 있었다.

그런데 욥의 가슴에 불을 지피는 또 다른 일이 발생했다. 이번에는 재물이나 가족이나 다른 주위 환경이 아니었다. 욥 본인의 몸이었다. 발바닥부터 정수리까지 종기가 나서 견딜 수 없게 되었다(욥 2:7-8). 때때로 하나님이 우리를 정신 차리게 하기 위해 손을 대실 때가 있다. 그때 일련의 순서가 있다. 물질의 어려움, 가족이 당하는 어려움, 그다음에 본인에게 손을 대신다. 이때 지혜로운 사람은 징후를 보고 빨리 정신을 차린다.

그런 와중에 욥으로 하여금 더 견디기 힘들게 하는 것이 있었다. 아내가 지르는 부아였다. 아내는 이해할 수 없는 불행 앞에서 끄떡도 하지 않고 흔들리지 않는 남편이 더 얄미웠다. 자기는 힘들어 죽겠는데 잘난 체하는 남편이 고마운 게 아니라 오히려 꼴 보기 싫었다. 그래서 핀잔했다. "하나님을 욕하고 죽으라"(욥 2:9).

남편이 어려움을 당할 때 아내라면 위로해주어야 하지 않는가? 다른 사람은 다 고소하다고 조롱해도 아내만은 편을 들어주어야 하지 않는가? 남들은 다 도망칠지라도 가족만은 끝까지 함께 있어주어야 하지 않는가? 그런데 차라리 하나님을 욕하고 죽으라고? 안 그래도 힘들어 죽을 지경인 남편에게 아내가 할 말인가? 정말 욥은 미칠 지경이었다. 그럼에도 욥은 입술로 범죄하지 않았다(욥 2:10). 조금도 흔들리지 않았다. 오히려 아내의 어리석음을 책망했다. "우리가 하나님께 복을 받았으니 화를 받는 것도 당연한 게 아닌가?"

욥의 친구들도 욥이 재앙을 받고 있다는 소식을 들었다. 친구들은 서로 약속하고 욥을 찾아왔다. 아픔을 당하는 욥을 위로하기 위해. 그런데 욥을 본 친구들은 깜짝 놀랐다. 도무지 알아볼 수 없을 정도로 초췌해진 몰골이었다. 그런 욥을 본 친구들은 억장이 무너지는 듯한 슬픔을 참을 수가 없었다. 그들은 대성통곡했다. 7일 밤을 욥과 함께 있으면서 한마디도 할 수 없었다. 욥이 당하는 아픔과 고통이 너무 비참하고 심했기 때문에. 친구들은 욥이 당하는 어려움과 시련을 이해할 수 없었다. 도저히 받아들일 수 없었다. 그러나 이건 피할 수 없는 현실이었다.

그런데 욥기 3장부터 상황이 돌변한다. 친구들과 함께하면서 참을 수 없는 그 무엇이 돌출한 것일까? 참을 수 있는 인간의 한계가 극에 달했기 때문일까? 이제야 정신이 번쩍 든 걸까? 견디다 못한 욥은 이제 하나님께 따지기 시작했다. 자신의 생일을 저주하고 살아 있다는 자체를 거부했다. 아무리 믿음이 좋은 욥이지만 멈출 줄 모르는 시련 앞에서는 어쩔 수 없는 한 인간에 불과했다. 인간의 버팀도 한계가 있는 법이니까.

　욥이 하나님께 원망하고 불평하는 것을 본 친구들은 욥을 비난하며 말했다. "네가 고통을 당하는 것을 보니 무엇인가 하나님께 큰 죄를 지었음에 틀림없어! 빨리 회개하고 자백해! 그러면 하나님이 다시 회복시켜주실 거야." 욥의 친구들은 아주 단순하게 결론을 내렸다. 욥이 무엇인가 잘못했으니까 이런 고통을 당하는 것이라고. 인간이 당하는 고난은 죄 때문이라고. 그러니 하나님께 용서를 구하라고. 그러면 하나님이 도움의 손길을 베푸실 거라고.

　사실 듣고 보면 틀린 말이 아니다. 한마디 한마디가 의미 있는 말이다. 신앙적이면서 신학적인 말이다. 논리적이고 합리적인 말이다. 그러나 욥에게는 아무런 도움이 되지 않았다. 친구들의 말에 굴복하고 싶은 마음이 전혀 없었다. 아니, 오히려 거부감만 일어날 뿐이었다. 욥의 마음을 뒤흔들어 감정의 구정물이 올라오게 하는 말일 뿐이었다. 친구들과 그칠 줄 모르는 논쟁 속에서 욥은 점점 더 과격해졌다. 참았던 감정이 폭발했다. 신앙의 뿌리까지 흔들리는 느낌이었다.

그러다가 욥기 38장부터 하나님이 욥에게 개입하신다. 얼굴이 벌개져서 친구들과 논쟁하느라 정신없는 욥에게 하나님이 질문을 던지셨다. "무지한 말로 생각을 어둡게 하는 자가 누구냐. 너는 대장부처럼 허리를 묶고 내가 네게 묻는 것을 대답할지니라"(욥 38:2-3). "내가 땅의 기초를 놓을 때에 네가 어디 있었느냐. 네가 깨달아 알았거든 말할지니라"(욥 38:4).

하나님은 자신이 누구인지 차근차근 가르쳐주셨다. 그리고 욥이 누구인지 깨닫게 하셨다. 하나님의 말씀 앞에서 욥은 아무런 대꾸를 할 수 없었다. 친구들이 말할 때는 한마디 한마디 들을수록 분노가 치밀었다. 그래서 또박또박 따졌다. 그런데 하나님과의 대화 앞에서는 도저히 입을 열 수가 없었다. 하나님의 말씀에 설복당했기 때문이다. 결국 욥은 하나님 앞에 무릎을 꿇었다. "주께서는 못 하실 일이 없사오며 무슨 계획이든지 못 이루실 것이 없는 줄 아오니 무지한 말로 이치를 가리는 자가 누구니이까. 나는 깨닫지도 못한 일을 말하였고 스스로 알 수도 없고 헤아리기도 어려운 일을 말하였나이다"(욥 42:2-3).

인생을 다 이해할 순 없다. 모든 일이 다 해석되는 건 아니다. 이해할 수 없고 받아들이기 힘든 일을 겪어 마음과 영혼이 마구 흔들릴 때 우리에게 필요한 건 바로 하나님과의 대면이다. 하나님의 음성을 듣는 것, 하나님의 말씀에 설복당하는 것, 하나님의 교정을 받는 것, 이것이 필요하다.

하나님이 일하지 못할
현실은 없다

"아 뜨거워! 아 뜨거워!"

죄수들을 사형시키기 위해 지펴진 풀무불, 그곳에 던져지면 뼈도 추릴 수 없다. 삽시간에 재로 변할 뿐이다. 그런데 오늘은 평소보다 일곱 배나 뜨겁게 지펴지고 있었다(단 3:19). 맹렬한 풀무불에 던져 넣어야 할 죄수가 있기에. 얼마나 극악무도했으면 평소보다 일곱 배나 더 뜨겁게 불을 지펴야 하나?

그 풀무불 앞에는 다니엘의 세 친구가 명령을 기다리며 묶여 있었다. 던져지기만 하면 불길은 거세게 몰아칠 것이다. 불기운이 얼마나 뜨거웠던지 세 친구를 붙들고 있던 군사들을 태워버릴 정도였다. 도대체 왜? 느브갓네살 왕이 만든 금 신상 앞에 절하지 않는다는 이유 때문에. 모든 사람이 머리를 숙여 절하는데 뻣뻣이 서서 버티고 있는 자들이 있었다. 자기들은 우상을 숭배할 수 없다고. 자기들은 황제 숭배를 하지 않겠다고. 자신들이 섬기는 온 우주를 다스리시는 왕이 있다고.

화가 난 느브갓네살은 협박했다.

"다시 한 번 기회를 준다. 금 신상 앞에 절하라! 그렇지 않으면 당장 활활 타오르는 불구덩이에 던져버리겠다!"

그러나 다니엘의 친구들은 그 상황에 굴복하지 않고 다부지게 말했다.

"왕이시여, 우리가 섬기는 하나님이 계신다면 우리를 맹렬히 타는 풀무불 가운데서 능히 건지실 것이고, 왕의 손에서도 건져내실 것입니다. 만약 그렇게 하지 않더라도 우리는 왕의 신들을 섬기지 않을 것이고, 왕이 세우신 금 신상 앞에 절대로 절을 할 수 없습니다!"

결국 다니엘의 세 친구는 활활 타오르는 풀무불에 던져졌다. 이렇게 억울한 일이 있는가? 무슨 죄가 있다고? 무슨 악한 일을 했다고? 하나님을 섬긴다는 이유로, 금 신상에게 절하지 않는다는 이유로 이렇게 무지막지한 일을 당할 수 있단 말인가? 악한 인간이야 그렇다 치자. 그럼 하나님은 뭘 하신단 말인가? 이 지경이 되면 피할 길을 열어주셔야지, 어떤 방법을 동원해서라도 위기를 없애주셔야지, 어떻게 이렇게 뜨거운 풀무불에 던져지도록 그냥 내버려두신단 말인가? 하나님도 너무 하시지, 하나님이 안 계신 건 아니야? 그러나 하나님이 없다고, 하나님이 뭘 하시냐고 너무 속단하지 말자. 하나님은 자신의 때에 움직이신다.

맹렬히 타는 풀무불 가운데 던져진 사람은 분명히 셋이었다. 그들은 불에 타서 흔적도 찾아볼 수 없어야 했다. 그런데 그들은 멀쩡했다. 조금도 그을리지 않았다. 결박된 채 던져진 그들은 결박이 풀어졌다. 불 가운데로 다니는데도 전혀 상하지 않았다. 게다가 거기에는 또 한 사람이 있었다. 알 수 없는 또 한 사람은 신들의 아들과 같은 모양을 하고 있었다. "이 사람들을 본즉 불이 능히 그들의 몸을 해하지 못하였고 머리털도 그을리지 아니하였고 겉옷 빛도 변하지 아니하였고 불 탄 냄새도 없었더라"(단 3:27).

다니엘의 세 친구가 어려움을 당할 때 하나님은 모른 체하시는 분이 아니다. 하나님은 주무시지도 않고 그 백성들을 지키고 보호하시는 분이다. "낮의 해가 너를 상하게 하지 아니하며 밤의 달도 너를 해치지 아니하리로다. 여호와께서 너를 지켜 모든 환난을 면하게 하시며 또 네 영혼을 지키시리로다"(시 121:6-7).

상황이 어렵다 보면 하나님이 나를 버린 것 같은 느낌이 들기도 한다. 너무 절박하고 어렵다 보면 하나님이 멀리 느껴져서 답답하기도 하다. 때로는 하나님이 나를 외면한 것처럼 생각된다. 아니, '하나님이 살아계신다면 어떻게 이럴 수가 있어?' 하는 생각이 들기도 한다. 그러나 그건 우리의 감정이자 느낌일 뿐이다. 절박한 상황에 휘둘린 우리의 병든 생각일 뿐이다.

이해할 수 없는 현실 앞에서 모든 걸 다 알려고 하지 말고 끝까지 하나님을 신뢰해야 한다. 이해할 수 없는 상황에서 하나님의 사람에게 필요한 건 무한 신뢰뿐이다. 욥은 자신에게 닥친 고통의 문제를 다 이해할 수 없었다. 그러나 하나님을 신뢰했다. 물론 그 신뢰마저도 고통이 가중되고 시간이 지나면서 흔들렸지만. 그럼에도 우리에게 필요한 건 끝까지 하나님을 신뢰하는 것이다.

아무리 지혜로운 사람도 세상을 다 이해할 순 없다. 세상은 다 이해하며 사는 곳이 아니다. 지금 이해하기 어려워도 언젠가는 이해하게 된다. 그때까지 기다리는 인내가 필요하다. 어차피 우리는 세상을 다 알기 때문에 살아가는 게 아니다. 이해할 수 있는 것만 받아들이는 건 아니지 않는가? 때로는 이해가 안 되더라도 받아들여야만 하는 것이 있다.

한때는 눈물로 얼룩졌던 날들이 나중에는 아름다운 이야기로 바뀌는 날이 온다. 지금 흘리는 눈물이 영원한 눈물일 거라고 착각해서는 안 된다. 그 언젠가 웃을 날이 다가온다. 그 언젠가 그 이유를 알게 될 날이 올 것이다. 이유는 나중에 알아도 늦지 않다. '이 세상'에서 이해할 수 없는 것들도 '하나님의 나라'에 가면 다 알게 된다. 그러니 지금 이해가 되지 않는다고 함부로 말하고 행동해서는 안 된다. 때로는 침묵하는 지혜가 필요하다.

우리가 잊지 말아야 할 사실이 있다. 알 수 없는 고난은 있어도 이유 없는 고난은 없다는 사실을. 내가 알지 못할 뿐이지 하나님은 다 아신다. 내가 모른다고 하나님도 모른다고 생각해서는 안 된다. 이유를 알 수 없는 고난이 닥쳐올지라도 그저 하나님을 신뢰해야 한다. 때때로 이해하기 힘들고 받아들이기 어렵지만 우리에게 다가오는 고난은 주님을 닮아가기 위한 과정이자 주께로 다가가기 위한 길이다. 이해하기 어렵고 받아들이기 힘든 일 앞에서 말씀을 붙잡고 하나님께 기도하는 지혜가 필요하다.

사도 베드로는 예수님을 믿는 것 때문에 극심한 박해를 받고 있는 그리스도인들에게 당부했다. "부당하게 고난을 받아도 하나님을 생각함으로 슬픔을 참으면 이는 아름다우나"(벧전 2:19). 부당한 일을 당한다고 생각될 때 하나님을 생각하며 참아야 한다. 부당한 일로 가슴앓이할 때도 하나님은 여전히 일하고 계시니까.

중학교 1학년 때 친구가 찬 공에 눈을 맞아 실명한 소년이 있다. 그 충격으로 어머니는 돌아가셨다. 그리고 아버지마저 돌아가시면서 졸지에 고아가 되었다. 열세 살 된 남동생은 철물점에, 아홉 살 난 여동생은 고아원에, 그리고 본인은 맹인재활센터에 보내졌다. 너무나 속상해서 하나님께 따졌다.

"왜 하필 저에게 이런 시련을 주십니까?"

그리고 기도하고 또 기도했다.

"제 눈을 뜨게 해주세요."

그러나 하나님은 아무런 응답이 없었다. 그랬던 그가 하나님을 만나고 삶이 변했다. 결국 우리나라 최초의 시각장애인 박사이자 미국 조지 부시 행정부 시절 백악관 국가장애위원회 정책차관보에 올랐다. 그가 바로 강영우 박사이다. 그의 둘째 아들 크리스토퍼 강은 오바마 행정부 입법담당 특별보좌관에 발탁돼 화제가 되기도 했다. 강 박사는 정책차관보로 6년 동안 일하면서 미국의 5천 400만 장애인을 대변하는 직무를 수행했고, 장애인의 사회 통합, 자립, 권리를 증진시키는 데 기여했다.

먼 훗날 강 박사는 자신의 인생을 두고 이렇게 고백했다.

"만약에 제 눈을 하나님이 뜨게 해주셨다면 저는 소년 가장으로 동생들을 먹여살리느라 아무것도 못했을 겁니다. 하나님은 20~30년 뒤를 내다보시고 놀라운 축복을 주신 겁니다. 많은 사람이 저에게 '장애임에도'라는 말을 건넵니다. 저는 그 말을 고쳐드립니다. 장애임에도가 아니라 '장애를 통해서, 장애 덕분에'라고요."

그는 2012년 2월 23일 췌장암으로 우리 곁을 떠나 하나님 품에 안겼다. 향년 68세로. 그러나 그는 두려움에 떨지 않았다. 너무나 초연하고 평안하게 하나님께로 갔다. 하나님이 하시는 일을 다 이해하려 들기보다 받아들이는 믿음이 필요하다. 불합리한 것 같아도, 뭔가 잘못되고 있다고 생각하는 그때에도 여전히 하나님은 일하시고 계시니까. 하나님이 일하지 못할 현실은 없다.

악인이 형통해도
부러워 할 건 없다

"저런 사람은 일찌감치 데려가야 하는데, 하나님이 살아계신다면 왜 저런 사람을 그냥 놔두는 거야?"

살다 보면 이해가 안 되는 일이 한두 가지가 아니다. 그 가운데 하나는 바로 악인의 형통함이다. 악한 사람이 잘되는 것 같다. 착한 사람은 살려고 몸부림쳐도 잘 안 되는데, 다른 사람을 해하는 악한 사람은 오히려 술술 잘 풀려나가는 것 같아 속상할 때가 있다. 좋은 사람에게는 좋지 않은 일이 자꾸 터지는데 나쁜 사람에게는 왜 좋은 일만 일어나는 걸까? 세상이 불공평하게 느껴진다.

하나님이 공의로우신 분이라면, 하나님이 정말 살아계신다면 착한 사람은 복을 받고 악한 사람은 벌을 받아야 하는 게 아닌가? 선한 사람이 잘되고 악한 사람은 어려움을 당해야 하는 게 아닌가? 사실 권선징악이 사회를 이끌어가는 정신이다. 그런데 지혜의 왕 솔로몬은 말한다. "너는 악인의 형통함을 부러워하지 말며 그와 함께 있으려고 하지도 말지어다"(잠 24:1).

아삽이 이상하게 여기는 것이 있었다(시 73:4-5). 왜 악인들은 죽을 때에도 고통이 없고 그 힘이 강건한가? 그들은 왜 사람들이 당하는 재앙도 당하지 않는 것일까? 악한 일을 저지르면서도 그들의 교만은 극에 달했다. 그런 그들이 왜 평안하게 사는 것일까? 왜 그들의 재물은 점점 더 불어나는 것일까? 그런데 왜 의롭게 살고자 하는 사람은 재난을 당하고 징벌을 받는 것일까? 도무지 이해할 수 없는 게 너무나 많았다.

그런데 아삽은 고백한다. "하나님의 성소에 들어갈 때에야 그들의 종말을 내가 깨달았나이다"(시 73:17). "하나님께 가까이 함이 내게 복이라. 내가 주 여호와를 나의 피난처로 삼아 주의 모든 행적을 전파하리이다"(시 73:28).

우리는 궁금해하는 것이 많다. 그런데 궁금증을 푸는 방법이 무엇인가? 하나님의 임재 안으로 나아가는 것이다. 하나님의 임재 안에서 하나님이 행하시는 일들을 바라보는 것이다. 하나님의 임재 안에 설 때 우리는 하나님이 내 마음의 반석 되심을 발견하게 된다. 하나님이 나의 영원한 분깃임을 발견하게 된다. 그렇기에 우리는 흔들리는 상황에서도 하나님의 오른손은 나를 붙잡고 있음을 바라보아야 한다.

눈물의 선지자 예레미야는 고독한 길을 걸었다. 왜 고독했는가?

하나님의 말씀을 맡았기 때문이다. 하나님 편에 섰기 때문이다. 하나님이 원하시는 길을 가기로 고집했기 때문이다. 그는 인간적으로 '전하고 싶지 않은 메시지'를 선포해야만 했다. 왜? 하나님이 하라고 하시니까. 그것이 자신에게 주어진 사명이니까. 그래서 힘든 길을 걸어야 했다. 당연히 듣기 싫은 메시지를 선포하니 백성들은 심판을 예언하는 예레미야를 따돌렸다. 더구나 고향인 아나돗 사람들에게 당하는 배척은 견디기 힘든 일이었다. 심판의 메시지를 선포하니 좋아할 사람이 누가 있겠는가? 듣기 싫었다. 짜증스러우니 귀를 기울이려 하지도 않았다. 하나님의 말씀을 전하는 자이기는 하지만 반기지도 않았다.

그래서 사람들은 예레미야를 협박했다. "너는 여호와의 이름으로 예언하지 말라. 두렵건대 우리 손에 죽을까 하노라"(렘 11:21). 아나돗 사람들은 악한 일을 꾀했다. "우리가 그 나무와 열매를 함께 박멸하자. 그를 살아 있는 자의 땅에서 끊어서 그의 이름이 다시 기억되지 못하게 하자"(렘 11:19). 예레미야는 아나돗 사람들이 꾸미는 간교한 일을 전혀 눈치 채지 못했다. 그러나 하나님이 예레미야에게 알려주셨기에 위험을 피할 수 있었다. 그때 예레미야의 심정이 얼마나 비참했겠는가? 그는 "끌려서 도살당하러 가는 순한 어린 양과 같았다"고 고백했다. 다른 사람들은 몰라도 고향 사람들은 환대해줄 거라 생각했다. 남들은 대적할지라도 고향 사람들만은 도움을 줄 거라 믿었다. 그러나 완전 착각이었다. 더 아프게 했다. 더 심하게 배척했다.

그때 예레미야는 어떻게 했는가? 그들을 설득했는가? 자기변명을 늘어놓았는가? 자신을 좀 도와달라고 매달렸는가? 그렇게 하지 않았다. 예레미야는 하나님 앞으로 나아갔다. 하나님의 도움을 간구했다. 자신이 원수를 갚으려 하지 않고 하나님께 원수 갚는 일을 맡겨버렸다. 그는 하나님이 공의로 판단하실 것을 확신했다. 하나님이 사람의 마음을 감찰하시는 분인줄 알고 있었다. 그래서 자신의 원통함을 하나님께 아뢰었다. 그리고 하나님이 갚아주실 것을 바라보기로 했다.

그러자 하나님이 예레미야에게 말씀하셨다. "보라. 내가 그들을 벌하리니 청년들은 칼에 죽으며 자녀들은 기근에 죽고 남는 자가 없으리라. 내가 아나돗 사람에게 재앙을 내리리니 곧 그들을 벌할 해에니라"(렘 11:22-23). 하나님은 자신이 정하신 때에 그들을 전쟁과 기근으로 재앙을 내리실 것이라고 말씀하셨다. 그렇기에 우리는 악한 자들이 득세해도 즉각적으로 심판하시지 않는다고 불평하지 말아야 한다. 하나님의 때에, 하나님의 방법으로, 하나님이 친히 손을 쓰실 것이다. 하나님이 때를 지연하는 것은 악인에게 회개할 기회를 주기 위함이다. 한편으론 하나님의 사람을 연단하는 시간이기도 하다. 물론 끝까지 인내하고 자비를 베풀어도 돌아서지 않는 자는 반드시 심판하신다.

만약 하나님이 즉각적으로 징계의 막대기를 드신다면 우리는 어떻게 되겠는가? 아마 벌써 끝장나고 말았을 것이다. 매일 죄를 밥 먹듯 짓는 우리니까. 그렇게 생각하면 오래 참아주시는 하나님이 얼마나 감사한지 모른다. 나에게는 오래 참아주시고 남들에게는 빨리 진노하시길 바라는 건 억지일 뿐이다. 하나님은 악한 사람이나 선한 사람에게 모두 무한한 자비와 용서를 베푸시는 분이다. "하나님이 그 해를 악인과 선인에게 비추시며 비를 의로운 자와 불의한 자에게 내려주심이라"(마 5:45). 그러나 하나님의 무한한 사랑을 빌미로 경솔해서는 안 된다. 하나님이 한 방 치시면 남을 게 없기 때문이다.

세계적으로 유명한 신학자이자 설교자인 미국의 아이언 사이드 박사가 교회에서 한참 회의를 진행하고 있을 때였다. 갑자기 한 청년이 손을 들더니 큰소리로 말했다.

"여러 얘기하지 말고 법대로 합시다."

이 말을 들은 아이언 사이드 박사가 그 청년에게 말했다.

"이보게 젊은이, 법대로 자네를 다루었다면 자네는 어떻게 되었겠는가? 자네는 벌써 지옥에 가 있어야 마땅할 것일세."

법대로 하자고? 법대로 했으면 하나님의 법을 수시로 어기고 무시한 우리는 벌써 잿더미로 변해 있어야 한다. 다른 사람들의 불합리한 것만 보고 함부로 말해서는 안 된다. 나는 더한 존재일 수 있으니까.

선한 사람이 고통을 받기도 하지만 때가 되면 하나님이 일하신다. 하나님의 사람 요셉은 형들에게 팔려서 애굽에서 온갖 고난을 다 겪었다. 모세는 동족을 도와주었다가 미디안 광야로 도망가는 신세가 되었다. 이스라엘 백성은 애굽과 앗수르, 바벨론에 의해 압제를 당했다. 하나님의 마음에 합한 사람 다윗은 사울에게 위협을 받고 도망을 다녔다. 예수님은 가룟 유다에게 은 30에 팔렸다. 그렇다고 하나님이 안 계신 것은 아니다. 이해가 안 되어도 하나님은 일하고 계신다. 때가 되면 하나님이 손을 대시고 징벌하실 것이다. 악인의 형통함은 영원한 게 아니다. 잠깐만 그럴 뿐이다. 그렇기에 믿음의 사람이라면 '하나님의 때'를 잠잠히 기다려야 한다.

다니엘 웹스터라는 미국의 유명한 정치가이자 학자가 있었다. 그가 국무장관으로 있을 때의 일이다. 하루는 뉴욕의 어떤 호텔에서 저명한 사람 약 20명과 함께 저녁식사를 하게 되었다. 저녁을 다 먹고 다른 사람들은 이런저런 이야기를 하는데, 웹스터는 머리를 숙이고 가만히 있었다. 그러자 옆에 있던 사람이 물었다.

"웹스터 씨, 당신의 일생을 통해서 당신 마음속에 들어온 생각 가운데 제일 중요한 생각은 무엇이라고 말할 수 있습니까?"

그러자 웹스터는 고개를 들고 대답했다.

"나에게 제일 엄숙하고 중요한 생각은 내가 지금 하는 모든 일은 이다음에 내가 하늘나라에 가서 내가 책임질 것이라는 생각입니다. 이 생각을 할 때에 내 마음이 제일 엄숙해집니다."

하나님이 지금 책임을 묻지 않는다고 함부로 굴어서는 안 된다. 이 땅에서 다루지 않는 일들이 마지막 하나님의 심판대 앞에서 엄중히 다루어질 것이니까.

긍정의 중독을
경계해야 한다

예수님이 높은 산에서 영광스러운 모습으로 변형되는 광경을 제자들에게 보여주셨다. 그 후에 산 아래 동네로 들어가셨다. 그때 한 사람이 예수님께 달려왔다. 그리고 자신의 귀신들린 아들을 고쳐달라고 매달렸다. 문제는 제자들에게도 부탁했건만 제자들은 귀신을 내쫓지 못했다는 점이다. 그래서 다시 예수님을 찾아온 것이다. 귀신이 아이를 죽이려고 물과 불에 자주 던져서 차마 볼 수가 없다는 것이다. 그래서 예수님께 간청했다. "무엇을 하실 수 있거든 우리를 불쌍히 여기사 도와주옵소서"(막 9:22). 그때 예수님이 대답하셨다. "할 수 있거든이 무슨 말이냐. 믿는 자에게는 능히 하지 못할 일이 없느니라"(막 9:23).

그리스도인이라면 누구나 암송하고 있는 말씀이다. 좋아하는 말씀이기도 하다. 힘이 되고 위로가 되는 말씀이다. 그래서 이 말씀을 써서 액자에 걸어놓기도 한다. 그런데 문제는 이 말씀이 만능키로 받아들여지고 있다는 점이다. 우리는 이 말씀을 붙잡고 안 될 일도 없고, 못할 일도 없다고 받아들인다.

사도 바울은 빌립보 교인들에게 구제헌금에 동참해준 일에 대해 감사하는 마음을 전했다. 그러면서 이런 말씀을 주었다. "내게 능력 주시는 자 안에서 내가 모든 것을 할 수 있느니라"(빌 4:13). 이 말씀 역시 그리스도인이라면 누구나 아는 말씀이고, 대부분 암송하는 말씀이다. 어떤 일을 할 때도 이 말씀을 암송하면서 은혜를 받는다. 어려울 때마다 이 말씀을 묵상하면서 용기를 얻는다. 말씀을 묵상하고 암송하면서 위로받고 용기를 내는 게 문제가 될 건 없다. 다만 이 말씀이 만능키나 되는 것처럼 여기는 게 문제이다. 그런데 알고 보면 바울은 그런 의미에서 사용한 게 아니었다. 바울은 궁핍하거나 부요하거나 어떤 경제적인 환경에 매이지 않는다고 말한 것이다. 주님이 함께하는 삶, 주님이 주시는 능력으로 환경을 초월해서 변치 않는 믿음으로 살아갈 수 있다고 강조한 것이다.

한때 선풍을 불러일으킨 베스트셀러가 있다. 바로 조엘 오스틴의 「긍정의 힘」이다. 긍정적인 생각과 적극적인 태도로 살아가면 기적이 일어난다는 것이다. 그래서 매사에 자신에게 긍정의 힘을 불어넣어야 한다는 것이다. 긍정의 에너지는 환경을 바꾸고 삶을 바꿀 수 있다는 것이다. 사실 긍정의 힘이 지치고 힘든 인생을 살아가는 사람들에게 얼마나 큰 도움이 되는지 모른다. 긍정의 힘을 알기에 자신에게 셀프 토킹(self talking)을 한다.

"나는 얼마든지 할 수 있어!"

"나에게 불행은 없어!"

"다 잘 될 거야!"

그런데 생각해보자. 긍정적인 생각을 가진다고 모든 일이 생각처럼 그렇게 잘 되던가? 긍정적인 말을 내뱉는다고 모든 상황이 그렇게 변하던가? 아무리 긍정적인 말을 하고 긍정적인 생각을 해도 안 될 때가 많다. 더 복잡하게 꼬일 때도 있다. 그런 지경이 되면 낙담하게 되고 회의를 느낀다.

어떤 성도가 사업에 어려움이 생겼는데 아무런 해결책이 보이지 않았다. 너무나 답답한 나머지 하나님 앞에 작정기도를 했다. 매일 한 끼 금식을 하면서 100일 동안 새벽기도를 하기로. 피곤하고 힘든데도 절박한 상황이라 기도를 쉴 수 없었다. 드디어 100일이 지났다. 그런데 사업은 여전히 어려웠다. 문제가 풀릴 기미가 보이지 않았다. 영적인 회의가 들었다. '왜 이래? 구하고 두들기면 주신다고 약속하셨잖아. 하늘 아버지께서 가장 좋은 것을 주신다고 했잖아. 그런데 왜 나에게는 아무런 변화가 없는 거야. 하나님이 안 계신 거 아냐? 기도해도 아무런 소용이 없잖아. 그런데 왜 성경은 거짓말을 해. 생각해보니까 지금까지 그렇게 응답받은 게 많은 건 아니잖아. 응답받았다고 생각한 것도 우연찮게 그런 일이 일어난 것일 수도 있잖아.' 결국 봉사를 내려놓았다. 예배에 빠지기 시작했다. 점점 더 하나님으로부터 멀어지고 있었다.

기도하면 만사형통이라고 생각하는 이들이 있다. 우리가 하나님 앞에 매달리기만 하면 하나님은 반드시 주신다는 것이다. 그런데 현실은 그렇지 않을 때가 많다. 그래서 기도 응답에 대한 확신이 올무가 되어버렸다.

긍정을 강조하는 사람들은 부정적으로 생각하는 것을 엄금하고 있다. 부정적인 생각이 파고들지 않게 하라고 한다. 어떤 경우에도 긍정적인 말을 하라고 한다. 그렇기에 부정적인 사람들하고는 만나지도 말라고 한다. 만나는 사람이 부정적인 사람이라면 차라리 헤어지라고 한다. 부부라면 이혼도 한 방법이 되겠지? 부모와 자식 간인 경우는 만나는 시간을 되도록 짧게 하는 게 상책일 수도 있다고한다.

그런데 바버라 에런라이크는 「긍정의 배신」이라는 책을 통해 이런 긍정 맹신주의자들에게 일침을 가한다. 긍정 맹신주의자들과는달리 자신을 향해 부정적인 말을 하면 긍정적으로 받아들여야 한다고 주장한다. '아! 저 사람이 나를 사랑해서 내가 지금보다 더 나쁜길로 가지 않도록 말해주고 있구나!' 그렇게 생각을 바꾸고 나면 부정적인 말을 하는 사람들에 대한 태도도 달라진다는 것이다. 물론무작정 긍정의 힘을 부인할 필요는 없다. 부정적인 것보다는 긍정적인 게 더 낫다. 그러나 '허황된 긍정'은 '이유 없는 부정'보다 더 나쁜 결과를 초래할 수도 있다.

중요한 점은 합리적 긍정을 찾아나서는 것이다. 사실 긍정적인사고 자체가 나쁜 건 아니다. 다만 근거 없는 긍정이 위험할 뿐이다.긍정적이려면 마땅한 이유가 있어야 한다. 덮어놓고 긍정적인 태도를 가진다고 해서 긍정적인 결과가 있는 건 아니다. 현실을 차분히바라보고 합리적으로 따져본 후에, 마침내 긍정적인 결과가 예상된다면 그때의 생각이 진짜 긍정이다. 합리적 긍정이야말로 배신하지않는 진짜 긍정이다.

마냥 긍정적인 사람이 있다. 그런데 다가오는 결과는 그렇게 좋은 것만은 아니다. 긍정적으로 생각해왔는데 불행한 상황이 지속되면 더 크게 상처를 입을 수 있다. 심지어 회복 불가능한 상황에 빠질 수도 있다. 차라리 상황을 좀 더 냉철하게 받아들이고 그에 따른 적절한 대비책을 마련하는 게 더 지혜로울 수 있다. 물론 믿음으로 대처해 나가야 함은 말할 것도 없다.

가족전도를 위해 기도하는 사람은 "믿습니다!"를 외치는 것보다 가족을 움직이고 감동시킬 수 있는 지혜로운 전략을 모색하는 지혜를 발휘하는 게 필요하다. 암 선고를 받은 사람이 기도하는 것은 당연하다. 그러나 "하나님이 함께하시니 걱정할 것 없어"라고 긍정의 힘만 의지하는 게 능사는 아니다. 하나님을 전적으로 신뢰하는 것과 적절한 치료를 받는 건 별개의 문제가 아니다. 하나님을 의지하는 믿음으로 하나님이 주신 일반은총과 기술과 지식의 힘도 활용하는 게 균형 잡힌 그리스도인이 걸어야 할 바른 믿음의 길이다.

엘리야시대에 대부분의 선지자들은 아합 왕과 이세벨에게 좋은 말만 해주었다. 아무런 문제가 없을 거라고 했다. 다 잘 된다고 설교했다. 아합이 여호와 보시기에 악을 행함에도 좋은 말만 늘어놓았다. 죄 짓는 것을 가볍게 여기는 왕이었지만 그에게 직언하는 사람이 없었다. 그런데 엘리야가 직언을 하기 시작했다. 그러니까 아합왕은 엘리야를 보고 '이스라엘을 괴롭게 하는 자'라고 말했다. 그때엘리야는 뒤로 물러서지 않고 아합 왕에게 당당하게 외쳤다. "내가이스라엘을 괴롭게 한 것이 아니라 당신과 당신의 아버지의 집이 괴롭게 하였으니 이는 여호와의 명령을 버렸고 당신이 바알들을 따랐음이라"(왕상 18:18). 폭정을 일삼던 아합이 엘리야를 가만 둘리 없었다. 엘리야를 찾아 죽이려고 혈안이 되었다. 그러나 하나님은 하나님 편에서 악과 더불어 싸우는 엘리야를 돌봐주셨다. 그에게 먹을 것을 공급하시고 그의 생명을 보호해주셨다.

오늘날 우리는 좋은 말에 취해버린 그리스도인은 아닌가? 긍정에 중독된 한국교회는 아닌가? 강단에서 흘러나오는 말씀이 성도들을 기분 좋게 만드는 말로 채색되어가고 있다. 긍정의 심리학에 물든 설교로 변질되고 있다. 일주일에 한 번 나오는 성도들 입장에서는 위로와 격려를 주는 메시지만 듣고 싶어 할 것이다. 그러나 달콤한 설교가 문제를 없애주는 건 아니다. 정확한 진단을 해야 한다. 그리고 수술을 해야 한다. 아픔과 고통이 수반되더라도 정확한 처방이 이루어져야 한다. 그래야 우리의 영혼이 살 수 있고 교회는 본질을 회복할 수 있다. 오늘날 사탄은 우리를 유혹하는 강력한 도구로 긍정의 힘을 사용하고 있음도 잊지 말아야 한다.

인생 일기를
하나님이
쓰시게 하라

G · r · a · c · e

가수 민혜경 씨가 부른 노래 중에 '내 인생은 나의 것'이란 가요가 있다. 가사는 이렇다. "내 인생은 나의 것 내 인생은 나의 것 그냥 나에게 맡겨주세요. …나는 모든 것 책임질 수 있어요." 그러나 정직하게 스스로에게 한번 물어보라. 정말 내 인생이 나의 것일까? 내가 과연 책임질 수 있는가? 인생에 대한 책임의식을 갖는 것은 좋은 일이다. 그런데 알고 있는가? 내 인생의 시작은 내 마음대로 되지 않는다는 사실을. 출생을 내 마음대로 결정할 수 있었는가? 내 이름을 마음대로 지었는가? 나의 외모를 결정하는 데 보탠 게 있는가? 부모님과 조국도 내 마음대로 선택한 것은 없다. 지금까지 살아온 삶의 모든 여정을 생각해보라. 내 마음대로 된 것이 얼마나 있었는가? 그런데 어떻게 내 인생을 나의 것이라고 할 수 있는가?

평생을 독신으로 살아오신 할아버지가 있었다. 어느 날, 놀이터 의자에 앉아 있었다. 그때 동네 꼬마들이 몰려와서 옛날이야기를 해 달라고 졸랐다. 할아버지는 조용히 이야기를 시작했다.

"옛날에 어떤 남자가 한 여자를 너무너무 사랑했단다. 그래서 그 남자는 용기를 내 여자에게 결혼해달라고 프러포즈를 했지."

그러자 그 여자가 이렇게 말했다고 한다.

"두 마리의 말 말고 다섯 마리의 소를 갖고 오면 결혼하겠어요."

"남자는 두 마리의 말과 다섯 마리의 소를 사기 위해 열심히 돈 을 벌었지. 그런데 그 여자와 결혼할 수가 없었어. 어느덧 오십 년의 세월이 흘러 남자는 할아버지가 되고 말았지. 여전히 혼자 살면서. 아직까지도 그 남자는 그 여자만을 사랑하고 있단다."

할아버지의 이야기에 귀 기울이고 있던 한 꼬마가 "에이~"라고 하더니 대수롭지 않게 말했다.

"할아버지, '두말 말고 오소'라는 뜻이잖아요."

아이의 말에 할아버지는 갑자기 자신의 무릎을 치며 말했다.

"아, 그렇구나! 그런 뜻이었구나! 아이고, 내가 그걸 왜 몰랐을 까? 아이고, 벌써 오십 년이 흘러버렸잖아. 아이고 아이고…."

그러면 안 되는 줄 알면서도 후회를 반복하며 사는 인생, 그래서 예수님은 '어리석다'고 말씀하시나 보다.

내 인생을 내가 만들어간다고, 내 인생 일기는 내가 채워간다고 교만을 떨지 말아야 한다. 나를 향한 하나님의 계획을 봐야 한다. 내 안에서 행하시는 하나님의 움직임을 주시해야 한다. 때때로 내가 그르치는 일기를 성령의 지우개로 지우고 새로 쓰면 된다. 하나님이 쓰시는 일기를.

은혜를 담은
걸작으로 살아가라

　　"엄마, 왜 날 이렇게 낳았어요? 차라리 낳질 말지." 자신의 외모에 대해 늘 불만을 품고 있던 딸이 있었다. 못생긴 얼굴 때문에 친구들로부터 따돌림을 당하며 살았다. 너무나 속상했다. 그래서 어느 날, 엄마에게 자신을 못생기게 낳아준 것을 원망했다. 자기 인생을 먹구름이 꽉 끼인 것처럼 만든 것 같아서.

　　그런데 내가 존재하는 것은 하나님으로 거슬러 올라가야 한다. 부모가 나를 낳았지만 하나님으로부터 내려온 선물임을 잊지 말아야 한다. 아무리 못생긴 외모를 가졌을지라도 하나님은 나를 특별한 존재로 대우하고 계심을 알아야 한다. 그래야 인생 일기를 제대로 쓸 수 있다. 그래야 하나님의 은혜를 담을 수 있다.

　　어떤 사람들은 인간 존재의 근원을 유인원에게서 찾으려고 한다. 환경에 적응하기 위해 발전하다 보니 인간이 되었다는 것이다. 인간을 어떻게 아메바나 원숭이에 비교한단 말인가? 성경은 그렇게 말하지 않는다. 성경은 인간이 다른 모든 피조물보다 특별한 존재로 창조되었음을 알려준다. 하나님의 창조에는 인간에 대한 특별한 배려가 담겨 있다.

하나님이 천지만물을 창조하실 때 혼돈과 공허와 흑암이 땅에 가득했다(창 1:2). 만약 그 상태에서 인간을 지었다고 생각해보라. 어떻게 살아갈 수 있었겠는가? 만들어졌을지라도 살아갈 수 없었을 것이다. 그런데 하나님은 인간이 살아갈 수 있는 모든 환경을 만들어 놓고 최적의 상태에서 인간을 지으셨다. 하늘과 땅을 나누고 물과 땅을 지으셨다. 하늘에 아름다운 천체를 만들고 땅에 각양 각종의 식물을 만드셨다. 그리고 마지막에 인간을 지으셨다. 모든 환경을 조성해두시고 최고의 걸작으로. 하나님은 자신이 만든 작품을 보시고 "심히 좋았다"라고 감탄하셨다. 하나님은 섬세하신 분이다. 창조과정에서 세심하게 인간을 배려해주셨다. 그래서 시편 기자는 나를 지으심이 심히 기묘하다고 고백했다. "내가 주께 감사하옴은 나를 지으심이 심히 기묘하심이라. 주께서 하시는 일이 기이함을 내 영혼이 잘 아나이다"(시 139:14).

어디 그뿐인가? 하나님이 인간을 만드실 때 "하나님의 형상대로 사람을 창조"하셨다(창 1:27). 인간은 하나님과 닮은꼴이다. 이 진리는 어느 종교에서도 찾아볼 수 없는 무한한 축복이다. 그 어떤 식물도, 그 어떤 동물도 하나님의 형상대로 창조되지는 않았다. 그러나 인간은 하나님의 형상을 닮은 존재이기에 예배하는 자로 살 수 있다. 영적인 존재이기에 하나님과 관계를 맺을 수 있다.

우리가 하나님을 갈망하는 것은 하나님을 닮았기 때문이다. 하나님의 형상을 닮은 인간은 의롭게 살려고 애쓴다. 우리가 거룩한 삶을 살려고 하는 이유는 바로 하나님을 닮은 존재이기 때문이다. "하나님을 따라 의와 진리의 거룩함으로 지으심을 받은 새 사람을 입으라"(엡 4:24). 하나님의 형상을 닮았기에 하나님을 아는 지식을 가질 수 있다. 하나님의 형상을 가졌기에 하나님을 대신해서 온 우주 만물을 다스릴 수 있게 되었다. 적어도 우리는 그런 존재이다. 그렇기에 우리는 내 인생의 의미와 가치를 하나님의 형상에서 찾아야 한다. 그렇게 될 때 인생 일기를 바른 방향으로 쓸 수 있다.

하나님은 이렇게 만든 인간에게 문화창조 명령을 주셨다. "하나님이 그들에게 복을 주시며 하나님이 그들에게 이르시되 생육하고 번성하여 땅에 충만하라. 땅을 정복하라. 바다의 물고기와 하늘의 새와 땅에 움직이는 모든 생물을 다스리라 하시니라"(창 1:28). 하릴 없이 사는 사람만큼 불쌍한 존재는 없다. 할 일이 없으니 편한 게 아니다. 인간은 가치와 의미를 추구하는 존재가 아닌가! 그런데 하릴 없다는 것은 아무런 가치를 낳을 수 없다는 뜻 아닌가? 의미 없는 인생이니 정말로 불행한 인생이다. 그런데 하나님의 형상으로 창조된 우리는 '해야 할 일'이 있다. 바로 '사명'이다.

그 사명은 개인의 가치를 추구하는 데 그치지 않는다. 개인적 복지를 누리는 것에 만족하지 않는다. 개인의 성공과 행복에 머무르지 않는다. 하나님은 더 큰 우주적이고 더 큰 하나님의 나라를 향한 사명을 주셨다. 그렇기에 우리는 생육하고 번성하여 땅에 충만해야 한다. 땅을 정복해야 한다. 모든 생물을 다스려야 한다. 이것은 인간의 욕심을 채우고 편리한 삶을 누리기 위해 자연을 지배하고 훼손하고 파괴해도 된다는 의미가 아니다.

"땅을 정복하라"(창 1:28)는 말은 하나님의 법에 따라, 땅의 본질에 따라 땅을 잘 활용하라는 뜻이다. "모든 생물을 다스리라"(창 1:28)는 말은 생물을 생포하고 학대하고 도륙하라는 것이 아니라 오히려 잘 관리하고 보살피라는 뜻이다. 자연을 정복하고 다스리는 것은 하나님의 창조사역을 계속해서 담당하는 일이다. 인간은 자연의 소유자나 착취자가 아니라 봉사자로 부름받았다.

그래서 이 땅에 사탄의 왕국을 대항해서 하나님의 왕국을 이루어가야 한다. 하나님의 나라는 죽어서 가는 천국뿐만 아니라 이미 이 땅에 임했다. 이 땅에 하나님의 문화를 이루어가야 한다. 사탄은 하나님의 왕국을 파괴하려고 한다. 하나님의 문화를 세상의 문화로 타락시키려고 한다. 그러나 하나님의 자녀들은 이 땅에 하나님의 왕국을 위해, 하나님의 문화를 창조하기 위해 부지런히 섬겨야 한다. 내 인생이 하나님의 왕국을 바라보고 하나님의 문화와 조화를 이루어야 한다. 그렇지 않으면 인생이 꼬이게 된다.

이렇게 창조된 인간은 하나님이 만드신 에덴동산에 머물게 되었다(창 2:8). 에덴은 히브리어로 '기쁨, 환희'라는 뜻을 갖고 있다. 에덴동산은 파라다이스였다. 하나님이 임재하시는 곳이었기에 기쁨과 환희의 파라다이스였다. 하나님은 그곳에서 아담과 하와와 늘 동행하셨다. 천국의 삶은 다른 게 아니다. 하나님과 동행하는 삶이다. 에녹은 하나님과 동행하는 삶을 살았기에 이 땅에서 천국의 삶을 누렸다. 노아 역시 죄악이 만영한 시대에 살았지만 늘 하나님과 동행하는 삶을 살았기에 천국의 삶을 경험했다. 에덴동산은 하나님과 함께하는 삶 가운데 드러난다. 물론 죽음을 지나 이 땅 너머에 있는 세계에서 누리게 될 완전한 동행을 기다리고 있지만 말이다. 그렇기에 우리의 인생 초점을 하나님과의 동행에 맞출 것인가, 아니면 세상의 쾌락을 추구하는 데 맞출 것인가에 따라 인생의 방향이 달라진다.

그렇다면 에덴동산에 있는 아담과 하와는 마냥 즐겁게 놀면 되었는가? 그러나 파라다이스는 놀고먹는 장소가 아니다. 아담과 하와는 경작하고 지키는 사명을 감당해야 했다(창 2:15). 에덴동산에 있는 인간은 일하고 경작하고 노동하는 존재로 세워졌다. 에덴동산은 마냥 풍요와 쾌락을 즐기는 장소가 아니었다. 손으로 흙을 파고 땀을 흘리면서 부지런히 일해야 하는 곳이었다. 아담은 노동을 통해서 하나님을 섬겨야 했다.

오늘날 먹고 노는 평안한 인생을 원하는 사람들이 있다. 하나님이 기획하신 인생은 결코 그런 게 아니다. 하나님은 토기장이요 우리는 그가 만든 질그릇이다(사 64:8). 우리는 늘 질그릇 의식을 가져야 한다. 하나님은 우리를 하나님의 뜻대로 빚으셨다. 토기장이를 향해 "나를 왜 이렇게 만드셨습니까?"라고 감히 따질 수 없다. 토기장이의 뜻에 따라 쓰임받을 뿐이다. 어떤 그릇이든 하나님의 섭리이다. 질그릇이 쓰임받을 수 있다는 것은 하나님의 은총에 불과하다. 질그릇에 대한 사용 용도는 절대적으로 하나님의 주권이시다. 임의로 사용하실 수 있다. 거기에 대해서 왈가불가해서는 안 된다(롬 9:18-21). 그러면 인생 일기는 더 복잡해질 뿐이다.

인간은 하나님에게 따질 수 없는 존재, 하나님에게 불만을 표출할 수 없는 존재, 하나님을 원망할 수 없는 존재이다. 하나님이 하시는 대로 순종할 뿐이다. 하나님이 하시는 일 앞에서 그저 감사할 뿐이다. 하나님이 사용하시는 대로 충성할 뿐이다. 인간은 질그릇과 같이 쉽게 금이 가고 깨지기 쉬운 존재이다. 금이나 은그릇에 비해 가치도 없다. 당당할 것도 없고 교만할 것도 없다. 그렇기에 그저 창조자를 의존하는 게 최대의 행복이다. 하나님의 은혜로 살아가는 우리가 하나님으로부터 독립을 선언할 때 참극이 시작된다.

그렇다고 하나님의 자녀인 우리가 주눅 들 필요는 없다. 아니, 그래서도 안 된다. 왜? 하나님이 특별대우를 하시기 때문이다. 특별한 은혜를 베푸시기 때문이다. 그래서 우리는 언제나 당당할 수 있다. 질그릇이라고 위축되지 말아야 한다. 너무 연민에 쌓일 필요도 없다. 당당해야 한다. 자부심을 갖고 살아야 한다. 왜냐하면 질그릇 안에 하나님의 선물이 담겨 있기 때문이다. "우리가 이 보배를 질그릇에 가졌으니 이는 심히 큰 능력은 하나님께 있고 우리에게 있지 아니함을 알게 하려 함이라. 우리가 사방으로 우겨쌈을 당하여도 싸이지 아니하며 답답한 일을 당하여도 낙심하지 아니하며 박해를 받아도 버린 바 되지 아니하며 거꾸러뜨림을 당하여도 망하지 아니하고"(고후 4:7-9). 질그릇 안에 담긴 보배 때문에 가치가 달라졌기 때문이다. 적어도 하나님의 사람이라면 이 정도의 인생 비밀은 볼 줄 알아야 한다.

어느 세미나에서 있었던 일이다. 그날 강의를 하던 강사가 청중 앞에서 오만 원짜리 지폐 한 장을 꺼내 들고 말했다.

"저는 이것을 원하시는 분께 드리겠습니다. 손을 들어주십시오."

모든 청중이 손을 번쩍 들었다. 그러자 강사는 그 돈을 양손으로 구겨버렸다. 그리고 또다시 청중에게 물었다.

"이렇게 구겨진 돈이라도 원하시는 분은 손을 들어주십시오."

역시 모든 청중이 손을 번쩍 들었다. 그러자 강사는 구겨진 돈을 바닥에 던져 구둣발로 지근지근 밟았다. 그리고 또다시 물었다.

"이 지폐가 이렇게 더러워졌는데도 원하시는 분이 계십니까?"

역시 모든 청중이 손을 들었다. 그때 강사는 그리스도인의 신분에 대해 설교하기 시작했다.

"여러분! 이 돈이 아무리 구겨지고 밟혀졌어도 이 돈의 가치는 상실되지 않습니다. 우리의 삶을 돌이켜 볼 때 죄로 인해 내 모습이 얼룩지고 자존심이 구겨질 때도 있습니다. 실패로 구겨지기도 했고 환난으로 짓밟히기도 했지만 우리의 가치가 상실된 것은 아닙니다. 이 사실을 잊지 말아주세요."

누가 뭐래도 나는 하나님의 은혜를 담은 하나님의 걸작이다. 나는 눈이 작다. 그래서 두 가지 별명이 있다. 사람들은 나에게 말한다. '단추 구멍'이라고. 그러나 나는 아무렇지 않다. 그래도 나는 하나님의 걸작이니까. 오히려 또 다른 나를 계발했다. 그래서 붙여진 또 다른 별명이 있다. '살인 미소.' 작은 눈에 아름다운 미소가 머금어져 있기 때문이다. 하나님이 나를 어떻게 만드셨는지, 하나님이 나를 어떻게 대우하시는지, 하나님이 얼마나 나를 사랑하시는지 한 시도 잊지 말아야 한다. 그래야 하나님의 은혜가 보이기 시작한다.

하나님의 약속에
더 집중하라

"너는 너의 고향과 친척과 아버지의 집을 떠나 내가 네게 보여줄 땅으로 가라"(창 12:1).

어느 날, 여호와께서 하란에 있는 아브라함에게 나타나셔서 말씀하셨다. 이미 아브라함은 원래의 고향인 갈대아 우르에서 떠나지 않았던가? 갈대아 우르는 우상의 도시였다. 하나님이 쓰실 사람이 머물 만한 곳이 아니었다. 그래서 하나님은 갈대아 우르를 떠나라고 말씀하셨다. 그런데 정든 갈대아 우르를 떠나는 것은 그리 쉽지 않았다. 다양하고 깊은 유착관계가 있기 때문이었다. 가까스로 하란에 와서 다시 정착해가는 단계가 아니던가! 이제 살 만하지 않은가! 그런데 또 떠나라고 하신다.

고대 사회에서 '떠난다'는 게 어디 그리 쉬운 일인가! 여행 자체도 쉽지 않다. 교통수단도 발달되지 않았던 시대였다. 여행을 하다가 강도를 만나거나 사고를 당하는 일이 허다했다. 그래서 여행하기를 즐겨하지 않았다. 더구나 고향, 친척, 아버지 집은 안정된 삶의 터전이 아니던가! 너무나 익숙한 삶이었다. 안정된 삶을 버리고 무모한 모험을 한다는 건 누구나 쉽지 않은 일이었다. 게다가 아무것도 보장되지 않은 위험한 여행을…. 이건 분명히 모험이었다. 아무것도 보장된 것이 없었다. 하나님은 그저 "내가 지시할 땅으로 가라"는 말씀뿐이셨다. 아브라함은 지금 무모한 모험을 향한 하나님의 부르심 앞에 서 있다.

하나님의 입장에서는 목적지가 분명히 설정되어 있을 것이다. 예비하신 최고의 환경이 있을 것이다. 그러나 막상 아무것도 볼 수 없고, 만져지지도, 확증할 수도 없는 길을 무턱대고 따라나선다는 건 무모한 일이었다. 믿음으로 풀어가는 인생 여정은 이런 상황에 이를 때가 많다. 그때마다 주목할 것은 하나님의 약속이다. 그래야 인생 여정을 제대로 풀어낼 수 있다.

사실 하나님의 약속에는 전적인 신뢰와 무조건적인 순종밖에는 없다. 하나님의 약속을 붙잡고 있던 모세는 이스라엘 백성들을 향해 도전했다. "너희의 하나님 여호와께서 이 땅을 너희 앞에 두셨은즉 너희 조상의 하나님 여호와께서 너희에게 이르신 대로 올라가서 차지하라. 두려워하지 말라. 주저하지 말라"(신 1:21). 상황을 생각하면 두려움이 몰려온다. 처한 환경을 떠올리면 막막하고 답답하다. 그러나 믿음의 삶이란 하나님이 주신 약속을 붙잡고 무턱대고 발걸음을 옮기는 삶이다. 오직 약속의 말씀만 의지해서….

물론 비용을 계산하지 말라는 건 아니다. 예수님은 자신을 따라나서려는 이들에게 먼저 비용을 계산하라고 말씀하셨으니까. 자신의 모든 것을 버리고 예수님을 따라나선다고 하는 게 어디 쉬운 일인가? 그게 무턱대고 나설 일인가? 허세와 만용을 부릴 일은 아니다. 먼저 비용을 철저히 계산해봐야 한다. 최대한 합리적이고 이성적으로 판단해봐야 한다. 그리고 그 계산이 끝났다면, 신뢰할 만하다면 그다음에는 철저한 순종만 있을 뿐이다. 배를 버리고 집을 버리고, 처자식을 버려야 한다. 아버지의 장례식도 걱정해서는 안 된다. 사실 이렇게 인생 일기를 써가는 건 쉬운 일이 아니다. 그러나 이것이 바로 믿음으로 풀어가는 인생이다. 세상 사람들이 생각하는 계산법과는 매우 다르다.

약속을 따라가는 삶은 이것도 잡고 저것도 잡자는 식이 허용되지 않는다. 이것 아니면 저것이다. 한쪽은 포기하고 따라야 한다. 그렇지 않으면 따라나섰다가 실망하고 돌아선다. "차라리 따라나서지나 말 것을…"이라고 후회할 수밖에 없다. 그러나 우리가 약속하신 분을 신뢰하고 전적으로 순종의 길을 걸어갈 때 경험하는 게 있다. "네 하나님 여호와께서 돌보아주시는 땅이라. 연초부터 연말까지 네 하나님 여호와의 눈이 항상 그 위에 있느니라"(신 11:12).

우리에게 약속을 주신 하나님은 우리를 억울하게 하지 않으신다. 피해를 끼치는 분이 아니다. 하나님의 통치와 다스림은 언제나 안전하고 평탄하다. 아니, 어떤 때는 평탄하지 않게 느껴질 수도 있다. 그럴 때도 믿음으로 받아들여야 한다. 하나님의 왕권과 주권을 떠나는 것 자체가 파멸이자 패망이다. 하나님의 통치 밖에서 이루어지는 '잘 됨'이 불행의 씨앗일 수 있음을 알아야 한다.

하나님은 우리 인생을 파멸에 이르게 하기 위해서 수작을 부리시는 분이 절대로 아니다. 하나님은 궁극적인 선에 이르게 하실 분이다. 약속의 땅이 기다리고 있다. 그렇기에 약속의 길을 가는 게 형통하지만은 않다. 때로는 기가 막힐 웅덩이가 우리를 기다리고 있을 수 있다. 광야가 가로 막고 있기도 하다. 그러나 확신이 필요하다. "나를 기가 막힐 웅덩이와 수렁에서 끌어올리시고 내 발을 반석 위에 두사 내 걸음을 견고하게 하셨도다"(시 40:2).

믿음의 사람들은 하나님이 주신 약속을 붙잡고 나선다. 하지만 우리를 괴롭히는 세력들도 만만치 않다. 그래서 다윗은 탄식했다. "그들은 악한 목적으로 서로 격려하며 남몰래 올무 놓기를 함께 의논하고 하는 말이 누가 우리를 보리요 하며 그들은 죄악을 꾸미며 이르기를 우리가 묘책을 찾았다 하나니 각 사람의 속뜻과 마음이 깊도다"(시 64:5-6).

아무도 안 보는 것처럼 악한 일을 꾸미면서도 기가 막힌 묘책을 찾은 것처럼 착각하는 악한 이들은 악한 일을 도모하면서도 서로를 격려한다. 머리를 맞대고 공모한다. 의인을 무너뜨리고 악한 일을 이루기 위해서. 이러한 자들을 보면서도 화낼 수 없고 저주할 수 없으니 그 가슴이 얼마나 타들어가겠는가? 이것이 하나님의 약속을 붙잡고 나아가는 자가 걸어야 할 길이다. 인생 일기를 이렇게 써가려니 어떻게 속상하지 않겠는가?

그런데 알고 있는가? 우리에게 약속을 주신 하나님은 멀리 계시지 않다는 사실을. 우리를 고아처럼 내팽개쳐 두지 않는다는 사실을. 모세는 이러한 하나님을 잘 알고 있었기에 이스라엘 백성들을 향해 외쳤다. "광야에서도 너희가 당하였거니와 사람이 자기의 아들을 안는 것같이 너희의 하나님 여호와께서 너희가 걸어온 길에서 너희를 안으사 이곳까지 이르게 하셨느니라 하나 이 일에 너희가 너희의 하나님 여호와를 믿지 아니하였도다. 그는 너희보다 먼저 그 길을 가시며 장막 칠 곳을 찾으시고 밤에는 불로 낮에는 구름으로 너희가 갈 길을 지시하신 자이시니라"(신 1:31-33).

신실하신 하나님은 황량하고 거친 광야에서 우리를 자식처럼 안아 이동시키신다. 이스라엘 백성들보다 먼저 가셔서 분주하게 일하신다. 이것이 우리의 소망이다. 장애물이 없는 게 아니다. 방해꾼이 없는 게 아니다. 어려운 환경이 다가오지 않는 게 아니다. 약속을 붙잡고 나아가는 우리에게 늘 도사리고 있는 복병이다. 그러나 실망스러운 인생의 현장에서도 절대로 실망하지 않는다. 낙담하지 않는다. 포기하지 않는다. 왜? 약속을 주신 분이 반드시 약속을 이루어가기 위해 신실하게 일하시기 때문이다. 인생 일기를 써가는 동안 어떤 경우에도 이 확신을 갖고 있어야 한다.

(주)바이텍시스템 이백용 회장은 말한다.

"하나님은 우리에게 크고 놀라운 약속을 주셨지만 그 약속을 이루기 위해서는 오랜 인내가 필요하다는 사실을 깨달았습니다."

크고 놀라운 약속만 바라보고 좋아서 쾌재를 부르는 성도들이 있다. 그런데 좀 더 신중할 필요가 있다. 그래서 이백용 회장은 덧붙여 말한다.

"어떤 분이 선물로 복에 관한 성경 말씀이 적힌 나무패를 주셨는데 구절이 참 좋은 거였습니다. '이르시되 내가 반드시 너에게 복 주고 복 주며 너를 번성하게 하고 번성하게 하리라'(히 6:14). 하지만 그 당시에는 몰랐습니다. 다음 구절인 15절에 '그가 이같이 오래 참아 약속을 받았느니라'는 말씀이 적혀 있는 줄은…."

우리가 범했던 실수가 아니던가! 하나님이 주신 축복에 대한 약속만 보고 들떠 있던 우리. 그런데 하나님은 우리에게 다른 곳도 주목하라고 하신다. 참을성 없는 우리에게 오래 참아 약속을 받았다는 말씀을 첨언하고 계신다.

이 회장이 사업을 하면서 발견한 사실이 있다.

"하나님이 복된 약속을 주셨지만 그것이 당장 이루어지지는 않습니다. 그것을 받을 만한 그릇이 되기까지 훈련이 필요합니다."

옳은 말이다. 하나님의 훈련과정 없는 축복은 해가 될 수 있다. 십자가의 고난과 죽음의 과정이 간과된 영광은 변색될 우려가 있다. 누구나 고난의 터널을 지나 약속을 받는다. 훈련의 과정을 거쳐 빛나는 메달을 목에 건다. 목이 타들어가는 갈증을 느끼면서 끝까지 최선을 다해 달리는 사람이 승리의 관을 쓸 수 있다. 그것이 인생 여정을 풀어가는 현장이다.

우리가 누릴 진정한 복이 무엇인지 발견한 이 회장은 고통의 여정을 걸어가고 있는 사람들을 향해 주지시킨다.

"지금 이 시간에도 어려움으로 고통받고 계신 분이 있을 줄 압니다. 그 고난을 하나님의 관점으로 바라봐야 합니다. 비전이 클수록 고통도 큰 법입니다. 하나님이 주신 약속은 어떤 일을 주시는 것이 아니라 그 일이 될 때까지 함께하신다는 것입니다."

나를 향한 하나님의 계획을
현실화하라

　　　　인생 일기를 내 꿈으로 가득 장식하려는 사람들이 있다. 그런데 꿈의 사람 요셉을 한번 만나보자. 하나님은 요셉에게 꿈을 통해 그의 미래에 대한 청사진을 보여주셨다. 어느 날, 요셉이 꿈을 꿨다. 형제들과 함께 밭에서 곡식 단을 묶고 있었는데 갑자기 요셉의 단이 일어섰다. 그러자 형제들의 단이 요셉의 단을 둘러서서 절을 하는 것이었다. 이해하기 힘든 상황이었다. '개꿈인가?' 하고 무시하기에는 너무나 생생했다.

　　하나님은 또다시 꿈을 통해 요셉에게 일어날 일을 보여주셨다. 해와 달과 열한 별이 요셉을 향해 절하는 것이었다. 이번에는 더 놀랄 상황이었다. 요셉의 형제들뿐만 아니라 부모까지 요셉에게 절을 하게 된다니! 그 말을 들은 요셉의 형제들은 하나같이 분노했다. 그러나 요셉의 아버지는 그 말을 마음속에 간직해두었다(창 37:11). 하나님이 요셉에게 보여주신 꿈에 의하면 요셉에게는 멋진 인생이 펼쳐질 것이다. 기대가 된다. 앞으로 신나는 장면들이 연출될 것이다. 요셉에게 다가올 인생의 청사진은 핑크빛 환상 그 자체였다.

　　그런데 이게 웬일인가? 요셉은 형제들의 음모로 어린 나이에 애굽으로 팔려갔다. 외국으로 팔려가 바로의 친위대장 보디발의 종이 되었다. 요즘으로 보면 보디발은 청와대 경호실장 격이었다. 외국에 노예로 팔려간 요셉의 신세는 너무나 외롭고 억울했다. 이것이 그의 인생 퍼즐의 실체란 말인가? 더구나 한때 화려한 채색 옷을 입고 아버지의 특별한 사랑을 독차지 했던 요셉이 아닌가? 그런데 어느 날 갑자기 노예신분으로 전락하다니. 비참한 삶의 환경도 고통스러운 일이었지만 화려한 삶에서의 갑작스러운 추락이 더 견디기 힘들었다. 절망감과 좌절감이 몰려왔다. 살고 싶은 생각이 없었다. 인생 청사진을 확 흩어버리고 싶은 심정이었을 것이다.

　이럴 때 사람들은 억울하다고 불평한다. 자신을 그렇게 만든 사람들에게 치를 떨며 복수의 칼을 간다. 상처에 매여 술을 마시며 넋두리만 늘어놓는다. 그러나 그것이 다 무슨 소용이란 말인가? 그렇게 한다고 인생 청사진이 달라지는가? 오히려 자신만 더 초라해질 뿐이다. 이때 인생 일기를 지혜롭게 쓰는 사람은 다르다. 하나님이 하실 일에 주목한다. 아무리 억울하고 속상한 형편에서도 보이지 않는 하나님의 손은 요셉을 떠나지 않았다. 애굽으로 내려가는 길이 나 홀로 가는 길처럼 외롭게 느껴졌을지라도 하나님이 동행하셨다. 노예생활이 고달프고 힘든 삶이었지만 하나님의 돌보심은 여전했다.

　하나님이 보여주신 꿈을 이루는 데 하루아침에, 아무런 어려움 없이 그저 이루어지지는 않는다. 그렇다면 인생 청사진을 가지고 뭘 고민하는가? 인생 청사진을 완성하는 것은 기나긴 과정이 필요하다. 그 과정에는 눈물 섞인 밥을 먹어야 하는 순간도 있다. 외로운 밤 홀로 뜬 눈으로 새울 순간도 포함되어 있다. 서글프기는 하지만 인생 청사진은 그렇게 하나하나 완성되어 간다.

요셉의 애굽행은 하나님의 깨뜨림이었다. 광야학교에서 요셉을 만지신 것이다. 섣불리 잘난 체하고 자랑하던 인생을 깨뜨리고 다듬으신 것이다. 창세기 37장에 나타난 요셉은 하나님과의 관계를 보여주는 표현이 없다. 하나님을 찾은 흔적도 소개되지 않는다. 그런데 39장부터 요셉의 삶은 하나님과의 관계 속에서 설명된다(2,9절). 고달픈 광야학교에 들어선 사람들은 고달프고 외로운 환경을 통해 하나님과의 관계를 재설정해야 한다. 하나님과의 관계를 무시한 인생 여정은 상상하기도 힘든 일이다.

요셉이 애굽으로 팔려갔을 때 그 어떤 사람도 요셉에게 주목하지 않았다. 그러나 하나님은 요셉을 주목하고 계셨다. 하나님이 주신 꿈을 갖고 사는 사람은 사람에게 주목받으려 하기보다 하나님에게 주목받는 인생을 살려고 한다. 하나님에게 주목하기보다 사람들에게 주목하는 인생은 정상적인 인생 청사진에서 자꾸 멀어져만 간다.

인간이 누릴 수 있는 최대의 복은 하나님이 함께하는 삶이다. '어디에 사느냐?'보다 더 중요한 건 '어떻게 사느냐?'이다. 하나님이 함께하시면 얄궂은 운명도 영광스러운 삶으로 변할 수 있다. 하나님이 주시는 꿈을 가지고 사는 사람은 어떤 인생의 현장에서도 '하나님이 함께하시는 인생'을 살아가려고 애쓴다. 사울 왕의 불행은 '하나님이 떠나는 삶'이었다. 그러나 다윗은 사울 왕에게 위협을 당하면서도 '하나님이 함께하는 삶'을 살았다. "여호와께서 사울을 떠나 다윗과 함께 계시므로 사울이 그를 두려워한지라"(삼상 18:12).

보이는 가족의 손길은 끊어졌을지라도 보이지 않는 하나님의 손길이 요셉을 이끌어가고 있었다. 가족에게는 버림당해도, 주변 사람들에게 아웃사이더가 되더라도 하나님이 함께하는 인생을 사는 게 삶의 원동력이다. 하나님이 함께하는 삶의 결과는 '형통'이다. 그렇기에 하나님이 주신 꿈을 가지고 사는 사람은 사람이 돕지 않아도 하나님이 돕는 인생을 살아가는 데 집중한다. 인생 청사진을 만들어가는 핵심은 바로 이것이다. 하나님이 함께하는 삶! 하나님과 함께하는 삶을 잃고도 뭔가 잘 되는 것처럼 보인다면 절대 안심할 게 아니다. 주의해야 한다. 언제 청사진이 망가질지 모르니까.

하나님이 함께하시는 삶은 주변 사람들에게 보인다. 보디발은 하나님이 요셉과 함께하심을 보았다. 여호와께서 요셉을 형통하게 하심을 보았다. 하나님이 함께하시는 삶은 아무리 감추려 해도 사람들에게 보이기 마련이다. 사울도 "여호와께서 다윗과 함께 계심을" 보고 알았다(삼상 18:28). 그래서 왕이지만 신하인 다윗을 두려워하게 되었다. 하나님이 주시는 꿈을 가지고 사는 사람은 하나님이 함께하심을 주변 사람들에게 보여줌으로써 생활전도자가 된다.

초라했던 인생 청사진을 가진 요셉은 보디발에게 은혜를 입었다. 하나님은 요셉을 가정총무로 높여주셨다. 보디발은 자신의 소유를 모두 요셉의 손에 맡겼다. 하나님의 꿈을 가지고 사는 요셉은 섬기는 자로 출발했다. 섬김을 받기 전에 섬기는 삶이 중요하다. 좋은 리더가 되기 전에 좋은 팔로워가 되어야 한다. 요셉은 '종'으로 섬기는 삶을 살았다. 예수님 역시 자신의 몸을 대속물로 주는 '섬기는 종'으로 오셨다(마 20:28). 자신의 몸을 십자가에 희생제물로 드리는 섬김을 통해 부활의 영광을 얻으셨다. 그렇기에 예수님은 제자들에게 "모든 사람의 종"(막 10:44)이 되어 섬기라고 말씀하셨다. 하나님이 주신 인생 청사진은 섬김에서 출발한다. 섬김을 저버린 아름다운 인생은 상상하기 힘들다.

하나님이 주시는 꿈을 가지고 사는 요셉은 주인에게 신뢰받는 사람이었다. 그는 정직했고 성실했다. 자신에게 주어진 일을 게을리하지 않았다. 책임감을 가지고 사명을 감당했다. 그는 주인이 인정하는 사람이 되었다. 요셉은 보디발에게 전적인 신뢰를 받았다. 보디발은 모든 것을 요셉의 손에 위탁하고 자기가 먹는 음식 외에는 간섭하지 않았다. 요셉은 주인으로부터 전적인 신임과 인정을 받는 종이었다. 하나님이 주신 인생 청사진을 아름답게 만들어가려면 주께 하듯 정직하고 신실한 태도가 요청된다. 눈속임으로는 인생을 아름답게 만들어갈 수 없다.

어떤 공동체에서 한 사람이 인정받고 존중받는 데는 그만한 이유가 있다. 그런데 대부분의 사람들은 자신에게 그만한 이유가 있는지 점검하기보다 다른 사람들이 자신을 알아주지 않고 인정해주지 않는 것에 더 관심을 갖는다. 그래서 불평한다. 그러니 인생 청사진이 자꾸 구겨질 수밖에. 그러기 전에 점검해봐야 한다. 나에게 존경받고 신뢰받을 만한 이유가 있는지.

하나님이 주시는 꿈을 갖고 사는 사람들은 내가 높아지려는 몸부림보다 하나님을 높이는 인생이 되는 데 주목한다. 내가 선전하는 나보다 사람들이 말하는 내가 더 중요하다. 이것이 점검되지 않으면 인생 청사진은 정상적으로 완성되지 않는다. 가정이나 직장에서 믿지 않는 사람들이 나를 어떻게 평가하는지를 점검해보는 게 급선무이다.

요셉이 보디발의 집에 들어온 때부터 보디발의 가정이 축복을 받았다. 하나님은 요셉을 위하여 보디발의 집에 복을 주셨다. 하나님이 주시는 꿈을 갖고 사는 사람은 그 자체가 복덩이다. 보디발의 가정은 호박이 넝쿨째 들어온 것이다. 그리스도인은 축복의 통로이다. 요셉이 받은 축복은 주변으로 흘러넘쳤다. 인생 청사진은 이렇게 현실화되어야 한다. 내가 있음으로 가정과 직장이 복을 받아야 한다. 내가 우리 교회에 있기 때문에 우리 교회가 복을 누릴 수 있어야 한다.

우리는 점검해봐야 한다. 하나님으로부터 꿈을 받았지만 그 꿈을 펼쳐가지 못하는 인생은 아닌지. 화려한 꿈을 가졌지만 꿈을 펼치지 못하는 사람이 많다. 꿈을 꾸는 게 중요한 것이 아니다. 꿈은 누구나 꿀 수 있다. 문제는 '그 꿈을 어떻게 펼쳐가고 현실화하는가?' 하는 점이다. 펼쳐가지 못하는 꿈은 일장춘몽에 불과하다. 꿈을 펼치기 위해 매 순간 섬세하게 꾸려갈 때 나를 향한 하나님의 청사진은 아름답게 완성된다.

꿈을 이루는 데 중요한 두 가지를 먼저 챙기자. 하나는 꿈을 주신 하나님과의 관계이다. 내가 하나님으로부터 얼마나 가까이 있는지, 내가 하나님께 얼마나 집중하고 있는지, 하나님의 은총에서 떠나지 않으려 하는지. 하나님이 챙기지 않는 인생이 되는 게 두렵다. 하나님의 시선 반경에서 벗어나는 게 문제이다.

하나님이 주신 꿈을 맘껏 펼치려는가? 그렇다면 주변 환경을 탓하기 전에, 다른 사람들을 원망하기 전에 자기부터 챙겨보라. 자신부터 점검해보라. 하나님이 꿈을 이루어주실 만한 믿음의 길을 걷고 있는지, 정도를 벗어나 편법과 불법을 행하고 있지는 않은지, 다른 사람들에게 눈살을 찌푸리게 하고 있지는 않은지, 공동체에 유익이 되기보다 해로운 존재는 아닌지, 사람의 눈치를 봐서 게으름을 피우고 있지는 않은지, 조직이나 상사를 욕하고 비난하고 있지는 않은지…. 그러고서도 하나님이 주신 꿈을 활기차게 펼치려고 한다면 과연 하나님이 도우실까?

나를 향한 하나님의 인생 청사진을 완성해갈 때 더 중요한 것이 있다. 하나님이 주신 꿈이 아니라 내가 꾸는 꿈을 관철시키기 위해 하나님을 꺾으려 하고 있지 않은지 생각해봐야 한다. 자기 꿈에 도취된 사람들은 하나님의 꿈은 뒷전이다. 자기 꿈을 실현시키기 위해 하나님은 들러리로 세울 뿐이다. 하나님을 핑계대면서 정작 자기 꿈을 주도하고 있다.

요나는 하나님의 꿈에는 관심이 없었다. 오직 자기 꿈을 관철시키는 데만 온통 정신이 집중되었다. 그러니 나를 향한 하나님의 청사진이 잘 만들어질 수 없다. 하나님은 그를 바다에 던져버리셨다. 죽음의 장소인 바다에서 정신을 차리게 만들었다. 하나님이 보이신 인생 청사진은 내 꿈이 아니다. 내 꿈의 중독에서 깨어나 하나님의 꿈에 중독되어야 한다. 그것이 아니라면 지금이라도 당장 꿈을 조정해야 한다.

하늘 본향을 향한
여행을 기획하라

육상경기를 하는 선수 가운데 단거리에 능한 선수가 있다는 반면, 장거리가 주종목인 선수도 있다. 인생은 단거리 경주가 아니라 장거리 경주이다. 하루이틀 살고 마는 게 아니다. 그렇기에 단거리를 간과하지 않으면서 동시에 장거리를 달릴 준비를 해야한다. 인생 경주는 단거리 경주를 하는 것처럼 순간적인 피치를 올리기도 한다. 하지만 때로는 장거리 선수처럼 멀리 바라보며 달려야한다.

예수님은 제자들이 이 세상에 속한 자가 아니라고 누누이 당부하셨다. "너희가 세상에 속하였으면 세상이 자기의 것을 사랑할 것이나 너희는 세상에 속한 자가 아니요 도리어 내가 너희를 세상에서택하였기 때문에 세상이 너희를 미워하느니라"(요 15:19).

예수님은 제자들을 세상으로부터 불러내셔서 하늘에 속한 자가되게 하셨다. 그렇기에 인생을 바로 살아가려면 이 세상에 속한 사람들처럼 살아서는 안 된다. 세상과 연합하려 하기보다 예수님과 연합해야 한다. 세상과 야합하고 타협하기보다 진리와 결탁해야 한다. 세상에서 풍성한 열매를 맺으려면 예수님 안에 깊이 뿌리박고 살아야 한다. 인생을 쉽게 살기 위해 세상으로부터 오는 평안을 구하고 세상이 주는 기쁨을 추구하지 않아야 한다. 대신 보혜사 성령이 주시는 하늘로부터 말미암는 평안과 기쁨을 맛보며 살아야 한다. 그것이 제자의 삶이다.

제자들 중 마지막까지 살아남아 밧모섬에서 계시의 말씀을 받았던 사도 요한, 그는 분명히 알고 있었다. "이 세상도, 그 정욕도 지나가되 오직 하나님의 뜻을 행하는 자는 영원히 거하느니라"(요일 2:17). 하나님의 사람은 하나님의 뜻을 행하는 데만 관심이 있다. 이 세상의 흐름을 따라 잡는 데는 별로 관심이 없다. 이 세상의 것을 무시할 수는 없지만 그걸 소망으로 두지는 않는다. 왜? 다 지나가는 것이니까. 다 사라지고 마는 것이니까. 그건 아무리 소유해도 더 심한 갈증만 불러일으키는 것이니까. 인생 여행을 이런 것에 맞춰서는 안 된다. 더 먼 곳을 바라보고, 더 중요한 것을 생각하며 인생을 그려가야 한다.

그러니 하나님의 사람들은 바라보는 게 다르다. 생각하는 게 다르다. 추구하는 게 다르다. "그러므로 너희가 그리스도와 함께 다시 살리심을 받았으면 위의 것을 찾으라. 거기는 그리스도께서 하나님 우편에 앉아 계시느니라. 위의 것을 생각하고 땅의 것을 생각하지 말라"(골 3:1-2). 땅에 속한 자는 땅의 것만 생각한다. 이 세상에 속한 것에만 집착한다. 추구하는 것이 육신적이고 정욕적이며 이 세상의 것이다. 그러나 하늘에 속한 자는 생각하는 것도, 집착하는 것도, 추구하는 것도 다르다. 그러니까 삶의 스타일을 보면 그 사람이 어디에 속한 존재인지를 가늠할 수 있다. 인생 작품을 그려가는 것을 보면 그의 신분을 충분히 가늠할 수 있다.

하늘에 속한 사람은 살아가는 방식도 다르다. "무릇 하나님께로부터 난 자마다 세상을 이기느니라. 세상을 이기는 승리는 이것이니 우리의 믿음이니라"(요일 5:4). 하박국 선지자가 외쳤던 것과 같다. "의인은 그의 믿음으로 말미암아 살리라"(합 2:4). 믿음의 삶은 위대하다. 최후 승리를 얻는 건 우리의 열심이 아니다. 예수 그리스도를 향한 믿음뿐이다. 그리스도 앞에 설 수 있는 건 인간의 의가 아니라 예수 그리스도께서 십자가 위에서 이루신 하나님의 의이다. 마지막까지 남는 건 우리가 남긴 공적이 아니다. 믿음으로 산 흔적일 뿐이다. 우리의 노력이 이기는 게 아니다. 하나님을 향한 믿음이 이긴다. 인간의 노력으로 인생을 만들어가지 않는다. 어떤 상황에서도 믿음으로 인생을 만들어간다. 우리가 만들어가는 인생은 인간적인 의로 채워져 있지 않다. 하나님의 은혜로 채워져 있다.

하늘에 속한 사람은 하늘나라를 향해 여행하는 자이다. 인생은 나그네다. 이 땅에 영원히 거할 수 없다. 이 땅은 잠시 쉬어가는 정류장과 같다. 우리가 가야 할 곳은 따로 있다. 그래서 믿음의 사람들은 하늘 본향을 사모하는 삶을 살았다. "그들이 이제는 더 나은 본향을 사모하니 곧 하늘에 있는 것이라. 이러므로 하나님이 그들의 하나님이라 일컬음 받으심을 부끄러워하지 아니하시고 그들을 위하여 한 성을 예비하셨느니라"(히 11:16). 하늘에 속한 사람은 이 땅에 발을 붙이고 살지만 하늘을 생각하는 사람이다. 하늘에 소망을 두고 살아간다. 한시도 하늘나라를 잊지 않고 산다. 인생을 이 땅의 것으로 채우려 하지 않는다. 어떤 형편에서도 하늘 소망을 추구하며 살아간다.

어느 날, 80세가 된 남자 집사님이 집에서 쓰러졌다. 가족들이 응급처치를 한다고 했다. 구급대원이 와서도 갈비뼈가 부러지도록 응급처치를 했다. 산소 호흡기를 끼고 구급차로 이송하면서도 정신없이 응급처치를 했다. 그러나 병원에 도착했을 때 이미 숨이 멎은 상태였다. 6년 전에도 쓰러진 적이 있었다. 그때 이후로 수족을 제대로 쓰지 못했다. 간신히 부축을 받아 교회에 와서 예배를 드린 적은 있지만 그것마저도 힘들어 오랫동안 교회에 오지 못했다. 불편한 남편을 간호하느라 아내인 권사님은 고생을 많이 했다. 본인도 허리가 아픈데 남편의 육중한 몸을 간호하며 병원에 다녀야 했기에 힘든 세월을 보냈다. 남편을 홀로 두고 다니기가 불편해서 권사님마저 다니던 교회에 잘 나가지 못하고 가까운 교회에서 예배를 드릴 때가 잦았다.

그러다가 집사님이 하나님의 품에 안겼다. 언젠가는 누구나 가야 할 영원한 본향으로. 그럼에도 가족들은 많은 아쉬움이 남았다. 마음이 슬프고 아팠다. 좀 더 잘 해드리지 못한 게 죄스러웠다.

"목사님, 이럴 줄 알았으면 좀 더 편하게 해드릴 걸 그랬어요."

자기 곁을 훌쩍 떠나고 나니까 잘 해드리지 못한 것 같아서 마음이 아픈 것이다. 그래서 나는 위로했다.

"아니에요, 권사님. 권사님은 충분히 잘하셨어요. 그동안 고생도 많이 하셨고요. 집사님은 좋은 곳으로 가셨어요."

장례를 치른 후에 딸이 문자를 보내서 수고했다는 인사를 해왔다. 딸은 말했다.

"언젠가는 저희 곁을 떠나시겠지 하면서도 이렇게 황망하게 떠나실 줄은 생각하지 못했습니다."

그렇다. 몸이 편찮으시니 언젠가는 떠나야겠지. 연세도 있으시니 우리 곁을 떠나는 날이 멀지는 않겠지. 인생은 한 번 왔다가 한 번은 가야 하는 거니까 우리 곁을 떠날 수밖에 없겠지. 그러나 이렇게 불현듯 가실 줄은 몰랐다. 그래서 아쉬움이 남는다. 이런 걸 받아들이면 다가오는 인생 일기를 새롭게 써갈 수 있다.

하늘에 속한 사람은 언제나 떠날 준비가 되어 있어야 한다. 그뿐만이 아니라 아무리 사랑하는 사람일지라도 언제라도 보낼 준비가 되어 있어야 한다. 아무도 모른다. 누구도 장담할 수 없다. 언제 떠날지. 그저 받아들이는 수밖에 없다. 순응하는 것밖에 없다. 더 좋은 곳으로 간 것을 확신해야 한다. 영원한 본향으로 이사했으니 감사해야 한다. 왜? 하늘에 속한 자이니까. 이렇게 정리하고 나면 인생 그림이 달라지지 않겠는가?

하늘 소망을 가진 자는 인생 일기를 써가는 게 다르다. 하늘 본향을 소망하지 못하는 자들을 불쌍히 여긴다. 아무리 많은 재산을 소유하고 굉장한 권력을 행사할지라도 궁휼히 여긴다. 부러워할 대상이 아니다. 좇아갈 사람도 아니다. 전도해야 할 사람이고 구출해야 할 영혼이다. 시간이 늦기 전에, 기회가 있을 때. 아니, 기회를 만들어서 전도해야 한다. 그렇지 않으면 언제 떠날지 모르니까. 때늦게 후회해서는 안 되니까. 왜? 영원한 세계를 결정하는 문제이니까. 그러니 그들을 부러워하며 인생을 망치지는 않는다.

1930년 미국 켄터키 주 한 병원에 예순다섯 살 된 노인이 입원했다. 그는 핏기 없는 얼굴로 병원 한 귀퉁이에 앉아 있었다. 건강과 재물과 희망을 모두 잃었다. 그는 하루하루를 고통스럽게 보내고 있었다. 절망스러운 인생의 한 모퉁이에 서 있는 그에게 병원 복도에서 한 장면이 눈에 들어왔다. 청소부가 콧노래를 부르며 일하고 있는 것이었다. 그는 다리를 절룩거렸다. 그러나 그 영혼은 너무나 편안하고 자유로워보였다. 청소부가 불렀던 찬송은 바로 찬송가 382장 '너 근심 걱정 말아라'였다. 그 순간 노인은 이해할 수 없다는 표정으로 청소부에게 물었다.

"당신은 인생이 그렇게 즐겁습니까? 찬송가가 당신에게 위로가 됩니까?"

그러자 남루한 옷을 입은 청소부가 대답했다.

"주가 나를 지켜주십니다. 나의 본향은 하늘나라입니다. 돌아갈 곳이 있고 인생의 주인이 나를 지켜주시는데 무엇이 걱정입니까?"

노인은 청소부의 믿음에 놀랐다. 아니, 큰 감동을 받았다. 그리고 자신도 찬송가 382장을 따라 부르며 용기를 냈다. 그때부터 즐거운 마음으로 자신이 가장 자신 있게 만드는 닭튀김 요리를 시작했다. 그리고 이것을 판매하기 시작했다. 맛으로 유명해진 이 닭튀김은 KFC라는 브랜드를 달고 전 세계로 불티나게 팔려나갔다. 드디어 그는 세계적인 사업가가 되었다. 그뿐만이 아니라 자신이 번 돈으로 수많은 교회를 세웠다. 이 사람이 바로 KFC의 창시자 커넬 샌더스이다.

하늘에 속한 당신이 이 땅에서 아무리 초라해보여도 돌아갈 곳이 있다. 돌아갈 집이 없는 홈리스(Homeless)를 보면 마음이 아프다. 그래서 값싼 동정을 베풀 때가 있다. 초라한 인생인 것 같아 수치심을 느낄 때도 있다. 그러나 우리는 돌아갈 곳이 있다. 아무리 힘들고 고달파도 궁극적으로 돌아갈 곳이 있다. 이 땅에서 가진 것이 없어서 때로는 초라한 생각이 들어도 하늘에 간직된 유산이 있다. 하늘에 있는 본향에 이를 때까지 사명을 붙잡고 여행을 즐겨야 한다. 그날에 우리에게 주실 상급을 바라보며. 그렇게 인생 일기를 써가다 보면 언젠가 하나님 앞에서 받을 위로가 기다리고 있다. 그때 아름다운 상급으로 보상하실 것이다.

C·H·A·P·T·E·R·3

은혜의
통로를
차단하지
말라

G·r·a·c·e

─────── 누구나 실수할 수 있다. 때로는 죄를 지을 수도 있
다. 인간이란 불완전한 존재이니까. 우리 안에 죄성이 도사리고 있
으니까. 우리에게 하나님의 은혜가 임하는 것을 사탄은 막기를 원하
니까. 그럴지라도 하나님의 은혜의 통로가 막히는 걸 방치해서는 안
된다. 문제를 해결해야 한다.

교회성장연구가인 톰 S. 레이너 박사는 역기능적 교회가 가진 6가
지 증상을 이렇게 지적한다. 첫째, 심각한 신학적 오류가 교회 내에
만연해 있다. 이것은 종말론에 관련한 몇 가지 차이점을 말하는 것
이 아니다. 기독교 신앙의 핵심적인 진리를 부인하는 것을 말한다.
둘째, 교회가 목회자를 내쫓는 집단으로 알려졌다. 셋째, 교인들이
심각한 분쟁을 겪는다. 넷째, 지역 공동체의 그 누구도 교회의 존재

를 잘 알지 못한다. 다섯째, 지역 공동체 인구는 느는 반면, 교인수는 줄어들고 있다. 여섯째, 교회가 가족들의 소유이거나 혹은 가족들에 의해 운영된다. 한 특별한 가정이 교회의 모든 결정을 내린다.

역기능적인 인생과 교회에 하나님의 은혜가 풍성하게 임할 순 없다. 인간의 죄와 악함이 하나님의 은혜를 차단해버린다. 인생을 살다 보면 때로는 잘 풀리지 않고 오히려 자꾸 꼬이는 현상을 경험한다. 나를 향한 하나님의 계획이 있지만 오히려 나 때문에 하나님의 계획이 실타래처럼 얽히고설킬 때가 있다. 그것을 풀기 위해 신경을 곤두세워 진땀을 흘리기도 하지만 쉽지가 않다. 그래서 전전긍긍할 때가 잦다.

지금 내 인생을 향한 하나님의 은혜의 통로는 확 트여 있는가? 꽉 막힌 통로로는 하나님의 은혜가 자연스레 내려올 수 없다. 그렇다면 하나님 은혜의 통로를 막는 것은 무엇일까?

분노와 혈기가
은혜의 길을 막는다

히브리 민족의 영웅 모세, 그는 불운한 시대에 태어났다. 그가 태어난 시절은 히브리 민족의 운명이 바람 앞에 등잔불처럼 희미한 때였다. 히브리 민족에게 좋은 시절은 다 지나갔다. 요셉을 알지 못하는 새로운 왕에 의해 극심한 압제를 받던 시기였다.

특별예우를 받던 히브리인들은 노예로 전락했다. 강제노동에 동원되어 착취를 당하고 있었다. 더구나 유아학살 명령까지 내려진 상태였다. 그런데 놀라운 사실이 있다. "학대를 받을수록 더욱 번성하여 퍼져나가니"(출 1:12). 학대와 번성이라는 단어는 어울리지 않는 조합이다. 그런데 하나님이 움직이시니까 어울리지 않는 조합도 어울리게 된다. 이것이 하나님의 역사이다.

모세의 부모는 모세가 태어날 때에 아름다운 아이임을 보았다(히 11:23). 그 아이가 비범한 아이임을 깨달았다. 그가 가진 잠재적인 가능성을 보았다. 그 아이를 통해 일하실 하나님의 계획을 보았다. 그래서 왕의 명령을 어기고 아이를 3개월 동안 숨겨서 키웠다. 이것은 죽음을 각오로 한 모험이었다. 그러나 인간의 노력에는 한계가 있는 법, 아무리 몸부림쳐봐도 인간이 할 수 있는 선이 있다. 그 이상은 어쩔 수 없는 영역이다. 결국 모세를 하나님께 의탁해야만 하는 상황에 이르렀다. 더 숨길 수 없게 되자 모세의 부모는 갈대상자를 가져다가 역청과 나무진을 칠해서 방수처리를 한 후 나일강물에 핏덩이 모세를 띄웠다(출 2:3). 이제부터는 하나님의 손에 맡겨진 셈이다.

인간이 어쩔 수 없어 손을 들고 포기할 때 하나님은 그때부터 스스로 일하신다. 나일강에 던져진 모세를 구출하기 위한 보이지 않는 하나님의 움직임이 시작되었다. 모세가 나일강에 띄워진 바로 그 시간에 바로 왕의 공주가 목욕하러 나왔다. 정확한 시간, 정확한 장소에서 맞닥뜨려지게 하셨다. 그냥 스쳐 지나갈 수도 있었는데 갈대

상자가 공주의 눈에 보이게 하셨다. 히브리 출신의 아이가 있다고 해도 관여할 문제가 아니었다. 왕이 히브리인 유아살해 명령을 내렸지 않았던가? 그런데 그런 아이를 자기 아들로 삼아 키웠다. 기적적인 일이 아닐 수 없다. 하나님의 은혜가 흐르고 있다.

드디어 모세는 바로 공주의 아들의 신분으로 궁중에서 자랐다. 당대 최고의 문명국 궁중에서 부족함 없이 누리며 살았다. 최고의 학문과 무술도 연마했다. 어느덧 모세는 젊은 청년으로 성장했다. 평소 유모로 가장한 어머니로부터 철저히 히브리 민족의 정체성을 교육받았다. 앞으로 자신이 어떻게 살아야 할지도 잘 알고 있었다.

마흔 살이 되던 어느 날, 모세는 동족이 힘겹게 살아가는 모습을 한번 살펴보고 싶었다. 그래서 그들이 고되게 일하는 삶의 현장을 찾아갔다. 그때 애굽 사람 하나가 히브리인을 치는 것을 봤다. 치밀어 오르는 혈기를 참을 수가 없었다. 주변을 둘러봤다. 다행히 아무도 없었다. 모세는 애굽 사람을 쳐 죽였다. 그리고 몰래 모래에 숨겼다. 완전 범죄로 마무리짓고 싶었다.

다음 날이었다. 다시 나가 보았다. 그런데 이게 어찌 된 일인가? 이번에는 히브리인끼리 서로 싸우고 있지 않은가! 어제보다 더 화가 치미는 순간이었다. 서로 힘을 합치고 뭉쳐도 부족한 판국이 아닌가? 그런데 자기들끼리 싸워? 화가 난 모세는 잘못한 사람을 향해 질책했다. "네가 어찌하여 동포를 치느냐"(출 2:13). 그러자 그들 중 한 사람이 반문했다. "누가 너를 우리를 다스리는 자와 재판관으로 삼았느냐"(출 2:14). 이거야말로 적반하장이 아닌가? 도와줘서 좋다고 웃을 때는 언제고, 이제는 뭐라고? 그러면서 되물었다. "네가 애굽 사람을 죽인 것처럼 나도 죽이려느냐"(출 2:14).

이쯤 되고 보니 모세에게 두려움이 엄습했다. 일이 탄로 날 게 무서워서 그는 미디안 광야로 줄행랑을 쳤다(출 2:15). 그 후로 모세는 미디안에서 장인의 짐승을 기르는 목동으로 40년의 세월을 보내게 된다. 아무런 쓸모없는 무의미한 세월을 보내는 것처럼, 하나님의 은혜가 끝난 것처럼.

모세는 40년 동안 배운 학문과 무술 실력을 믿었다. 자신의 힘과 능력을 의지해서 히브리 민족을 위해 일하길 원했다. 그러나 자신을 믿고 뛰어든 모세는 범죄자가 되어 도망자로 전락하고 말았다. 동족에게 쓰라린 아픔과 상처만 받게 되었다. 인생은 자기 열심과 노력으로, 더구나 분노와 혈기로 만들어지지 않는다. 모세의 분노와 혈기는 40년의 미디안 광야 훈련학교로 입학시켰다. 하나님은 광야학교에서 또다시 모세를 훈련시키셨다. 40년 동안 철저히 하나님을 의존하는 훈련을. 그리고 나서 40년 동안 이스라엘의 민족 지도자로 세우셨다. 애굽의 노예 근성으로 찌들어 있는 이스라엘 백성들을 애굽으로부터 이끌어내기 위해서. 이쯤 되고 보니 40년의 미디안 광야는 버려진 시간이 아니었다.

인간의 용기가 멋진 인생을 만들어가는 게 아니다. 지혜로운 인간적인 방법이 인생을 풀어가는 건 더더욱 아니다. 화려한 프로필도, 멋진 실력도, 대단한 용기도 인생 일기를 써가는 데 무력할 수 있다. 인간적인 의리도, 혈기도, 의로운 분노도 쓸데없을 수 있다.

도리어 혈기와 분노가 인생을 엉망진창으로 만들고 하나님의 은혜를 가로막는다.

모세가 혈기를 부렸던 또 하나의 사건을 보자. 출애굽한 히브리 민족이 가데스에 도착했다. 광야길을 걸었으니 얼마나 갈증이 심했겠는가? 그런데 마실 물이 없었다. 백성들이 모세와 아론에게로 몰려들었다. 백성들은 핏대를 세우면서 모세에게 대들었다. "우리 형제들이 여호와 앞에서 죽을 때에 우리도 죽었더라면 좋을 뻔하였도다. 너희가 어찌하여 여호와의 회중을 이 광야로 인도하여 우리와 우리 짐승이 다 여기서 죽게 하느냐. 너희가 어찌하여 우리를 애굽에서 나오게 하여 이 나쁜 곳으로 인도하였느냐"(민 20:3-5).

좋다고 따라올 때는 언제고. 현실이 좀 어두워진다고 이렇게 돌변해? 그러나 그게 바로 죄의 유전자를 가진 인간의 실체이다. 힘들어 못살겠다고 불평하던 애굽이 이제 그리운 곳으로 변했다. 기대 속에 찾아 나섰던 가나안 땅이 나쁜 곳으로 돌변했다.

기가 막힌 상황에서 모세가 할 수 있는 건 무엇인가? 모세와 아론은 '회중 앞'을 떠났다. 더 있어 봐야 분통만 터질 일이었다. 좋은 소리 들을 것도 없었다. 이들을 잠재울 수 있는 상황도 아니었다. 차라리 모세는 '회막 문'으로 찾아갔다. 그리고 그곳에 엎드렸다. 이게 믿음의 사람이 걸을 길이다. 분노한 회중 앞을 떠나는 것, 그리고 하나님의 임재가 있는 회막 문으로 나아가는 것.

모세와 아론이 회막 문으로 나아갔을 때 어떤 일이 일어났는가? 여호와의 영광이 그들에게 임했다. 여호와의 음성이 모세에게 들렸다(민 20:6-7). 하나님은 모세에게 처방전을 주셨다. "지팡이를 가지고 네 형 아론과 함께 회중을 모으고 그들의 목전에서 너희는 반석에게 명령하여 물을 내라"(민 20:8). 너무나 단조롭고 간단한 처방전이었다. 지팡이를 가지고 반석에게 "물을 내라"고 명령만 하면 되는….

모세와 아론은 백성들을 모았다. 그런데 백성들을 모으는 모세의 목소리가 심상치 않았다. "반역한 너희여 들으라. 우리가 너희를 위하여 이 반석에서 물을 내랴"(민 20:10). 모세의 감정이 격해져 있었다. 감정이 격해 있으니 말도 격해지고 행동도 거칠어졌다. 모세는 들고 있던 지팡이로 반석을 내리쳤다. 죄 없는 반석을 치기는 왜 쳐? 그것도 두 번씩이나.

물론 반석은 모세의 말에 순종했다. 반석에서는 물이 콸콸 쏟아져 나왔다. 온 백성과 짐승들이 해갈하고 남는 양이었다. 그런데 상황은 이것으로 종료된 게 아니었다. 모세에게 어떤 일이 벌어지는지 그다음을 주목해보라. "너희가 나를 믿지 아니하고 이스라엘 자손의 목전에서 내 거룩함을 나타내지 아니한 고로 너희는 이 회중을 내가 그들에게 준 땅으로 인도하여 들이지 못하리라"(민 20:12). 얼마나 갈망하던 땅인데. 얼마나 고생하며 걸어온 과정인데. 그곳에 갈 수 없다니! 이 정도로 혈기를 부렸다고? 그런데 하나님은 이 분노를, 이 혈기를 하나님의 거룩함을 나타내지 않은 것으로 간주하셨다. 불순종의 행위였다. 불신앙적인 태도였다.

주변 상황이 여의치 않을 때 우리 역시 분노하고 혈기를 부린다.

그런데 왜 분노하는지를 다시 한번 점검해보라. 하나님에 대한 전적인 신뢰가 부족했기 때문에 나온 결과가 아닌가? 우리는 경험상 잘 알고 있다. 순간적인 감정을 참지 못해 분노하고 혈기를 부려서 좋은 것을 얻을 수 없음을. 어쩌면 지금도 분노를 참지 못하고 혈기를 부림으로써 잘 써내려가던 인생 일기장이 꼬이게 되는 것을 경험하고 있을지도 모른다.

이제 모세의 40년 광야생활도 마무리되어 간다. 모세는 비스가 산꼭대기로 올라갔다. 그곳에서 꿈에도 그리던 젖과 꿀이 흐르는 땅을 바라보았다. 그러나 하나님은 이미 "그 땅에 들어갈 수 없다"고 말씀하셨다. 모세는 눈물을 흘리며 하나님 앞에 간청했다. "구하옵나니 나를 건너가게 하사 요단 저쪽에 있는 아름다운 땅, 아름다운 산과 레바논을 보게 하옵소서"(신 3:25). 눈물로 호소하는 모세, 그러나 하나님의 대답은 담담하고 단호했다. "그만해도 족하니 이 일로 다시 내게 말하지 말라. 너는 비스가 산꼭대기에 올라가서 눈을 들어 동서남북을 바라고 네 눈으로 그 땅을 바라보라. 너는 이 요단을 건너지 못할 것임이니라"(신 3:26-27).

하나님께서 이렇게 냉정하신 분인 줄은 미처 몰랐다. 너무나 단호하셨다. 그러나 실망할 필요는 없다. 하나님이 얼마나 은혜로우신 분인지를 보라. 하나님은 모세를 율법에 불순종하므로 율법의 저주를 받는 마지막 사람으로 지목하셨다. 그래서 모세로서 율법의 시대를 끝내셨다. 모세는 이 세상에서는 소원을 이루지 못했다. 하지만 변화산으로 가보라. 예수님은 모세와 엘리야와 더불어 대화를 나누셨다. 모세는 복음의 세계를 경험하지 못하고 율법의 완성으로 사라졌지만 하나님은 천국의 영광을 모세에게도 주셨다(마 17:3). 하나님의 넘치는 은혜가 아니고 무엇이란 말인가?

살다 보면 마음먹은 대로 안 될 때가 있다. 속이 불편해진다. 다급해지고 불안해진다. 속에서 뭔가 치밀어 오르는 걸 느낀다. 그래서 주변 사람들에게 짜증을 부리고 괜스레 화를 낸다. 사람들이 말한다. "저 사람이 왜 저래? 평소에는 안 그러던 사람인데." 그러나 속에서 부글부글 끓어오르는 감정을 주체할 수가 없다. 스스로도 생각한다. '이러면 안 되지. 내가 왜 이래?' 그런데 좀처럼 통제가 되지 않는다. 그렇기에 우리는 평소에 훈련해야 한다. 성령께서 마음과 생각을 다스리도록, 마음에 내키는 대로 살아가는 게 아니라 예수 그리스도의 마음을 따라 살아가는 훈련을 해야 한다.

성숙된 사람이라면, 더구나 예수님의 제자라면 속이 상한다고 해서 함부로 말해서는 안 된다. 살다 보면 속에서 부글부글 끓는 일이 한두 번이랴. 그때마다 속을 다 내보여서는 안 된다. 분노를 표출하는 용기보다 속을 감출 수 있는 용기가 필요하다. 내키는 대로 살아가는 자유보다 유익하지 않은 것을 통제할 줄 아는 절제력이 필요하다. 살다 보면 질 수도 있고 이길 수도 있다. "그래도 그렇지, 이건 말이 안 되지!"라고 할지 모른다. 그러나 말도 안 되는 일이 심심찮게 일어난다. 그때마다 부글부글 끓는 미숙함을 보일 건가? 상황을 초연하게 받아들일 수 있는 마음의 여유를 훈련해야 한다.

상처가 은혜로 나아가는
것을 가로막는다

언젠가 한국가정사역연구소에서 이런 조사를 한 적이 있다. "나에게 상처를 줬고 나를 고통스럽게 만들었던 사람은 누구인가?" 아버지(40.7%), 어머니(32.1%), 집안 식구(27.2%)라는 응답이 나왔다. 우리는 가장 가까운 가족에게도 상처를 받곤 한다. 살다 보면 이런저런 일들로 인해 상처를 받게 된다. 그런데 상처는 오랫동안 가슴에 쓴 뿌리로 남아 인생을 뒤흔든다. 쇠사슬이 되어 삶을 옭아맨다. 그 상처로 인하여 하나님의 은혜 가까이로 나아갈 수 없게 된다.

이삭이 살던 시대에 흉년이 들었다(창 26:1). 이삭은 블레셋 땅 그랄로 내려갔다. 이때 여호와께서 이삭에게 말씀하셨다. "여호와께서 이삭에게 나타나 이르시되 애굽으로 내려가지 말고 내가 네게 지시하는 땅에 거주하라"(창 26:2). 그렇게 하면 복을 주시겠다고 약속하셨다. 흉년을 피하려면 애굽으로 내려가는 게 지혜로웠다. 그래서 예전에 아브라함도 그렇게 한 적이 있었다. 그런데 하나님은 이삭에게 지혜로운 애굽행을 선택하지 말라고 하신다.

살다 보면 인생의 흉년이 찾아올 때가 있다. 그때 나에게 말씀하시는 하나님의 음성을 들어야 한다. 하나님의 음성이 들릴 때 순종할 준비가 되어 있어야 한다. 이삭은 하나님의 말씀에 순종하여 애굽으로 내려가지 않았다. 약속의 땅에 머물렀다. 그랬더니 하나님이 복을 주셨다. 농사를 지었는데 100배를 수확할 수 있게 하셨다. 이건 자연적인 수확이 아니었다. 형편없는 땅에서 파격적인 복을 받은 것이었다. "여호와께서 복을 주시므로"(창 26:12) 그런 결과가 나왔다. 여호와께서 이삭을 창대하게 하시고 왕성하게 하셨다. 마침내 거부가 되게 하셨다(창 26:13).

이삭이 받은 복은 하나님의 말씀에 순종한 데 따른 보상이었다. 인생의 흉년이 찾아올 때 누구나 어렵고 힘들다. 그러나 그때가 바로 하나님의 말씀에 순종해야 할 때이다. 그러면 더 큰 은혜를 베푸신다. 전문적인 어부인 베드로, 그도 밤새 허탕만 치는 날이 있었다. 밤새 고기를 한 마리도 잡지 못했다. 허탈한 심정으로 그물을 씻고 있었다. 그때 예수님이 베드로에게 다가와 말씀하셨다. "깊은 곳으로 가서 그물을 던지라!" 전문가의 입장에서 볼 때 이건 말도 안 되는 일이었다. 이 시간에는 고기가 놀지 않았다. 깊은 곳에서는 고기를 더 잡기 힘들었다. 계산이 안 나오는 일이었다. 그런데 베드로는 말씀에 순종하여 그물을 던졌다. 그랬더니 만선의 축복을 주셨다. 인생의 흉년이 다가올지라도 투덜대지 말고 오히려 하나님의 말씀에 순종하는 길을 선택해야 하는 이유가 여기에 있다. 그것을 통해 더 큰 은혜의 세계로 인도하시니까.

그런데 잘나가던 이삭에게 문제가 생겼다. 이삭의 양과 소가 떼를 이루고 종이 심히 많게 되자 블레셋 사람들이 위협을 느끼기 시작했다. 시기하고 미워했다. 시비를 걸었다. 방해하고 해코지를 했다. 그래서 아브라함 때 판 우물들을 막고 흙으로 메워버렸다. 중동지역에서 우물은 젖줄이다. 생명줄이다. 소중한 재산이다. 그런데 그걸 메워버리니 얼마나 속상했겠는가? 더구나 블레셋 왕 아비멜렉은 이삭에게 "네가 우리보다 크게 강성한즉 우리를 떠나라"(창 26:16)고 요청했다.

그러자 이삭은 그곳을 떠나 그랄 골짜기로 가서 거기서 장막을 치고 거주했다. 아브라함 때에 팠던 우물을 다시 팠다. 이삭의 종들이 골짜기를 파서 샘의 근원을 얻었다. 그랬더니 그랄 목자들이 이삭의 목자와 싸워서 "이 물은 우리의 것이라"(창 26:20)고 우겼다. 그리고 그 우물 이름을 '에섹'(다툼)이라고 불렀다. 이삭은 다른 곳으로 가서 다른 우물을 팠다. 그 이름을 '싯나'(대적함)라 불렀다. 그랬더니 또다시 블레셋 사람들이 다투어 우물을 빼앗았다. 정말 인간 같지도 않은 파렴치한 인간들이었다.

이삭은 또다시 다른 곳으로 옮겨서 다른 우물을 팠다. 그때서야 다투지 않게 되었다. 그래서 그곳 이름을 '르호봇'(넓음)이라고 불렀다. "이제는 여호와께서 우리를 위하여 넓게 하셨으니 이 땅에서 우리가 번성하리로다"(창 26:22). 나쁜 사람들이 아무리 괴롭혀도 그 끝이 있다. 아무리 빼앗겨도 파는 곳마다 물이 솟구치게 하시는 하나님의 은혜가 기다리고 있다. 하나님의 은혜를 맛볼 수 있으니 스릴 있는 인생 아닌가?

그럼에도 이삭의 입장이 되어 보라. 얼마나 속상하겠는가? 얼마나 억울하겠는가? 속이 부글부글 끓을 것이다. 블레셋 사람들에게 받은 상처로 치가 떨렸을 것이다. 그러나 그는 상처를 상처로 받지 않았다. 양보와 포기로 상처를 이겨냈다. 우리 역시 부글부글 끓고 치가 떨리는 세상에 살고 있지 않은가? 있을 수 없는 일들이 벌어지고 이해되지 않는 일을 저지르는 사람이 많다. 괜히 시비를 걸고 반대를 하며 약을 올린다. 이럴 때 어떻게 반응하겠는가? 맞서서 싸우겠는가? 그러면 하나님이 베푸시는 은혜의 세계로 나아갈 수 없다.

그런데 이삭은 맞서지도 않고 보복하려 대들지도 않았다. 바보처럼 살았다. 상종할 가치도 없는 사람과 맞서봐야 소용없음을 알았다. 싸움을 걸면 쫓겨 다니기 일쑤였다. 아무리 시비를 걸어도 양보하고 또 양보했다. 겁쟁이여서 그런가? 비겁해서 그런가? 힘이 없어서 그랬는가? 그렇지 않았다. 이삭은 이미 힘을 갖고 있었다. 다른 민족들에게 위협을 줄 정도로 상당한 영향력이 있었다. 그런데 왜? 거룩한 바보여서 그렇다. 하나님을 신뢰하는 배짱을 가진 바보, 복의 근원이 하나님이심을 믿기에 얼마든지 포기하는 바보. 그는 자신이 부자된 것을 하나님이 주신 은혜로 믿었다. 그러니 하나님을 믿고 얼마든지 포기하고 양보할 수 있었다.

아브라함 역시 거룩한 바보의 길을 걸은 적이 있다. 더는 함께 공존할 수 없는 때가 되었음을 깨달은 아브라함은 조카 롯에게 제안했다. "네가 좌하면 나는 우하고 네가 우하면 나는 좌하리라." 사실 아브라함은 먼저 선택할 수 있는 기득권을 가지고 있었다. 그런데 그 기득권을 포기했다. 롯은 눈에 좋아 보이는 땅을 택했다. 현실을 바라봤다. 그러나 아브라함은 보이지 않는 하나님을 택했다. 약속을 붙잡고 믿음의 세계를 바라봤다. 바라보는 게 달랐다. 기대하는 게 달랐다. 믿는 게 달랐다. 그래서 다른 차원의 삶을 살 수 있었다. 그런 사람에게 하나님의 은혜의 문이 열린다.

예수님은 이해되지 않는 삶을 사셨다. 다른 차원의 삶을 사셨다. 상식 이하의 삶이 아니라 따라잡을 수 없는 상식 이상의 삶을 사셨다. 온유한 자가 복이 있다고 말씀하시고 "오른편 뺨을 치거든 왼편도 돌려 대며"(마 5:39)라고 하셨다. 정면 대응하는 삶을 살지 말라고 하셨다. 하늘 아버지로부터 용서받은 것처럼 용서하라고 말씀하셨다. 일흔 번씩 일곱 번이라도. 그런 예수님의 삶을 제자 베드로는 이렇게 말한다. "욕을 당하시되 맞대어 욕하지 아니하시고 고난을 당하시되 위협하지 아니하시고 오직 공의로 심판하시는 이에게 부탁하시며"(벧전 2:23).

아무리 부글부글 끓는 세상이지만 우리는 예수님처럼 살아야 한다. 이해되지 않는 사람들에게 그들이 이해할 수 없는 다른 차원의 삶으로 다가가서 그들을 깜짝 놀라게 만들어야 한다. 감동을 주는 거룩한 바보의 삶으로.

어떤 사람에게 조우라는 충성된 노예가 있었다. 주인은 모든 일을 그와 의논하고 그에게 많은 일을 맡겼다. 어느 날, 주인은 다른 노예를 사기 위해 조우와 함께 노예시장에 갔다. 많은 노예가 상품처럼 진열되어 있었다. 그런데 유달리 늙고 힘없는 한 노예가 그들 사이에 끼어 있었다. 주인은 힘이 좋고 젊은 노예를 사려고 했다. 그런데 조우는 병든 노예를 사자고 주장했다. 결국 주인은 조우의 말대로 그 노예를 사왔다. 병든 노예는 집에 와서도 별로 일을 하지 못했다. 하지만 조우는 그를 열심히 간호하고 잘 돌봐주었다. 주인은 조우에게 물었다.

"일도 못하는 노예를 왜 그토록 극진히 돌보느냐?"

그러자 조우가 눈물을 흘리며 말했다.

"저 노예는 나의 원수입니다. 내가 어렸을 때 나를 유괴해서 노예상인에게 팔아 지금의 신세가 되었습니다. 그런데 뜻밖에 저 사람도 노예가 되어 병들어 있습니다. 내가 그의 얼굴을 보는 순간, 하나님이 내게 말씀하시기를 '원수를 사랑하라'는 것이었습니다. 저는 이제 저분이 세상을 떠날 때까지 사랑할 것입니다."

살다 보면 너무 억울하게 만드는 사람이 있다. 하지도 않은 일을 했다고 뒤집어씌우고, 없는 일을 만들어서 올가미를 씌운다. 아무것도 아닌데 문제를 크게 부풀려 어려움을 주기도 한다. 관계가 좋았던 사람들에게 다가가서 이런저런 말을 해서 관계를 악화시키기도 한다. 문제가 될 것도 없는데 꼬투리를 잡아서 비난하고 험담해서 자존심을 건드린다. 어떤 일을 하려고 하면 태클을 걸고 괜스레 문제제기를 한다. 반대를 위한 반대인 셈이다. 그러니 얼마나 분통이 터지겠는가? 이럴 때 참는다는 게 쉬운 일은 아니다. 그런데 참는 자에게 은혜의 문이 열린다.

톨스토이의 작품에서 지혜를 얻을 필요가 있다.

한 소년이 숲속에 넓게 펼쳐진 들판을 바라보고 있었다. 들판 정중앙에 큰 나무 한 그루가 서 있었다. 굵은 가지에 밧줄이 걸려 있었고, 그 밧줄에 단단한 통나무 조각 하나가 매달려 있었다. 가만히 보니 그 통나무 조각 밑에 꿀통이 놓여 있었다.

잠시 후, 숲속에서 어미 곰과 새끼 곰 몇 마리가 나왔다. 곰들은 꿀 냄새를 맡고 꿀통에 머리를 처박고 꿀을 먹기 시작했다. 꿀통 바로 위에 달린 통나무가 자꾸 성가시게 머리를 건드리자 귀찮은지 밀어냈다. 밧줄에 매여 있던 통나무는 조금 밀려갔다가 다시 돌아왔다. 또다시 머리를 건드리자 새끼 곰이 신경질이 났다. 좀 더 세게 밀어냈다. 멀리 사라지는 것 같았지만 곧 통나무는 더 빠른 속도로 날아와 곰 한 마리를 밀쳐냈다. 어미 곰이 열을 받아 있는 힘을 다해 통나무를 멀리 던져버렸다. 그러고는 다시 꿀 통 속에 머리를 처박았다. 멀리 날아갔던 통나무가 더욱 빠른 속도로 힘이 붙어서 날아왔다. 결국 어미 곰의 머리를 강타했다. 어미 곰은 즉사했다.

아픔을 준 사람, 잊을 수 없는 상처를 준 사람을 보면 앙갚음하고 싶은 욕구가 자연스레 일어난다. 그런데 기억할 게 있다. 복수는 더 큰 복수를 불러오고, 결국은 비극으로 끝난다는 사실을. 그렇기에 성경은 선으로 악을 이기라고 말씀한다. 예수님은 십자가 위에서 고통을 주었던 바로 그 사람들을 위해 용서하는 기도를 하셨다. 상처에 대한 보복은 인생을 더 복잡하게 만들 뿐이다.

언젠가 내셔널지오그래픽 채널에서 '상처가 난 동물들은 어떻게 상처를 치료할까'라는 주제의 방송을 본 적이 있다. 백수의 제왕인 사자는 다른 사자와 싸우거나 사냥을 하다 다치면 바위로 올라갔다. 바위 위에서 햇볕이 상처에 내리쬐게 드러누웠다. 놀랍게도 사자의 상처는 햇빛만으로도 아물었다. 이런저런 상처를 가진 자는 하나님의 치유하시는 광선으로 치유를 받아야 한다. 그렇게 될 때 상처의 족쇄에서 자유롭게 되고 하나님의 은혜의 문이 열리는 것을 경험하게 된다.

욕망의 블랙홀에 빠지면
은혜의 문이 닫힌다

　　　　　　다윗은 젊어서 사자와도 싸워보았다. 블레셋 장수 골리앗과도 싸워서 한 방에 날려버렸다. 물론 하나님께서 행하신 크신 은혜였지만. 권력욕에 사로잡힌 사울과도 싸워보았다. 그런데 정말 불행한 싸움이 있었다. 바로 셋째 아들인 압살롬과의 권력다툼이었다.

어느 날, 압살롬이 쿠데타를 일으켰다. 물론 이것은 갑자기 일어난 사건이 아니었다. 아버지 몰래 2년간 치밀하게 준비한 사건이었다. 그렇다면 다윗의 가문에 왜 이런 일이 벌어졌을까? 일이 이 지경까지 이르게 된 데는 몇 가지 원인이 있었다. 먼저 다윗이 충신인 우리아의 아내 밧세바를 범한 것에 대한 하나님의 징계였다. 그뿐만 아니라 맏아들 암논이 이복누이 다말을 성폭행했을 때 아버지 다윗이 적절한 조처를 하지 않았기 때문에 불거진 사건이기도 했다. 그러니 죄를 쉽게 생각해서는 안 된다. 지금 아무런 일이 없다고 안심할 수는 없다.

압살롬의 친동생 다말이 이복형인 암논에게 성폭행을 당했다. 압살롬은 우울증에 걸려 살아가는 여동생의 모습을 차마 눈 뜨고 볼 수가 없었다. 그래서 마음에 복수의 칼을 갈았다(삼하 13:15). 그로 부터 2년 후 행동으로 옮겼다. 이 사실을 다윗 왕이 알게 되자 압살 롬은 그술 지방으로 도망쳤다. 압살롬이 가슴 아픈 일을 저질렀지만 그래도 아버지인 다윗은 3년 동안 압살롬을 생각하며 눈물을 흘렸 다. 다윗의 마음을 눈치 챈 요압은 드고아 여인을 내세워 다윗이 압 살롬을 예루살렘으로 데려오도록 꾸몄다. 요압은 압살롬을 다시 데 려왔다. 그러나 다윗은 아들의 얼굴을 보지 않았다. 압살롬은 자기 집에 거주하고 있었다. 2년 동안 아버지의 얼굴도 보지 못하고 방치 된 생활을 하던 압살롬은 화가 났다. 그래서 요압을 다윗에게 보내 화해할 수 있도록 중재자로 내세웠다.

장남인 암논은 이미 죽었다. 그렇다면 압살롬은 차기 왕권 후계 자였다. 압살롬은 합법적인 왕위 상속자라는 명분을 얻고 싶었다. 그래서 다윗과 화해의 제스처를 취했다. 사실 압살롬이 합법적인 후 계자가 되려면 인간적인 방법을 동원할 게 아니었다. 오히려 하나님 의 방법을 취해야만 했다. 자신의 죄를 회개하고 삶을 돌이키는 것. 그러나 압살롬은 자기 목적을 성취하기 위해서는 수단과 방법을 가 리지 않는 위인이었다. 부당한 방법도 불사했다. 압살롬은 요압이 중재자로 나설 수 있도록 하기 위해 요압의 밭에다 불을 질렀다. 화 가 난 요압이 따지러 오자 눈물로 호소했다. "그술에서 나를 예루살 렘으로 데려와 놓고 왜 이렇게 방치해두느냐? 당신이 데려왔으니 중재를 서서 아버지를 좀 만나게 해달라.”

압살롬이 다윗을 만나려고 한 것은 아버지와의 애정 관계 때문이 아니었다. 법정 상속자의 명분을 얻기 위한 것이었다. 다윗은 압살롬의 속셈을 알아채지 못한 채 요압의 중재로 압살롬과 화해의 입맞춤을 했다. 그러나 이 입맞춤은 거짓과 위선의 입맞춤이었다. 이미 압살롬은 반역의 칼을 갈고 있었다.

예루살렘으로 돌아온 압살롬은 반역의 행보를 부지런히 움직였다(삼하 15:1). 병거와 말들을 준비하고 특수 호위병 50명을 세웠다. 왕위 찬탈을 위한 힘을 구축하는 작업이었다. 그뿐만 아니라 사람들의 마음을 도둑질하는 데 나섰다. 다윗에게 재판을 받으러 오는 사람들에게 다가가서 “다윗이 재판관을 세우지 않았다”라고 하면서 불신을 조장했다. 다윗을 폄하함으로써 백성들의 신뢰를 깨뜨렸다. 그리고 “내가 재판관이 되어 정의를 베풀리라”고 나섰다. 이제 다윗의 재판권을 가로채고 있었다. 왕의 행세를 하는 월권을 하고 있었다. 다윗이 정의롭게 통치하지 못하고 있으니 내가 공정한 재판을 시행할 것이라고 은근히 다윗을 깎아내렸다. 사람들이 고마워서 절을 하려고 하면 그 사람을 붙들고 입을 맞추기도 했다. 왜? 백성들의 마음을 훔치기 위해서, 다윗의 권력을 쟁취하기 위해서. 압살롬은 탁월한 마음도둑이었다.

4년 동안 사람들의 마음을 훔치는 데 어느 정도 성공한 압살롬은 반역을 위한 행동을 개시했다. 이제 대다수의 지지를 받는다는 확신이 생겼다. 그래서 다윗 왕에게 찾아가서 부탁했다. “내가 여호와께서원한 것이 있사오니 청하건대 내가 헤브론에 가서 그 서원을 이루게 하소서"(삼하 15:7). 그는 헤브론을 혁명의 본거지로 삼았다. 마음속에 흑심을 품은 것도 모르는 다윗은 이를 허락했다. 이럴 때 다윗이 하나님께 여쭤보았다면 상황은 달라졌을 텐데. 다윗의 영성도 예전 같지 않았다.

압살롬의 반역은 성공적으로 진행되었다. 다윗의 책사이자 실세였던 아히도벨까지 압살롬 휘하로 끌어들였다. 많은 백성이 압살롬의 반역에 가담했다. 전령이 이 사실을 다윗에게 알렸다. 그때 다윗은 어떻게 했는가? "일어나 도망하자. 그렇지 아니하면 우리 중 한 사람도 압살롬에게서 피하지 못하리라. 빨리 가자. 두렵건대 그가 우리를 급히 따라와 우리를 해하고 칼날로 성읍을 칠까 하노라"(삼하 15:14).

예전에 맹수들을 맨손으로 때려잡던 다윗이 아닌가? 블레셋 장수 골리앗이 고래고래 고함지를 때 물맷돌로 때려눕혔던 다윗이 아닌가? 사울이 권력욕에 도취되어 그렇게 위협하고 괴롭힐 때도 정도를 걷던 다윗이 아닌가? 그런데 이번에는 왜 이렇게 두려워하는가? 머물러야 할 예루살렘을 떠나려 하는가? 하나님의 일하심을 왜 신뢰하지 못하는 걸까? 결국 다윗은 예루살렘을 버리고 울면서 도피길에 올랐다. 다윗이 도망갈 때 시므이는 다윗을 따라오면서 저주하며 돌을 던졌다(삼하 16:7-8).

이렇게 비참해진 다윗, 이렇게 당당한 압살롬, 세상은 이렇게 혼란스러워질 때가 많다. 악한 자에게 사람들이 모이는 것 같고 나쁜 사람들이 번영하는 것 같다. 슬픈 일이지만 악한 자가 승승장구하는 것처럼 보인다. 과연 세상은 그렇게 슬픈 이야기로 끝날 것인가? 그러나 하나님은 살아계신다. 압살롬은 전쟁에서 패하고 말았다. 요압의 군사 열 명이 압살롬을 에워싸고 쳐죽임으로써 압살롬의 반역 사건은 마무리되었다(삼하 18:15). 압살롬의 쿠데타가 완전히 진압되었고 다윗은 다시 예루살렘으로 복귀했다.

인간의 탐욕은 무섭다. 그런데 그 탐욕 때문에 인생이 엉망진창되는 경우가 많다. 비단 권력과 명예에 대한 욕망뿐이겠는가? 소유에 대한 욕망도 통제하기 힘들다. 쾌락을 즐기고 싶은 욕망, 성적인 만족을 누리고 싶은 욕망, 오래 살고 싶은 욕망, 건강을 누리고 싶은 욕망 등. 그런데 이런 욕망들이 인생의 판도를 바꾸어 놓는다.

어느 날 아침, 아내가 어떤 사람과 전화 통화를 했다. 나이 쉰도 안 된 그분의 동생이 몇 개월간 암으로 투병하다가 어제 죽어서 내일 장례를 한다는 것이었다. 가슴이 너무나 아팠다. 전화 통화를 하고 난 후 아내가 한마디 내뱉었다.

"돈이 많은 사람은 죽기도 억울하겠어요."

돈이 많으면 어쩌겠는가? 이렇게 갑작스레 들이닥친 죽음 앞에서 지금까지 쌓아온 모든 것을 내려놓고 이 세상을 하직해야 하니.

몇 해 전에 나는 성대 폴립과 결절로 수술을 받았다. 주변에선 나를 걱정하며 이미 목 수술을 받은 사람들의 이야기를 들려주었다. 주변에 있는 사람 중에 목 수술을 해서 이런저런 부작용으로 말을 거의 못한다는 것이었다. 그러니 수술하지 않았으면 좋겠다는 것이었다. 그리 걱정되는 수술은 아니기에 걱정은 없었다. 그런데 주변 사람들의 이야기를 들으면서 한번 생각해봤다. '만약 수술이 잘못되어 말을 하지 못한다면 어떻게 되지?' 아무 쓸데없는 걱정이 아니던가? 그렇다고 수술이 잘 되도록 손을 쓸 수 있는 것도 아니면서. 아마 생명에 대한 애착, 건강에 대한 애착 때문이 아닐까?

어느 주일에 2부 찬양대 지휘자가 결석했다. 부인이 아이를 낳았다는 것이다. 하나님의 은혜로 자연분만을 할 수 있었다. 그런데 문제가 생겼다. 잔류태반으로 다시 수술을 해야 했다. 그런데 수술 후에 더 큰 문제가 생겼다. 수술하면서 실수로 소장을 건드린 것이다. 그래서 또다시 수술을 하게 되었다. 이게 무슨 일이란 말인가? 그 이야기를 듣고 너무 안타까워서 주일 예배 후에 비가 쏟아지는데도 분당에 있는 서울대병원까지 문병을 갔다. 고통스레 수척해진 환자를 보니 마음이 너무 아팠다. 몸조리에 신경을 써야 할 산모가 두 번이나 수술을 했으니 얼마나 힘들고 고통스러웠을까?

우리는 생각지도 못한 일을 많이 만난다. 느닷없이 들이닥치는 일들로 인해 마음이 상하고 걱정으로 휘감길 수도 있다. 물론 우리의 역량으로 대처하고 감당할 수 있는 부분도 있겠지만 많은 것은 우리 영역 밖의 일이기에 어쩔 수 없다. 그래서 모든 상황과 일 속에서 하나님을 기다리는 것이 최선일 수밖에 없다.

주님이 하신 말씀처럼 인간이란 키를 한 자나 크게 할 수도 없는 존재, 생명을 한순간도 더할 수도 없는 존재가 아니던가? 하나님이 부르시면 가고 하나님이 주시는 동안만 누릴 수 있는 존재가 아닌가? 그러니 있는 것에 만족하면서 감사할 수 있어야 하고 살아 있는 동안 가치 있게 살아가야 한다. 그런데 그게 잘 안 된다.

어느 왕이 있었다. 우리가 알듯이 왕은 골치 아픈 문제와 씨름해야 했기에 늘 우울했다. 그런데 이상하게도 왕궁 이발사는 늘 행복했다. 밝은 이발사의 모습을 부러워한 왕이 물었다.

"자네는 어떻게 그리 행복할 수 있느냐?"

그러자 이발사가 대답했다.

"임금님의 이발을 하는 왕궁 이발사니 보람도 있고, 하고 싶은 일을 하고 있으니 너무나 행복하지요."

왕은 그 이야기를 신하들에게 했다. 그랬더니 한 신하가 왕에게 제안했다.

"왕이시여, '99의 덫'을 한번 놓아보시지요."

99의 덫이 도대체 무엇인가? 이발사에게 그동안의 노고를 치하하며 은전 99냥을 상으로 주라는 것이다. 거기에 함정이 있었다. 다음 날 왕은 그 말대로 이발사에게 은전 99냥을 주었다. 이발사는 기대치 못한 선물에 너무나 좋아했다. 그런데 문제는 그다음에 발생했다.

어느 날부터 이발사의 인상이 굳어지고 얼굴이 어두워져 있었다. 왜 그런가 하고 살펴보았더니 이발사는 은전 99냥을 받은 후에 100냥을 채우고 싶은 욕심에 빠진 것이다. 은전 1냥을 벌기 위해 식사도 줄여가며 혈안이 되는 순간 불행해지기 시작한 것이다.

그래서 사도 바울은 행복의 비결을 이렇게 가르쳐준다. "우리가 세상에 아무것도 가지고 온 것이 없으매 또한 아무것도 가지고 가지 못하리니 우리가 먹을 것과 입을 것이 있은즉 족한 줄로 알 것이니라"(딤전 6:7-8). 인생에 멈추는 용기는 정말로 필요하다. 멈추어야 할 것이 많지만 더 갖고 싶은 욕망을 멈추는 일이야말로 참 된 지혜이자 믿음이다. 그리고 이것이 하나님께서 계획하신 우리 인생의 청사진을 온전히 완성해가는 길이다.

유혹에 빠질 때
은혜의 통로가 막힌다

10세는 과자에 움직이고, 20세는 연인에 움직이며, 30세는 쾌락에 움직이고, 40세는 야심에 움직이고, 50세는 탐욕에 움직인다. 나는 지금 무엇에 의해 움직이고 있는가? "본능에 충실한 것이 가장 아름답고 인간적이다." 이것은 이 시대를 지배하고 있는 정신적 흐름이다. 그런데 알고 있는가? 본능에 충실했다가 저 깊은 나락으로 추락했던 사람들이 한둘이 아님을. 그런데도 이 세대를 지배하는 악한 영들은 늘 "본능에 충실하라!"고 촉구한다.

본능에 충실했다가 낭패를 본 사람 가운데 대표적인 인물이 바로 삼손이다. 삼손은 영적 암흑기에 한 시대를 풍미했던 사람이다. 우리는 삼손을 보면 영웅적 존재가 파멸에 이르는 것도 어렵지 않은 일이라는 사실을 깨닫게 된다.

삼손은 '태양, 광채'라는 뜻을 갖고 있다. 삼손은 소라 땅 단 지파 마노아의 아들로 태어났다. 그는 괴력을 갖고 있었다. 물론 그 괴력은 하나님으로부터 받은 은혜로운 선물이었다. 그런데 한순간에 처참하게 무너지고 말았다. 어느덧 일그러진 영웅으로 자리 잡았다. 그는 아파하고 있었다. 고통스러워 울부짖고 있었다. 왜? 첫째, 사랑했던 여인 들릴라로부터 배신을 당했다. 둘째, 두 눈이 뽑히는 고통을 당했다. 셋째, 짐승처럼 맷돌을 돌리면서 이방인들로부터 조롱과 수모를 당하고 있었다. 그의 자존심이 형편없이 다 구겨졌다. 넷째, 하나님의 명예가 땅에 실추되는 것을 지켜봐야 했다. 여호와의 이름이 다곤 신전에서 조롱을 당하고 있었으니까.

삼손은 망가질 대로 형편없이 망가졌다. 그래서 눈물을 흘리면서 하나님께 울부짖었다. "주 여호와여 구하옵나니 나를 생각하옵소서. 하나님이여 구하옵나니 이번만 나를 강하게 하사 나의 두 눈을 뺀 블레셋 사람에게 원수를 단번에 갚게 하옵소서"(삿 16:28). 이쯤 되면 사람들은 불평하고 원망한다. 짜증을 부리고 탓한다. 그러나 아픈 일을 당할 때 우리가 해야 할 일이 있다. 그것은 '내가 왜 이 지경이 되었는가?'에 대한 자기반성이다.

그렇다면 삼손이 이 지경이 된 원인은 도대체 무엇인가? 하나님의 뜻도 무시한 무절제한 삶 때문이었다. 방종에 자신을 던져버렸기 때문이었다. 여성의 유혹에 자신을 방어하지 못했기 때문이었다. 그의 여성 편력을 보라. 먼저, 딤나에 살고 있는 블레셋 여인을 사랑했다(삿 14:1-2). 사랑하지 말아야 할 잘못된 사랑이었다. 결국 그녀로부터 배신을 당했다(삿 14:20). 그뿐만 아니라 나중에는 블레셋 땅 가사에 있는 기생을 사랑하는 지경에 이르게 되었다(삿 16:1). 게다가 소렉 골짜기의 들릴라를 사랑하게 되었다(삿 16:4). 결국 그는 들릴라의 집요한 유혹에 덜미를 잡히고 말았다.

더구나 삼손은 하나님 말씀의 경계선을 넘고 말았다. 그는 태어날 때부터 하나님께 성별된 나실인이었다. 구별된 자로 살아가는 나실인은 반드시 지켜야 할 수칙이 있었다(민 6장). 독주를 마시지 않고, 머리에 삭도를 대지 않으며, 시체를 멀리해야 했다. 그런데 삼손은 나실인의 비밀을 들릴라의 끈질긴 재촉에 못 이겨 누설하고 말았다. 삼손은 넘어서는 안 될 경계선을 무너뜨렸다. 하나님으로 채워져야 할 마음을 한 여인으로 채워놓고 말았다. 그의 마음은 세상 것에 빼앗기고 말았다. 세상의 것에 마음을 정복당한 그는 더 이상 하나님으로부터 능력을 공급받지 못했다. 하나님을 두어야 할 마음을 한 여인에게 빼앗긴 삼손에게 하나님은 더는 머무시지 않았다. 하나님이 없는 그의 인생은 보잘것없고 초라한 인생이었다.

삼손의 문제는 여호와께서 그를 떠났다는 데 있었다. "들릴라가 이르되 삼손이여 블레셋 사람이 당신에게 들이닥쳤느니라 하니 삼손이 잠을 깨며 이르기를 내가 전과 같이 나가서 몸을 떨치리라 하였으나 여호와께서 이미 자기를 떠나신 줄을 깨닫지 못하였더라"(삿 16:20). 머리털 일곱 개의 문제가 아니었다. 하나님이 그를 떠난 것이 문제였다. 하나님이 삼손을 붙잡고 있을 때 능력이 나타났다. 그러나 하나님이 삼손의 손을 놔버리자 그는 초라한 신세가 되었다.

그의 인생은 심각하게 꼬이고 말았다.

그는 두 눈이 뽑힌 채 짐승처럼 맷돌을 돌리는 재주를 보여주는 신세가 되었다. 마음이 아파서 그야말로 미칠 지경이었다. '내가 왜 이런 지경에 이르게 되었나? 내가 이것밖에 안 된단 말인가?' 이때 그가 해야 할 일은 무엇인가? 낙심해서 식음을 전폐하는 것이 아니었다. 절망스러워 자포자기하는 것도 아니었다. 이때 필요한 것은 결단을 내리는 것이었다. 그래서 하나님 앞에 간구했다. "이번만 나를 강하게 하사 나의 두 눈을 뺀 블레셋 사람에게 원수를 단번에 갚게 하옵소서"(삿 16:28).

그는 블레셋 신들이 아무것도 아님을 드러내길 원했다. 실추된 여호와의 영광을 회복하길 원했다. 나실인의 자존심을 회복하길 원했다. 마지막이라도 조국을 위해 무엇인가를 하고 싶었다. 비록 삼손이 하나님의 법을 어기고 나실인의 서약을 깨뜨렸지만 아픔 속에서 다시 깨닫고 하나님께로 돌이켰다. 삼손이 돌이키자 하나님은 그의 간구를 들어주셨다.

삼손은 절망적인 상황에 빠져 있었다. 하나님이 주셨던 괴력은 이미 사라졌다. 두 눈이 뽑혔다. 그의 몸은 단단히 묶여 있었다. 3천여 명이 넘는 적군들이 삼손을 바라보면서 비웃고 조롱하고 있었다. 다곤 신전에 모인 블레셋 사람들의 노리개가 되어 있었다. 희망이 전혀 보이지 않는 상황이었다. 그런데 이런 상황에서도 하나님이 역사하시면 또 다른 대안이 있을 수 있다. "삼손이 죽을 때에 죽인 자가 살았을 때에 죽인 자보다 더욱 많았더라"(삿 16:30). 삼손은 다곤 신전의 두 기둥 가운데 섰다. 그는 두 기둥을 안고 외쳤다. "블레셋 사람과 함께 죽기를 원하노라"(삿 16:30). 그는 있는 힘을 다해 몸을 굽혔다. 그러자 다곤 신전이 와르르 무너졌다. 다곤 신이 아무것도 아님을 증명한 셈이었다. 여호와께서 승리하신 것이다.

한때 유혹에 빠져 넘어질지라도 아직 희망은 남아 있다. 하나님과 함께하는 한 희망의 불씨는 꺼지지 않았다. 마지막까지 하나님을 기대해야 한다. 자신의 능력 때문이 아니라 하나님의 능력을 신뢰해야 한다. 절망의 치료약은 희망이다. 희망의 불씨는 믿음이다. 하나님을 믿는다면 절대 희망을 저버릴 수 없다. 하나님을 위해 마지막 목숨을 버릴 각오를 해야 한다. 하나님을 위해 자신을 포기하고 나면 그때부터 하나님은 나를 사용하신다.

박지헌이라는 CCM 가수가 있다. 그는 어릴 적부터 신앙생활을 했다. 한동안 너무 잘나갔다. 그러나 점점 하나님 없는 삶을 추구하게 되었다. 하나님 없이도 얼마든지 성공할 수 있다는 생각이 들었다. 어느 순간부터 교만해지기 시작했다.

"내가 번 돈으로 왜 부모를 먹여살려야 하나? 내가 왜 한 여자를 먹여살려야 하지?"

자신에게 찾아온 인기가 결국 가정에 대한 불만을 품게 하였다. 그때부터 고난의 징계가 시작되었다. 사업에 실패하고 팀에 불화가 일기 시작했다. 결국 하나님은 그를 대전으로 내려가게 하셨다. 그곳에서 고열로 입원하게 되었다. 그때 제자를 만났는데 그를 통해 하나님께로 다시 나아오게 되었다. 그때부터 가정이 회복되기 시작했다. 그리고 하나님 안에 머무는 인생을 재설계하기 시작했다.

잘된다고 다 좋은 게 아니다. 잘 안 된다고 너무 슬퍼하고 낙담할 것도 아니다. 늘 자신이 하나님 품 안에 있는지를 점검해야 한다.

애굽은 세계적인 강대국이었고 문명의 핵심이었다. 그 영광은 대단했다. 그들은 하나님 없이도 엄청난 성공신화를 창조해냈다. 그러나 성경은 그들을 죄의 심벌로 취급한다. 지금까지 이집트가 걸어온 길은 어떠한가? 세상의 풍요와 성공이 하나님의 축복이라는 유혹은 아주 위험하다. 라멕 일가의 화려한 성공 뒤에는 노아의 홍수가 준비되고 있었다. 애굽의 영광스러운 문화 뒤에는 하나님의 심판과 재앙이 기다리고 있었다. 그렇기에 우리는 하나님을 떠난 인간과 공동체의 종말을 볼 수 있는 눈을 가져야 한다.

아담 안에서 모든 인류에게 흘러내리는 죄의 유혹은 하나님의 청사진을 엉망진창으로 만들어 놓았다. 지금도 우리의 청사진을 꼬이게 하는 원흉은 바로 죄이다. 사탄은 우리가 죄를 짓도록 유혹한다. 죄로 물든 인간의 행동이 나와 가족과 이웃의 행복을 파괴하고 있다.

요한계시록 12~13장을 보면 사탄의 삼위일체가 나온다. 옛 뱀, 혹은 큰 용이라고 불리는 마귀가 있다. 그리고 바다에서 나온 짐승인 로마제국이 있다(계 12:1). 그뿐만 아니라 땅에서 나온 짐승인 거짓 선지자가 있다(계 12:11). 거짓 선지자는 사람들로 하여금 로마제국을 숭배하도록 강요한다. 이들은 합작해서 교회를 공략하고 뒤흔든다. 그러니 우리는 인생의 청사진을 제대로 만들어갈 수 없다. 이 세상을 다스리는 마귀의 실존을 간과해서는 인생을 설명할 길이 없다 (요 8:44). 마귀의 사주를 받는 악한 자들은 쉴 틈 없이 활동한다. 이들은 인간을 유혹해서 세상이 요지경이 되도록 교란시킨다. 죄가 도사리고 있는 한 창세 전의 혼돈의 상태로부터 자유로울 수가 없다.

하나님은 인간에게 완벽한 자유의지를 주셨다. 인간은 하나님이 짜놓은 프로그램대로 움직이는 로봇과 같은 존재가 아니다. 자기 마음대로 할 수 있는 능력이 있다. 유혹에 넘어가서 죄를 선택할 수 있지만 의를 선택할 수도 있다. 불행의 길을 선택할 수 있지만 행복의 길을 선택할 수도 있다. 사유할 수 있는 능력도, 결단할 수 있는 의지력도 주셨다. 그런데 인간은 뱀의 유혹에 넘어가 반역의 길을 선택했다. 불순종으로, 하나님으로부터 독립함으로써 자유를 누리길 원했다. 하나님은 이것도 미리 아셨다. 그래서 더 좋은 길을 예비하셨다. 바로 예수 그리스도이시다. 그리스도 안에서 우리는 재창조를 경험하게 된다. 그리스도 안에서 그려지는 인생길을 걸어갈 때 하나님의 은혜는 막힘없이 흘러온다. 그러나 유혹에 흐느적거리면 은혜의 강물은 차단되고 만다.

은혜로
인생의
큰 그림을
완성하라

G · r · a · c · e

Bible

—————————— 어느 날, 집사님 한 분이 재배하던 채소를 따서 식사를 하기 위해 옥상으로 올라갔다. 그런데 옥상에 올라간 집사님은 깜짝 놀라서 소리쳤다. "아악!" 옥상 빨랫줄에 한 남자가 매달려 있었다. 그것도 평소에 왔다갔다 친분이 있던 사람이. 기겁을 했다. 도대체 왜? 그의 아내는 죽음을 앞둔 말기 암환자였다. 경제적으로 너무 힘들었다. 결국 생활을 비관해서 죽음을 선택한 것이다. 충격을 받은 집사님 내외는 집에서 지낼 수가 없었다. 그래서 며칠 동안 딸의 집에 머물렀다. 죽은 지인에게는 아들과 딸이 있었다. 그들의 가슴은 얼마나 아플까? 며칠 후 아내도 죽었다. 아마도 충격 때문이었으리라. 이렇게 한 가정의 그림은 쑥대밭이 되고 말았다.

알고 있는가? 하나님의 그림은 유한한 인간이 감히 측량할 수 없음을. 단편적인 지식과 지혜를 가진 인간이 하나님의 그림을 완벽하게 완성할 수는 없다. 하나님의 생각과 인간의 생각 사이에는 그야말로 하늘과 땅만큼의 간극이 있다. 인간의 지혜로 하나님의 지혜를 이렇다 저렇다 하는 것이야말로 엄청난 교만이다. 그러니 하나님의 묘수를 인간이 감히 단정짓는 것은 있을 수 없는 일이다.

내 인생의 그림을 완성하려고 섣불리 대들어서는 안 된다. 함부로 판단해서도 안 된다. 섣불리 단정짓지 말아야 한다. 꼬이는 것 같은 그림도 하나님이 만지시면 풀리면서 간단하게 그려질 수 있다. 완벽하게 그려지는 것 같은 그림도 하나님이 허락하시지 않으면 한순간 엉망진창이 될 수 있다. 하나님이 주신 내 인생의 그림을 섣불리 그리려 하다가 오히려 잘 되어가는 그림을 망칠 수도 있음을 잊어서는 안 된다. 그렇다면 하나님이 주신 내 인생의 그림을 섣불리 맞추려는 인간적인 시도는 어떤 것이 있을까?

하나님의 시간표에 내 시간표를 맞추라

학생들은 방학이 되면 시간표를 짠다. 나름대로 빡빡하게 짠다. 그러나 이내 시간표와 생활은 따로 논다. 방학이 끝날 때가 되면 별로 달라진 게 없다. 왜? 짜놓은 시간표대로 방학생활을 하지 않았으니까. 내 인생의 시간표를 다시 한번 생각해보자. 내가 짠 인생의 시간표가 있다. 그런데 하나님이 짠 시간표는 다를 수도 있다. 그래서 때때로 갈등하고 영적인 회의가 찾아오기도 한다. 내가 짠 그림과 하나님이 원하시는 그림이 다르기 때문이다.

애굽의 시위대장 보디발의 집에 있는 감옥에 갇힌 요셉, 억울한 일이었다. 그런데 하나님은 그곳에 술 맡은 관원장과 떡 굽는 관원장을 보내주셨다. 같은 날 밤, 이들은 각기 다른 꿈을 꿨다. 이들은 자신이 꾼 꿈을 해석하지 못해서 고민하고 있었다. 이때 요셉이 이들의 꿈을 해석해주었다. "술 맡은 관원장은 사흘 안에 다시 복직될 것이다. 그러나 떡 맡은 관원장은 사흘 안에 죽임을 당할 것이고, 나무에 달려서 새들이 그의 몸을 뜯어 먹게 될 것이다." 요셉의 해석은 적중했다. 사흘 후에 그들의 운명은 각기 다른 길로 치달았다.

두 관원장의 꿈을 해석하면서 요셉이 술 맡은 관원장에게 하는 말을 들어보라. "당신이 잘 되시거든 나를 생각하고 내게 은혜를 베풀어서 내 사정을 바로에게 아뢰어 이 집에서 나를 건져주소서. 나는 히브리 땅에서 끌려온 자요 여기서도 옥에 갇힐 일은 행하지 아니하였나이다"(창 40:14-15).

맞다. 요셉은 억울했다. 절대로 악한 일을 저지르지 않았다. 그러니 얼마나 답답한 일인가? 요셉은 술 맡은 관원장에게 은혜를 입어 옥에서 나가려 했다. 그는 하나님을 의지하기보다 사람을 의지했다. 은혜는 하나님에게서 나오는데 사람에게서 은혜를 입으려 했다. 인간적인 면에서 생각해보면 그럴 만하다. 나 같아도 요셉과 같이 행동했을지 모른다. 그런데 하나님은 요셉을 옥에서 내보내주시지 않았다. 그 상황을 성경은 이렇게 말한다. "술 맡은 관원장이 요셉을 기억하지 못하고 그를 잊었더라"(창 40:23). 한가닥 희망을 걸었던 요셉. 그러나 술 맡은 관원장이 잊어버림으로써 요셉의 꿈은 물거품이 되고 말았다. 잊힌 요셉과 요셉을 잊은 술 맡은 관원장. 한 사람은 섭섭했고 한 사람은 배은망덕한 사람이 되었다. 결국 요셉을 가둔 감옥문은 열리지 않았다.

하나님의 계획은 요셉이 그린 그림과 달랐다. 하나님은 요셉을 2년 동안 감옥에 더 있게 하셨다. 요셉이 원하지 않았을지라도 2년 동안의 감옥생활은 요셉을 향한 하나님의 시간표였다. 요셉을 훈련하던 '하나님의 때'가 찼을 때, 하나님은 침묵을 깨뜨리고 바로의 꿈을 통해 일하셨다. 하나님의 은혜의 때가 있다는 것이다.

어느 날, 바로는 꿈을 꿨다. 바로가 나일 강가에 있었다. 아름답고 살진 암소 일곱 마리가 강가에서 올라와 갈밭에서 뜯어 먹고 있었다. 잠시 후 흉하고 파리한 다른 일곱 마리의 암소가 올라와서 아름답고 살진 일곱 암소를 먹어버렸다(창 41:1-4). 얼마 후에 또다시 꿈을 꿨다. 한 줄기에서 무성하고 충실한 이삭 일곱이 나왔다. 그 후에 뜨거운 팔레스타인의 동풍에 가늘고 마른 이삭 일곱이 나오더니 무성하고 충실한 이삭 일곱을 다 삼켰다(창 41:5-7).

바로는 고민하지 않을 수 없었다. 그래서 애굽의 점술사와 현인들을 모두 불러 꿈을 해석하도록 했다. 그러나 하나님이 숨기신 꿈을 해석해낼 수는 없었다. 그때 술 맡은 관원장이 2년 동안 잊고 있었던 요셉을 생각해냈다. 술 맡은 관원장은 전에 있었던 일들을 소상하게 얘기했다. 드디어 2년 동안 감옥에 갇혀 있던 요셉이 출옥할 수 있게 되었다. 사람이 열어주지 않은 옥문을 때가 되니 하나님이 열어주셨다.

그렇다. 세상에는 하나님의 시간표가 있다. 이것을 알고 있는 솔로몬은 만사에 하나님의 때가 있다고 말한다. "범사에 기한이 있고 천하만사가 다 때가 있나니 날 때가 있고 죽을 때가 있으며 심을 때가 있고 심은 것을 뽑을 때가 있으며"(전 3:1-2). 하나님의 때가 되면 하나님이 옥문을 여신다. 하나님은 바울과 실라가 갇힌 빌립보 옥문을 여셨다. 베드로와 사도들이 갇혔던 옥문도 여셨다. 옥문이 닫혔다는 게 문제가 아니라 하나님의 때가 되었느냐가 중요하다.

우리는 하나님의 시간표에서 고통의 때, 아픔의 때를 삭제하고 싶어 한다. 기억하고 싶지 않은 일들은 다 지워버리고 싶어 한다. 어떤 사람이나 어떤 일은 우리 시간표에서 다 빼버리고 싶다. 그러나 피해갈 수는 없다. 하나님은 고통의 때를 감면해주시지 않는다. 고통의 시간을 통해서 계획하신 일이 있기 때문이다.

예수님도 고통의 시간표를 생략하고 싶었다. 그러나 하나님은 고통의 시간표를 통해 구원을 이루셨다. 죽음의 때를 지나서 부활의 때를 만드셨다. "하나님께서 그를 사망의 고통에서 풀어 살리셨으니 이는 그가 사망에 매여 있을 수 없었음이라"(행 2:24). "너희가 나무에 달아 죽인 예수를 우리 조상의 하나님이 살리시고 이스라엘에게 회개함과 죄 사함을 주시려고 그를 오른손으로 높이사 임금과 구주로 삼으셨느니라. 우리는 이 일에 증인이요 하나님이 자기에게 순종하는 사람들에게 주신 성령도 그러하니라 하더라"(행 5:30-32).

만사가 잘되기를 기도하는가? 만사가 형통하는 것보다 더 중요한 것은 하나님의 시간표를 인식하며 사는 것이다. 하나님은 자신의 시간표에 따라 당신을 위해 여전히 일하신다. 그래서 사도 베드로는 말한다. "그러므로 하나님의 능하신 손 아래에서 겸손하라. 때가 되면 너희를 높이시리라. 너희 염려를 다 주께 맡기라. 이는 그가 너희를 돌보심이라"(벧전 5:6-7).

고통의 때가 하나님의 위로를 받는 기회이자 새로운 사명자로 세움받는 하나님의 섭리일 수 있다. "우리의 모든 환난 중에서 우리를 위로하사 우리로 하여금 하나님께 받는 위로로써 모든 환난 중에 있는 자들을 능히 위로하게 하시는 이시로다. 그리스도의 고난이 우리에게 넘친 것같이 우리가 받는 위로도 그리스도로 말미암아 넘치는도다"(고후 1:4-5).

탤런트이자 영화배우인 이광기 씨. 2009년 11월, 그의 일곱 살 난 아들이 신종플루로 세상을 떠났다. 그는 장례식장을 지키다 탈진해 응급실에 누웠다. 그때 자신의 아들에 관한 뉴스를 TV로 접하고 비슷한 증세만 보여도 놀라서 자녀들을 데리고 병원에 몰려온 부모들을 보았다. 그는 응급실에서 "신종플루 약을 달라"고 고함을 치는 아버지들을 보면서 눈물을 흘렸다. '나는 왜 저러지 못했을까? 바보처럼 왜 가만히 있었을까?' 그는 뒤늦게 가슴을 치며 후회했다. 그런들 무슨 소용이 있단 말인가?

장례식을 마치고 집에 들어서자 슬픔은 더 크게 몰려왔다. 아파트 베란다에서 아래를 내려다보니 슬쩍 뛰어내리면 속이 시원할 것만 같았다. 그때 밤하늘에 빛나는 별들이 눈에 들어왔다. '하나님, 왜 이런 일을 허락하셨나요.' 원망이 쏟아져 나왔다. 그는 태어나서 처음으로 하나님과 대화를 나눴다. 목 놓아 통곡했다. 현재는 경기도 고양시 벧엘교회에 출석하며 신앙생활을 열심히 하고 있다. 그는 이런 슬픔과 아픔의 터널을 지나면서 하나님을 만나게 되었고 새로운 인생을 출발하게 되었다. 그는 아들의 죽음을 통해 월드비전 홍보대사가 되었다.

"사랑하는 아들을 잃고 세상 이웃의 아픔에 눈을 떴습니다."

그는 이런 아픔 속에서 찾은 소망을 이렇게 간증한다.

"아들을 잃은 아픔 속에서 이 세상 이웃들의 아픔을 볼 수 있게 되었습니다. 몇 달 뒤 아이티에서 사상 최악의 대지진이 일어났을 때 당장 달려갈 수 있었던 것도 하나님께서 이런 마음을 주셨기 때문입니다."

아이티에서 지진으로 가족을 잃은 아이들을 보듬었을 때 그는 아들의 체온을 느꼈다. 그토록 만나고 싶었던 아들이 그의 꿈속에 나타났다.

"아빠, 이제 울지 마. 대신 내 친구들을 웃을 수 있게 도와줘."

지금 그는 월드비전 홍보대사로서 아이티 어린이들을 위한 학교를 세우고 다양한 모금활동을 펼치고 있다. 아이티의 심장병 어린이를 위한 바자회와 콘서트도 준비 중이다.

고통의 때에 하나님을 생각함으로 참아야 한다. "부당하게 고난을 받아도 하나님을 생각함으로 슬픔을 참으면 이는 아름다우나"(벧전 2:19). 고통의 때에 하나님의 영이 임함을 확신해야 한다. "너희가 그리스도의 이름으로 치욕을 당하면 복 있는 자로다. 영광의 영곧 하나님의 영이 너희 위에 계심이라"(벧전 4:14). 또한 고통의 때에 영혼을 하나님께 맡기고 기다려야 한다. "그러므로 하나님의 뜻대로 고난을 받는 자들은 또한 선을 행하는 가운데에 그 영혼을 미쁘신 창조주께 의탁할지어다"(벧전 4:19). 마지막으로 고통의 때에 합력하여 선을 이루시는 하나님임을 확신해야 한다. "우리가 알거니와 하나님을 사랑하는 자 곧 그의 뜻대로 부르심을 입은 자들에게는 모든 것이 합력하여 선을 이루느니라"(롬 8:28).

성도는 하나님의 시간표에 내 시간표를 맞추는 훈련을 해야 한다. 하나님이 일하실 시간이 되면 하나님께서 분연히 일어나셔서 새로운 은혜를 베푸신다. 아니, 사실은 고통의 시간에도 하나님의 은혜는 흐르고 있었다. 다만 내가 받아들이지 않았을 뿐이다.

내 코드를 하나님의 코드에
맞추는 훈련을 하라

인간 심연에는 자율성의 욕구가 자리 잡고 있다. 자유를 향한 갈망은 끊임없이 끓어오른다. 인간은 통제하는 그 어떤 것으로부터 벗어나고자 몸부림친다. 어린아이들도 부모의 억압을 견디기 힘들어한다. 통제하는 부모에게 반항하고, 어떻게든 부모의 통제권으로부터 벗어나려고 애쓴다. 조직의 통제를 거추장스럽게 여긴다. 간섭이라고 말한다. 그래서 조직의 틀에서 벗어나 자기 마음대로 하려고 한다.

어느 마을에 두 아들을 둔 아버지가 있었다. 평소 아들들의 마음을 잘 헤아리는 아버지였고, 아들들이 필요한 것을 지체 없이 채워주려 애쓰는 아버지, 인자하고 부드러운 아버지였다. 자식들의 허물과 실수에도 지나치게 채근하지 않고 용납하고 받아줄 줄 아는 좋은 아버지였다.

어느 날, 둘째 아들이 아버지를 찾아와서 말했다.

"아버지, 소원이 하나 있습니다. 언젠가 저에게 주실 유산을 미리 상속해주시면 좋겠어요. 외국에 가서 사업을 할 계획인데, 몇 년 벌어서 성공해서 돌아오겠습니다."

"아들아, 그래도 그렇지. 외국으로 나간다는 게 어디 쉬운 일이니? 또 외국으로 가서 사업을 한다는 게 얼마나 어려운 일인데. 다시 한 번 생각했으면 좋겠다."

"아니에요, 아버지. 저는 자신 있어요. 그리고 나름대로 아이템도 구상해 놓았고요. 반드시 성공해서 금의환향하겠습니다. 기대하셔도 좋습니다."

"그래? 네 생각과 의지가 그렇게 비장하다면 할 수 없는 일이지. 너에게 돌아갈 분깃을 나누어주마. 그래도 신중하고 지혜로워야 한단다."

당시 풍습으로는 아버지가 살아 있는데 유산을 운운한다는 건 불효막심한 일이었다. 아버지를 무시하는 처사였다. 그러나 아버지는 분노하지 않았다. 오히려 아들을 믿어주었다. 아들에게 자유를 허락해주었다.

둘째 아들은 아버지의 집을 벗어나고 싶었다. 아버지가 하는 말이 잔소리 같고 쓸데없는 간섭처럼 여겨졌다. 자기 힘으로 얼마든지 행복한 인생, 성공적인 인생을 살아갈 수 있을 것 같았다. 아버지의 통제로부터 탈출하는 게 행복의 출발로 생각되었다. 둘째 아들은 먼 나라로 떠났다. 그동안 구속이라고 생각했던 아버지의 집을 떠나 마음껏 자유를 즐겼다. 가진 돈으로 친구들을 사귀었다. 돈을 잘 쓰니 주변에 친구들이 들끓었다. 하고 싶은 것은 거침없이 저질렀다. 먹고 싶은 것을 마음껏 먹었다. 마시고 싶은 것도 한껏 즐겼다. 기분 내키는 대로 행동했다. 통제받는 것 없이 자기 멋대로 살았다. 허랑방탕한 그의 삶은 머지않아 재산을 탕진하기에 이르렀다.

마음껏 자유를 누리던 그는 방종한 삶으로 치달았다. 방종한 삶은 비참한 나락으로 떠밀었다. 그는 부잣집에 종으로 들어가 돼지를 쳐야만 했다. 유대인들은 돼지를 부정한 동물로 여겼다. 그러나 이제 그런 걸 가릴 형편이 아니었다. 정체성조차도 엉망진창이 되고 밀었다. 배가 너무 고파서 견딜 수가 없었다. 그래서 짐승들이 먹는 쥐엄열매로 배를 채우려고 했다. 그런데 사람들은 그것마저도 주지 않았다. 짐승보다 못한 인생이 되고 말았다.

인생에는 일정한 룰이 있다. 거추장스럽게 여겨질지 몰라도 아버지의 집은 여전히 행복의 보금자리다. 아버지의 잔소리가 귀찮게 여겨져도 여전히 안전한 삶을 보장하는 규범이다. 때때로 자기 마음대로 살고 싶은 욕구가 없는 건 아니다. 그러나 피조물인 인간은 창조자와 의존적인 관계 안에 머물러야 한다. 자기 생각이 있을지라도 하나님의 생각을 읽으려 해야 한다. 자기 주관이 있고 자기주장이 있을지라도 하나님의 뜻부터 살펴야 한다. 자칫 섣부른 판단이 하나님의 계획을 그르칠 수 있고, 섣부른 선택과 결정이 하나님의 계획을 꼬이게 만들 수도 있다.

자기 멋대로 살려고 하는 사람들은 자신의 그림을 망치기 십상이다. 그뿐만 아니라 관계를 깨뜨리고 공동체를 어렵게 만든다. 하나님은 이스라엘의 왕이시다. 자기 백성들을 통치하기 위해 사사들을 통해 일하셨다. 영적 암흑기에 하나님의 일을 수행하던 사무엘 선지자는 이제 늙었다. 그러자 이스라엘 장로들이 모여 결정한 것이 있다. "모든 나라와 같이 우리에게 왕을 세워 우리를 다스리게 하소서"(삼상 8:5). 사무엘은 장로들의 요구를 듣고 기뻐하지 않았다. 그것은 거부당함에 대한 개인적인 감정 때문이 아니었다. 이스라엘 백성들이 하나님의 왕적 통치를 거부하는 일이기 때문이었다.

그래서 사무엘은 왕정제도에 대해 구체적인 설명을 해주었다. 너희가 세운 왕 때문에 어려움을 당해서 하나님께 구해도 하나님이 응답하시지 않을 것이라고 경고했다. 그럼에도 백성들은 자신들의 생각을 꺾지 않았다. 끝까지 자신들의 고집을 주장했다. 자기들 마음대로 하길 원했다. "아니로소이다. 우리도 우리 왕이 있어야 하리니 우리도 다른 나라들같이 되어 우리의 왕이 우리를 다스리며 우리 앞에 나가서 우리의 싸움을 싸워야 할 것이니이다"(삼상 8:19-20). 강력한 절대군주가 존재하는 다른 나라들이 부러웠던 모양이다. 세상을 따라가고 싶었던 모양이다.

결국 사무엘은 이스라엘 백성들을 미스바에 불러모았다. 그리고 제비를 뽑았다. 베냐민 지파가 뽑히고 기스의 아들 사울이 뽑혔다. 그런데 사울을 찾을 수가 없었다. 그래서 여호와 앞에 물었다.

"그 사람이 여기 왔나이까?"

여호와께서 대답하셨다.

"그가 짐보따리들 사이에 숨었느니라"(삼상 10:22).

이때만 해도 사울은 겸손했다. 아무 데나 함부로 나서서 거들먹거리는 사람이 아니었다. 자신을 드러내려 하지도 않았다. 스스로 부족하고 나약한 존재라고 생각했다.

사람들이 달려가서 사울을 데려왔다. 사울은 다른 사람들보다 어깨 위만큼 컸다. 모든 백성 중에 그와 견줄 만한 사람이 없을 정도로 출중했다. 모든 백성이 만세를 부르며 사울을 외쳤다. 대대적인 환영이었다. 사울은 그렇게 왕으로 등극했다.

그런데 꽤 괜찮던 사울이 점점 변해갔다. 어느 날, 블레셋 장수 골리앗이 군대를 이끌고 이스라엘로 쳐들어왔다. 전세가 이스라엘에게 절대적으로 불리했다. 그때 소년 다윗이 아버지의 심부름으로 전쟁터에 왔다가 여호와의 이름을 모욕하는 골리앗을 보았다. 차마 그냥 볼 수만은 없었다. 그래서 평소에 사용하던 물매와 돌 다섯 개를 들고 골리앗에 맞서 싸웠다. 다윗이 던진 물맷돌은 골리앗의 이마를 적중해서 한 방에 쓰러뜨렸다(삼상 17:49). 칼과 창이 아닌 여호와의 이름으로 이룬 기적이었다. 이스라엘 백성들은 다윗을 대대적으로 칭송했다. "사울이 죽인 자는 천천이요 다윗은 만만이로다"(삼상 18:7). 백성들의 환호소리는 사울을 자극했다.

사울은 비교하는 백성들의 소리를 듣자 심기가 불편해졌다. 다윗의 인기가 날로 하늘을 찌르듯 하는 게 불안했다. 급기야 왕위에 대한 위협을 느꼈다. 다윗의 모습과는 상관없이 싫어졌다. 백성들이 자기를 싫어하고 다윗을 좋아한다고 느껴지니까. 어느 순간부터 사울은 자기 마음대로 하기 시작했다. 하나님의 말씀도 두려워할 줄 몰랐다. 하나님 앞에 물어보지도 않았다. 자기 생각이 유일한 잣대가 되었다. 자기감정에 충실했다. 본능대로 움직였다. 그러면서 그의 인생은 꼬이기 시작했다. 겸손하게 쓰임받던 왕 사울은 이미 사라졌다. 스스로 다윗을 정적으로 만들어 그를 죽이는 데만 혈안이 되었다. 다윗을 제거하는 데 시간과 에너지를 온통 쏟아버렸다. 결국 하나님은 그를 버리셨다.

내 멋대로 하는 것보다 더 중요한 건 하나님의 은혜가 흐르는 물길을 찾아내는 것이다. 하나님을 내 프레임과 코드에 맞추려 하는 사람들이 있다. 그건 교만이자 거만이다. 하나님은 이러한 사람들에게 은혜를 베풀지 않으시고 오히려 버리신다. 그러니 내 코드를 하나님의 코드에 맞추는 훈련을 해야 한다. 나의 코드보다 더 완벽한 건 하나님의 코드이다. 내 생각과 계획을 하나님의 생각과 계획 아래 내맡겨야 한다. 하나님이 만드는 인생이 제대로 된 인생이니까. 하나님의 은혜만이 내 인생 그림을 완성해갈 수 있으니까.

꿈의 중독과 비전 콤플렉스를 경계하라

젊은이의 아이콘은 꿈과 비전일 것이다. 꿈이 없는 젊은이는 이미 죽은 것이나 다를 바 없다. 흔히 젊음과 늙음을 나이로 가늠하려 든다. 그러나 나이에 비해 젊은이가 있고 나이에 비해 늙은이가 있다. 나이보다 더 중요한 게 있다는 것이다. 바로 꿈이다. 꿈을 가진 사람은 늙어도 젊다. 그러나 꿈이 없는 사람은 젊었을지라도 늙은이나 다름없다. 한편 꿈에는 나이가 없다. 젊은이라고 꿈을 꾸는 것도 아니고 늙은이라고 꿈이 없는 것도 아니다. 젊은이는 마땅히 꿈을 꿔야 한다. 그런데 늙은이라고 꿈을 못 꾸는 것도 아니다. 꿈에는 나이 제한이 없다.

대부분의 사람들은 매일매일 바쁘게 생활하고 있다. 하지만 자신이 꼭 되고 싶거나 이루고 싶은 비전을 가슴에 품고, 그 꿈이 이루어지길 희망하며 살아가는 사람은 그리 많지 않다. 그러니 지칠 대로 달려가면서도 때때로 인생에 회의를 느끼는 것이다.

사사시대에 베들레헴 땅에 한 가족이 살고 있었다. 바로 엘리멜렉과 나오미의 가족이다. 이들에게는 말론과 기룐이라는 두 아들이 있었다. 어느 해인가 끔찍하게 지독한 흉년이 들었다. 모두들 못 살겠다고 아우성을 쳤다. 버티려고 애를 써보았지만 더는 버틸 수 없는 지경에 이르렀다. 그래서 가족회의를 했다.

"여기서는 더 이상 희망이 없다. 그러니 이제 모압으로 가서 새로운 인생을 출발해 보자꾸나!"

이들은 모두 동의했다. 더 이상 살 희망이 없는 땅이니까. 드디어 모압 드림을 품고 고향을 떠났다. 현대사회처럼 교통이 좋은 시대도 아니었고, 오늘날처럼 글로벌 사회를 표방하는 개방적 사회도 아니었다. 폐쇄적이고 자민족 중심사회였다. 그런 시대에 외국으로 이민을 간다는 건 결코 만만치 않은 일이었다. 그래도 굶어죽는 것보다 고생하더라도 살 수 있는 길이 있다면 머뭇거릴 수는 없었다. 그래서 하나님이 아브라함에게 약속하신 땅을 떠났다. 분명히 단추를 잘못 낀 셈이다. 가나안은 아무리 어려워도 떠나지 말아야 할 약속의 땅이었다. 그런데 고달픈 현실 때문에 어쩔 수 없이 떠났다. 인생이 꼬이기 시작한 것이다.

베들레헴을 떠나는 이들은 모압에서 이룰 꿈에 젖어 있었다. 이런저런 마스터플랜도 준비했을 것이다. 그런데 두 아들만 남겨두고 남편이 죽고 말았다. 기가 막힐 일이었다. 막막한 상황을 어떻게 헤쳐나갈까? 이빨이 없으면 잇몸으로 산다고, 남편이 없는 세상이지만 자식들을 위해 이를 악물고 살아야 했다. 다행히 두 아들이 모압 여인들을 만나 가정을 이루게 되었다. 그런데 비극적인 드라마는 여기서 끝나지 않았다. 모압 땅으로 내려간 지 10년이 되던 해, 두 아들마저 죽고 말았다. 이게 무슨 마른하늘에 날벼락이란 말인가? 이제는 살 의욕조차 없었다. 모압 땅에 더 살아야 할 이유도, 그럴 용기도 없었다.

어느 날, 나오미는 마음에 굳은 결심을 했다. "모압 땅을 떠나자!" 한때는 모압 드림을 품고 신나게 내려왔다. 하지만 지금은 모든 꿈을 접어야 했다. 더는 기대할 것이 없었다. 베들레헴을 떠나 모압으로 갈 때 얼마나 설레였던가! 사람들은 환송해주었다. 꼭 성공해서 다시 돌아오라고. 그런데 그 땅으로 어떻게 돌아가지? 도저히 돌아갈 용기가 나지 않았다. 그런들 어찌하랴? 모압에서 얻은 며느리들은 각기 제 갈 길을 찾아가라고 했다. 그러자니 홀로 남은 시어머니의 가슴은 어땠을까? 그래도 젊은 며느리들의 인생을 불행하게 짓밟고 싶지는 않았다. 자신의 인생이 헝클린 것으로도 가슴 아프지 않은가!

그런데 룻은 시어머니를 떠나려 하지 않았다. 악착같이 시어머니와 함께하려고 했다. 고생길이 훤한데도. 그러나 시어머니 입장에서는 얼마나 감사한 일인가? 얼마나 큰 힘이 되었겠는가? 그래도 이런 며느리가 있다는 것에 자부심이 생기기도 했다. 더구나 이방 사람인 며느리에게 영적으로 선한 영향력을 미쳤다는 위로도 되었다. 그래도 어떻게 함께 떠나자고 말하겠는가? 나오미는 거절했지만 룻은 너무나 단호했다. 더 이상 만류해서는 안 된다는 생각이 들었다. "그렇다면 함께 가자꾸나."

완전히 뒤죽박죽된 나오미의 인생 그림. 미래를 도저히 장담할 수 없는 룻의 인생 그림. 이들의 인생 그림은 도대체 어떻게 될까? 하나님의 은혜가 임하기나 할까? 그런데 하나님은 이들을 위해 보아스를 예비해두셨다. 하나님은 불행한 두 여인을 위해 새로운 인생 그림을 그려가고 계셨다. 상상할 수도 없는 인생 그림을. 룻을 통해 다윗 왕의 계보, 예수 그리스도의 계보가 만들어지고 있었던 것이다. 하나님의 놀라운 은혜가 아닌가!

문제는 이것이다. 당신은 당신이 있어야 할 자리에 있는가? 아무리 힘들어도 떠나지 말아야 할 자리가 있다. 하나님이 약속하신 곳인데 그걸 버리고 성공하자고? 하나님 없이도 꿈을 이룰 수 있다고? 알고 있는가? 나오미가 초라해질 대로 초라해진 것도 하나님이 그림을 그려가시는 일련의 과정이라는 걸. 때때로 하나님은 우리가 꾸는 꿈을 잔인하게 짓밟으시고 새로운 인생 그림을 그려가기도 하신다. 그러니 하나님이 그려가시는 그림을 보고 이러쿵저러쿵 군소리를 해서는 안 된다.

사람들은 단맛 중독증에 걸려 있다. 달콤한 것만 찾아다닌다. 달콤한 맛에 취해 다른 맛은 거들떠보지도 않는다. 단맛에 취해 있다보니 다른 것을 하려고 들지도 않는다. 그런데 인생이란 게 어디 그런가? 짠 맛, 신 맛, 쓴 맛도 인생 그림의 한 부분인 걸. 그런데 이런 맛은 인생 그림을 그려가는 데 마치 잘못된 것인 양 착각하게 한다.

꿈에 중독된 인생을 아는가? "넌 꿈이 뭐야?"라는 질문에 "글쎄…"라고 대답하는 사람이 많다. "넌 꿈도 없이 사냐?" 이쯤 되면 그 사람은 좀 떨어진 인생으로 낙인찍힌다. 불행한 인생이다. 그런데 자기 꿈에 도취되다 보니 삶의 여유를 잃고 사는 사람들도 적지 않다. 앞만 보고 죽자 사자 달린다. 그러는 와중에 다른 사람들을 다치게 하고 아프게 한다. 자기 꿈을 성취하기 위해서는 다소 불합리한 일들도 허용한다. 심지어 다른 사람들을 해하면서도 자기 꿈만 성취하는 데 집착한다. 어디 그뿐인가? 얼마나 많은 사람이 자기 야망을 실현하기 위해 정도에서 벗어난 잘못된 일을 저지르고 있는가? 야망에 사로잡힌 사람은 탈법과 불법도 크게 연연하지 않는다.

하나님이 세우신 선지자 요나, 그는 북이스라엘 여로보암 2세 때 활동한 선지자였다. 하나님은 요나에게 명령하셨다. "너는 일어나 저 큰 성읍 니느웨로 가서 그것을 향하여 외치라. 그 악독이 내 앞에 상달되었음이니라"(욘 1:2). 그런데 요나는 일어나기가 싫었다. 하나님의 속마음을 너무나 잘 알고 있었기 때문이다. 결과가 어떻게 나올지 뻔했기 때문이다. 니느웨로 가서 그들의 악함을 외치는 건 좋다. 왜? 니느웨는 원수 나라인 앗수르의 수도이니까. 니느웨의 패망을 외치는 것이 얼마나 고소하겠는가?

그런데 문제는 거기서 끝나는 게 아니었다. 그들의 악함을 외치면 그 결과는? 니느웨 백성들이 회개하고 돌이킬 것이다. 그들이 회개하고 나면 자비로우신 하나님은 그들을 용서하실 것이다. 그렇다면 누구 좋으라고? 요나는 금세 계산이 섰다. 그래서 다시스로 가는 배를 타기 위해 욥바로 내려갔다. 반대 방향으로 가기 위해서. 요나는 자신의 꿈 때문에 하나님의 꿈을 거부했다. 하나님은 이방세계의 선교를 꿈꾸셨지만 요나는 유대인의 구원만 꿈꿨다. 하나님은 이스라엘을 제사장 나라로 세워서 축복의 통로가 되기를 원하셨다. 그런데 요나는 유대인들의 하나님으로만 가둔 채 자기들만 소유하기를 원했다. 우주적인 하나님의 꿈, 항거할 수 없는 하나님의 사랑을 요나가 감히 쫓아갈 수 없었다. 자기 꿈에 집착할수록 요나의 인생 그림은 점점 이상해져 갔다. 그럼에도 자기 꿈에 중독된 요나는 하나님의 꿈 가운데로 나아가기가 힘들었다.

언젠가 삼일교회를 담임하는 송태근 목사가 이런 말을 했다. "청년집회를 할 때마다 하는 이야기가 있어요. 한국교회 청년들이 비전 콤플렉스에 걸려 있다는 것이에요. 비전을 하나씩 못 갖고 있으면 바보 취급당하는 시대인데…. '젊은 놈이 비전도 없냐?' 이런 식으로요. 하지만 비전은 강요하는 게 아닙니다. 비전이라고 하면 많이들 사도 바울의 마케도니아 환상을 떠올립니다. 여기서 환상이라는 게 비전이거든요. 그런데 이 비전은 우리가 생각하는 그런 뜻이 아니에요. 헬라어로 '격렬한 논쟁 끝에 설득당했다.' 이런 뜻이죠. 그러니까 마케도니아 환상은 우리가 이해하는 것처럼 하나님이 바울에게 비전을 제시하셨다는 그런 차원이 아닌, 바울이 말을 듣지 않으니 하나님이 그를 설득하셨고, 그래서 그가 설득당했다는 의미입니다. 비전은 바로 그런 것이에요. 설득당하는 것. 내가 하고 싶어 하는 게 결코 아니라는 이야기죠."

자신이 가진 꿈 때문에 하나님이 그려가시는 인생 그림이 구겨지고 짓밟힐 수 있다. 그렇기에 우리는 꿈의 중독에서 벗어나야 한다. 자기 꿈에 대한 집착에서 벗어나야 제대로 된 내 인생의 그림이 보이게 된다. 내가 가진 야망을 내 인생 그림으로 착각하지 말아야 한다. 하나님이 주신 꿈은 가장 나답게 사는 것이다. 내게 주신 은사와 사명에 따라 사는 것이다. 그렇기에 하나님이 내게 주신 꿈을 발견하려면 내가 가장 좋아하고 가장 잘할 수 있는 것이 무엇인지를 살펴보아야 한다. 왜냐하면 대부분의 꿈은 바로 그 안에서 이루어지기 때문이다.

서울 선한목자병원장 이창우 박사는 어느 인터뷰에서 이런 당부를 했다. "책에 나오는 사람을 보기보단 일을 이루어가시는 하나님, 감독이자 주인공이신 하나님을 봐달라."

그렇다. 내 인생의 꿈을 이루어가기 위해서는 나에게서, 어떤 롤모델에서 하나님에게로 시선을 돌려야 한다. 하나님의 은혜를 붙잡고 구해야 한다.

조급해도 잠잠히
하나님을 기다리라

한국인의 조급성은 이미 외국인들도 다 알고 있다. 그래서 동남아나 유럽에서 점원들이 유일하게 아는 한국어가 '빨리빨리'이다. 한 번쯤 해본 말이 아닌가? "김 과장, 아까 부탁한 서류 준비 다 됐어? 왜 빨리빨리 처리 못하고 이렇게 굼떠!" 음식점에 가서는 음식을 시킨 뒤 5분을 기다리지 못하고 "음식 언제 나와요?"라고 물으면서 "빨리 주세요"라고 독촉한다. 컵라면을 먹을 때에도 뜨거운 물을 넣은 뒤 3분을 채 기다리지 못하고 몇 번을 열어보다가 결국 3분이 안 되어서 먹는다. 운전할 때도 파란불이 될 때까지는 기다리지 못하고 그냥 가려고 애쓴다. 영화를 볼 때도 '끝'이라는 단어가 나오기 전에 사람들은 나가버린다. 컴퓨터를 부팅할 때는 그 짧은 시간을 기다리지 못하고 마우스를 이리저리 흔든다.

현대인들은 "스피드가 생명이다"라고 말한다. 남들보다 한 발 빨라야 살아남을 수 있다고 생각한다. 그런데 '빨리빨리' 문화야말로 얼마나 많은 부작용을 낳는지 모른다. 음식점에서 빨리 해달라고 재촉하니 음식이 제대로 요리가 안 되어 나온다. 공사할 때도 빨리 서두르다 보니 부실공사가 된다. 빨리빨리 하다 보면 서두르고 대충 처리할 수 있기 때문에 질이 떨어지는 경우가 생긴다. 속도를 조금만 늦추고 질적 향상에 주의를 기울이면 좋으련만.

심리학 박사 루이제 린저는 인간의 조급함을 이렇게 말한다.

"조급함이란 젊은 사람들의 특징이기도 하다. 젊은이들은 발굽으로 마구간 문을 걷어차고 밖으로 뛰쳐나가고 싶어 하는 망아지와 비슷하다. 그들은 그들의 생각으로 밖에는 커다란 행복이 있을 것만 같이 생각하기 때문이다. 이러한 조급함이란 적극적인 활동을 하는 데 필요한 추진력이 되기는 하지만 이런 조급한 행동 때문에 많은 불행한 일이 발생하기도 한다."

우물쭈물하다가 인생을 꼬이게 만드는 경우가 있다. 그런데 서두름과 조급함이 인생을 망가뜨리는 경우도 허다하다. 그래서 최근에 '슬로우'(slow)에 대한 관심이 많아지고 있다. 그러다 보니 '슬로우 시티'가 늘어나는 추세이다. 슬로우 시티는 공해 없는 자연 지역에서 나는 음식을 먹고, 그 지역의 문화를 공유하며, 자유로운 옛날의 농경시대로 돌아가자는 '느림의 삶'을 추구하는 국제운동이다. 음식에 있어서도 '슬로우 푸드'에 대한 관심이 늘고 있다. 이것이 바로 인생의 제자리 찾기가 아닐까?

믿음은 마음의 여유를 준다. 주님을 신뢰하는 사람은 어떤 상황 속에서도 마음의 평온함을 누린다. 환경이 아무리 열악하다고 해도 평강의 하나님이 마음과 생각을 지키시기에 흔들리지 않는다. 그런데 불안과 염려는 마음을 조급하게 만든다. 마음이 조급하고 쫓기다 보면 상황을 제대로 판단하지 못한다. 합리적인 이성도 마비된다. 그래서 인생 그림을 그려가는 데 문제가 생긴다. 그렇기에 이렇게 외쳐야 한다. "슬로우~ 슬로우~!"

40세에 왕이 된 사울은 블레셋과 전쟁을 하게 되었다. 그런데 적군이 만만치 않았다. "블레셋 사람들이 이스라엘과 싸우려고 모였는데 병거가 삼만이요 마병이 육천 명이요 백성은 해변의 모래같이 많더라. 그들이 올라와 벧아웬 동쪽 믹마스에 진 치매"(삼상 13:5).

만만치 않은 현실 앞에서 이스라엘 백성들은 다급해졌다. 절박하여 굴과 수풀과 바위틈과 은밀한 곳과 웅덩이에 숨기 바빴다. 사울을 따르던 백성들은 벌벌 떨었다. 이스라엘 백성들은 살기 위해 인간적인 대처 방법을 발 빠르게 강구하고 있었다. 살고자 하니 어쩔 수 없는 노릇이었다.

백성과 군사들이 흔들리니 지도자도 흔들렸다. 사울 왕에게 악재가 겹쳤다. 블레셋 군대가 강하다는 소문에 백성과 군사들이 동요하기 시작했다. 거기에 당시의 영적 지주인 사무엘이 약속한 기한이 되었는데도 오지 않았다. 일이 예정과 계획대로 되지 않는 것은 단순한 상황의 문제일 수도 있지만 하나님의 테스트일 수도 있다. 지금 하나님이 사무엘을 지체시키는 이유가 있을 것이다. 하나님은 인간의 모든 상황을 임의로 조작하실 수 있는 분이다. 그렇다면 우리에게 허락된 모든 상황은 하나님께서 하실 일이 있어 만드신 과정일 뿐이다. 그렇게 생각하면 우리는 문제를 의외로 쉽게 받아들일 수 있다.

조급함을 가져올 만한 충분한 이유는 있다. 사울 왕의 입장에서 변명할 충분한 근거는 주어져 있다. "부득이하여 번제를 드렸나이다"(삼상 13:12). 우리는 심적으로 사울 왕의 절박함을 이해할 만하다. 동정이 가기도 한다. 그런데 문제는 그럼에도 조급함으로 이루어진 결과는 바꿀 수가 없다는 점이다. 그는 하나님의 법을 어겼다. 조급함은 그를 월권행위로 내몰았다. 해서는 안 될 일까지 저지르게 만들었다. 사무엘은 사울을 망령되이 행하였다고 책망했다. "지금은 왕의 나라가 길지 못할 것이라. 여호와께서 왕에게 명령하신 바를 왕이 지키지 아니하였으므로 여호와께서 그의 마음에 맞는 사람을 구하여 여호와께서 그를 그의 백성의 지도자로 삼으셨느니라"(삼상 13:14).

상황은 조급함을 낳았고 조급함은 서두름을 낳았다. 서두름은

해서는 안 될 행동까지 치닫게 만들었다. 결국 사울의 인생 그림은 엉망진창이 되고 말았다. 아무리 상황이 급해도 해도 될 일이 있고 해서는 안 되는 일이 있다. 상황에 쫓겨 경계선을 넘나드는 무례를 조심해야 한다. 아무리 급해도 경계선을 지켜야 한다. 사람은 감정이 상하면 경계선을 지키지 않고 함부로 말하고 행동하기도 한다. 경계선을 무너뜨리는 무책임한 행동을 하고 나면 그 뒤에 후회해도 소용없다.

　루화난의 책「인생의 레몬차」에 이런 이야기가 있다.
　한 쌍의 연인이 커피숍에서 말다툼을 벌였다. 그런데 서로 자기 주장을 양보하지 않았다. 결국 남자는 화가 나서 가버렸고 여자는 홀로 남아 눈물을 흘렸다. 마음이 심란해진 여자는 앞에 놓인 레몬차를 휘저으면서 울분을 터뜨리듯 레몬 조각을 스푼으로 찧었다. 레몬이 뭉개지면서 레몬 껍질의 쓴 맛이 차에 섞였다.
　그러자 여자는 종업원을 불렀다.
　"껍질을 벗긴 레몬을 넣은 차로 바꿔주세요."
　종업원은 시원한 레몬차 한 잔을 다시 내왔다. 하지만 레몬차 속의 레몬은 여전히 껍질이 있는 것이었다. 여자는 화가 나서 다시 종업원을 불러서 꾸짖었다. 그러자 종업원은 그녀를 보고 말했다.
　"레몬 껍질을 물속에 충분히 담가두면 쓴 맛이 레몬차 속에 용해되어 시원하고 감미로운 맛을 내게 된다는 것을 알고 계시죠? 그러니 조급하게 레몬의 향기를 짜내려고 하지 마세요. 그러면 혼탁해질 뿐 차 맛을 망치게 됩니다."

종업원의 말이 가슴에 와 닿은 여자는 종업원에게 물었다.

"얼마나 시간이 지나야 레몬향이 가장 좋게 우러납니까?"

종업원이 대답했다.

"열두 시간이 지나면 레몬이 자신의 향을 전부 방출하므로 가장 좋은 맛의 레몬차를 마실 수 있습니다. 그걸 마시려면 당신은 열두 시간의 기다림을 투자해야만 합니다. 차를 우려내는 일뿐만 아니라 무슨 일이든 열두 시간의 인내와 기다림을 가지고 생각해본다면 생각했던 만큼 그렇게 나쁘지 않다는 것을 발견하게 될 겁니다."

여자는 레몬차를 보며 조용히 깊은 생각에 잠겼다. 그리고 집에 돌아와 레몬차를 만들어보았다. 열두 시간 후, 그녀는 이제껏 맛보지 못한 가장 맛있는 레몬차를 맛보았다. 레몬이 차에 완전히 용해되어야만 이와 같은 완벽한 맛을 낼 수 있다는 사실을 그제야 깨닫게 되었다.

그때 초인종이 울렸다. 여자가 문을 열자 남자친구가 장미꽃 한 다발을 들고 서 있었다.

"날 용서해줄래?"

그는 떠듬떠듬 말했다. 그녀는 웃으며 그를 데리고 들어와 레몬차 한 잔을 가져다주었다. 그리고 남자에게 말했다.

"앞으로 우리가 얼마나 큰 문제를 만나게 되던 간에 서로 화내지 말고, 이 레몬차를 생각하는 거야."

남자는 어리둥절해 하면서 말했다.

"왜 레몬차를 생각해야 해?"

"왜냐하면 인내심을 가지고 열두 시간을 기다려야 하기 때문이야."

레몬차의 비결은 그녀의 생활을 바꾸어 놓았다. 그녀는 레몬차의 아름다운 맛과 함께 삶의 아름다움도 함께 맛보았다.

그녀는 항상 종업원의 이 말을 기억했다.

"만약 당신이 3분 안에 레몬의 맛을 전부 짜내고자 한다면 차를 더 쓰고 혼탁하게 만들 뿐입니다."

삶은 레몬차처럼 기다리며 섬세하게 맛봐야 하는 것이다

말세의 징조 가운데 하나가 바로 조급함임을 아는가? "배신하며 조급하며 자만하며 쾌락을 사랑하기를 하나님 사랑하는 것보다 더 하며"(딤후 3:4). 하나님은 때때로 조급한 상황을 허락하시고 그 속에서 우리를 다듬어가신다. 그러나 조급한 상황에 휘말리지 말아야 한다. 한숨을 돌리는 여유가 필요하다. 하나님을 잠잠히 기다리는 심오한 인내가 필요하다. 그러는 중에 하나님의 은혜는 잠잠히 다가올 것이다.

침묵하실 때도
은혜를 바라며
행하라

G · r · a · c · e

———————— 첫 번째 결혼에 실패한 한 여인이 있었다. 뒤늦게 또 다른 남자를 만나서 남은 삶을 동반자로 살기로 했다. 열 살의 나이 차이, 가진 것 없는 두 사람은 가난한 전세방에서 근근이 살아갔다. 남편에게는 전처에게서 난 두 아들이 있었다. 그래도 착한 편이어서 말썽을 피우지는 않았다. 남편의 나이는 벌써 70줄이 넘었다. 가난한 생활이다 보니 쉬어야 할 나이에도 직장을 다녀야 하는 고달픈 삶이었다. 그러나 그렇게 불행하지는 않았다. 본인에게 주어진 인생 그림이니까.

그러던 어느 날, 남편이 목이 좋지 않아서 병원에 갔다. 후두암이란다. 나이가 많아서 항암치료를 해야 할지 고민해보자고 한다. 그래도 안타깝다. 어려운 수술을 한 후 지금은 계속해서 투병생활을 하고 있다. 때로는 낙심이 되고 한숨도 나온다. 그런데 자신에게 주어진 인생이니 어쩌랴? 어떤 때는 이런 생각마저 들기도 한다. '하나님이 나에게 왜 이러시나? 하나님이 나에게 관심을 끊으셨나? 하나님이 나를 사랑하신다면 이렇게 하실 수는 없지.' 그러나 그때마다 믿음으로 마음을 추스른다. 그리고 하늘로부터 내려오는 은혜를 간구한다.

때때로 하나님의 손길이 느껴지지 않을 때가 있다. 하나님이 정말 살아계시기는 하는지? 하나님이 살아계신다면 지금 뭘 하시는지? 그런데 하나님이 침묵하실 바로 그때 하나님의 은혜를 바라며 당신이 해야 할 일이 있다.

내 뜻을 포기하고
주님의 뜻을 선택하라

십자가를 통한 인류 구원의 대업이 예수님께 조용히 다가왔다. 예루살렘에서는 사악한 종교지도자들이 발 빠르게 움직이고 있었다. 기득권을 지키기 위해. 민심을 빼앗아가는 한 사람을 처리하기 위해. 그런데 예수님은 무서운 음모가 꾸며지고 있는 그곳을 향해 성큼성큼 올라가셨다.

예수님은 제자들에게 자기가 당할 일을 알려주셨다. 사람의 아들인 인자(人子)께서 종교지도자들의 손에 의해 이방 집권자들에게 넘겨질 것이라고. 그리고 능욕을 당하고 침 뱉음과 채찍질을 당한 후에 십자가에서 죽게 될 것이라고. 그러나 삼 일 만에 다시 살아날 것이라고.

그러고는 제자들과 함께 예루살렘을 향해 올라가고 계셨다. 그때 야고보와 요한이 예수님께 간청했다.

"우리가 구하는 바를 우리에게 하여주시기를 원하옵나이다"(막 10:35).

그러자 예수님이 물으셨다.

"무엇을 하여주기를 원하느냐."

"주의 영광 중에서 우리를 하나는 주의 우편에, 하나는 좌편에 앉게 하여주옵소서."

이 광경을 보고 들은 다른 열 제자가 반응했다. 그들은 요한에게 화를 냈다.

제자들이 '주의 영광'을 바라보는 것은 옳은 일이었다. 그런데 그것을 바라보는 시각에 문제가 있었다. 그들은 정치적인 야망을 품고 있었다. 정치적인 메시아를 추구하고 있었다. 예수님이 잘되는 날에 한 자리를 차지하고 싶었다. 큰소리칠 수 있는 자리를 원했다. 힘을 과시할 수 있는 사회적 권력을 원했다. 예수님이 그려가는 그림과는 전혀 다른 그림을 원한 것이다. 그러니 상황에 따라 영적인 회의도 들 수 있었다.

인생 그림을 그려가는 우리가 점검해야 할 사실이 있다. '우리가 구하는 바'가 무엇인가? 예수님이 원하시는 바와는 상관없는 건 아닌가? 예수님의 제자가 되기를 원하면서도 우리 안에 뚜렷이 새겨진 게 있다. 내가 원하는 것, 내가 바라는 것, 내가 소망하는 것. 예수님은 일찍이 제자로 부르실 때 이것들을 포기하고 나를 따르라고 요청하셨다. 물론 그러겠다고 약속했다. 그런데 여전히 우리는 이것들을 손에 꽉 쥐고 있다. 그래서 실패한다.

십자가의 죽음을 눈앞에 둔 예수님, 로마 병사들에게 체포되기 전날 밤 예수님은 베드로와 야고보와 요한을 데리고 기도하기 위해 겟세마네 동산으로 가셨다. 십자가에서 죽음이라는 어마어마한 사건을 눈앞에 두었기 때문이다. 예수님은 세 제자에게 당부하셨다. "내 마음이 심히 고민하여 죽게 되었으니 너희는 여기 머물러 깨어 있으라"(막 14:34). 완전한 인간으로서의 예수님이 가진 심리적, 정신적 상황이 어떤지 잘 보여주는 대목이다. 예수님은 제자들을 떠나 땅에 엎드려 기도하셨다. 의사인 누가에 의하면 땀방울이 핏방울로 변할 정도로 고뇌하신 기도였다.

그때 예수님이 기도한 내용은 무엇인가? "아빠 아버지여 아버지께는 모든 것이 가능하오니 이 잔을 내게서 옮기시옵소서. 그러나 나의 원대로 마시옵고 아버지의 원대로 하옵소서"(막 14:36). 예수님이 지셔야 할 십자가의 쓴 잔의 고통은 "이 잔을 옮겨달라"는 간청에서 엿볼 수 있다. 십자가의 죽음은 저주스러운 죽음이었다. 가장 잔인하고 혹독한 형벌이었다. 인간의 육신을 가진 예수님에게도 고통스러운 일이었다.

그러나 위대한 여호와의 종 메시아는 여기서 멈추시지 않았다.

예수님의 기도는 다른 곳에서 마무리되었다. "그러나 나의 원대로 마시옵고 아버지의 원대로 하옵소서"(마 26:39). 이 기도는 자기포기의 기도였다. 전적인 위탁의 기도였다. 절대 순종의 기도였다. 자기 뜻을 붙잡고 사는 사람은 절대 드릴 수 없는 기도였다. 하나님의 뜻에 매여 사는 사람만이 할 수 있는 기도였다.

인생 그림을 그려가다 보면 때때로 하나님이 침묵하실 때를 경험한다. 그래서 답답함을 느낀다. 그런데 그때 우리가 해야 할 일이 있다. 내 뜻을 버리고 하늘 아버지의 뜻을 구하는 것이다. 내 뜻을 포기하고 하늘 아버지의 뜻을 선택하는 것이다. 하늘에서 이루어진 것이 땅에서도 이루어지기를 구하는 기도를 해야 한다.

어떤 할머니 한 분이 여행을 하다가 숲을 지나게 되었다. 그런데 숲에 두 갈래의 길이 나 있었다. 할머니는 어디로 가야 할지 몰라서 하나님께 기도했다.

"하나님! 하나님이 저의 길을 인도해주시리라 믿습니다. 제가 지팡이를 중앙에 놓고 쓰러뜨릴 때 지팡이가 왼쪽으로 쓰러지면 왼쪽으로 가겠고, 오른쪽으로 쓰러지면 오른쪽으로 가겠습니다."

그렇게 기도를 했지만 할머니는 마음속으로 이미 '왼쪽으로 가겠다'고 결정한 상태였다. 왼쪽 길이 넓고 좋아보였기 때문이다. 할머니는 지팡이를 세웠다가 손에서 놓았다. 그런데 지팡이가 오른쪽으로 넘어지는 것이다.

"아이쿠! 하나님, 실수하셨습니다. 다시 한 번 하겠습니다."

다시 지팡이를 세웠다가 손을 뗐다. 그런데 또 오른쪽으로 넘어지는 것이다.

"이건 우연히 오른쪽으로 쓰러진 겁니다. 다시 한 번 하나님의 뜻을 보여주십시오."

세 번째 지팡이를 놓았다. 이번에는 왼쪽으로 쓰러졌다. 그러자 회심의 미소를 띠며 말했다.

"그럼 그렇지. 하나님의 뜻이 왼쪽으로 가라는 것이지."

그래서 왼쪽이 좋다고 따라갔다. 길이 넓고 좋아서 갔는데, 얼마 지나지 않아 길이 끊어지고 늪이 나타났다. 도저히 건너갈 수 없었다. 할머니는 실망하고 다시 되돌아 올 수밖에 없었다.

사람들은 자신이 원하는 그림을 갖고 있다. 그래서 하나님이 보여주시는 그림이 못마땅할 때가 있다. 내가 원하는 길을 정해놓았으니 하나님이 제시하시는 길이 마음에 들지 않는다. 믿음의 길은 내가 원하는 길이 있을지라도 하나님이 원하시는 길을 보여주시면 그 길로 돌아서야 한다. 그런데 그게 쉽지 않다.

어느 수도사가 유혹에 져버려서 낙담에 빠진 채 수도원의 규칙을 지키지 못하고 있었다. 기본부터 다시 시작하려고도 했지만 절망감이 그를 가로막아 쉽지가 않았다. 그는 혼자 중얼거렸다.

"언제라야 이전의 나처럼 될까?"

점점 용기가 사라져서 수도사로서의 삶을 다시 시작할 수도 없었다. 결국 고민 끝에 원로수도사를 찾아가 고민을 털어놓았다. 수도사의 이야기를 들은 원로수도사가 말했다.

"어떤 사람이 토지를 하나 가지고 있었네. 그런데 돌보지를 않아서 온통 엉겅퀴와 가시투성이의 불모지가 되고 말았지. 나중에야 다시 경작해야겠다는 생각을 하고 아들에게 그 땅을 일구러 가라고 했네. 그러자 아들이 거기에 갔는데 엉겅퀴와 가시뿐이니 기가 막혔지. 낙담한 아들은 혼자 중얼거렸다네.

'대체 언제 저 모든 걸 베어내고 땅을 일군담?'

엄두가 나지 않은 아들은 땅에 누워서 잠이나 잤지. 몇 날 며칠을 그렇게 지내고 있었다네.

어느 날, 아버지가 일이 어느 정도 진척되었는지 궁금해서 보러 왔는데 아들이 손도 대지 않은 것을 보았지. 그래서 아들에게 물었다네.

'왜 아직 아무 일도 안 했느냐?'

그러자 아들은 이렇게 대답했다네.

'밭을 보니 엄두가 나지 않아서 아예 손도 못 대고 잠만 잤어요.'

그러자 아버지가 말했어.

'얘야, 그럼 네가 누워 있느라 차지한 자리 만큼씩만 매일 일하려무나. 그렇게 조금씩 조금씩 일을 하노라면 용기를 잃을 일도 없지 않겠니?'

젊은이는 아버지가 시키는 대로 그렇게 일을 했고, 그러다 보니 얼마 지나지 않아 그 땅을 일굴 수 있었다네. 형제여, 자네도 역시 그렇게 조금씩 하게. 그러면 낙담에 빠지는 일은 없을 걸세. 하나님이 큰 은총으로 자네를 이전 상태로 회복시켜주실 걸세."

때때로 생각하는 대로 일이 풀려가지 않아서 답답하다. 미칠 지경으로. 빨리 개입하지 않으시는 하나님이 섭섭하고 원망스럽기도 하다. 그럴지라도 내가 원하는 그림 때문에 하나님이 제시하신 그림을 밀어내고 반항하려 하지 말고, 하나님이 제시하는 그림을 향해 조금씩 나아가야 한다. 그러다 보면 나도 모르는 사이에 내 인생이 하나님의 그림으로 장식되고 있을 것이다.

염려보다 감사로
기도의 불을 지펴라

인생 여정이 만족스럽지 못하다고 생각들 때 사람들의 코는 석 자나 빠진다. 마음속에 근심의 그림자가 드리워지고 몇 날 며칠 얼굴에 수심이 가득 찬다. 인생 그림이 심각하게 훼손된다는 생각이 들 때는 식욕도 떨어지고 사람들과의 접촉도 귀찮아진다. 그래서 골방으로 들어가 칩거하기도 한다.

문제가 터지고 어려운 일이 닥치면 이내 우리의 마음 문을 두들기는 게 있다. 바로 '염려'라는 불청객이다. 그런데 예수님은 말씀하신다. "그러므로 내일 일을 위하여 염려하지 말라. 내일 일은 내일이 염려할 것이요 한 날의 괴로움은 그날로 족하니라"(마 6:34). 우리가 염려한다고 키를 한 자라도 더할 수 없기에 염려의 무용론을 말씀하신 것이다. 그런데도 사람들은 염려를 가불해서 사용한다.

오래 전 어머님의 생신을 맞아 시골에 내려갔다. 어머님이 말씀하셨다.

"형규가 군대에서 좋은 곳으로 배치되고, 군대에 갔다 와서 좋은 직장에 들어가면 한 근심 덜게 될 텐데."

"어머님, 왜 쓸데없는 걱정을 하세요. 그런 건 어머니의 몫이 아니에요."

"너도 할아버지가 되어 봐라. 손자·손녀 걱정이 왜 안 되나?"

난들 왜 모르겠는가? 할아버지, 할머니가 손자와 손녀 걱정하는 마음을. 그러나 난 여든한 살이신 어머님이 이런저런 걱정을 하시는 게 싫었다. 편히 사시다가 하나님의 품으로 가셨으면 하는 바람뿐이다.

염려하기보다 더 좋은 명약이 있다. 염려를 주님께 맡기는 것이다. 그렇다면 염려를 주님께 맡기는 방법이 무엇인가? 하나님의 도움을 간구하는 것이다. 그래서 바울은 말한다. "아무것도 염려하지 말고 다만 모든 일에 기도와 간구로 너희 구할 것을 감사함으로 하나님께 아뢰라. 그리하면 모든 지각에 뛰어난 하나님의 평강이 그리스도 예수 안에서 너희 마음과 생각을 지키시리라"(빌 4:6-7). 바울은 염려할 상황이 생김을 알고 있었다. 그러나 그럴 때 염려의 버튼을 누르지 말고 기도의 버튼을 누르라고 충고한다. 그러면서 기도의 버튼을 누를 때는 감사하는 마음을 잃지 말라고 덧붙인다. 징징 짜면서 기도하는 것보다 주신 것에 감사할 줄 아는 게 중요하다는 것이다. 받은 것을 누림에 감사하는 태도가 좋다는 것이다.

야베스는 유다 지파의 후손이었다. 그러나 유다 지파 중에서도 별 볼일 없는 집안에서 태어났다. 유다 지파 가운데 괜찮은 집안의 후손들은 역대상 3장에 소개되었고, 4장에서는 별 볼일 없는 후손들이 소개되었다. 그러므로 야베스는 결코 뼈대 있는 가문이 아닌 별 볼일 없는 가문 출신이었다.

'야베스' 라는 이름은 '하나님이 고통을 주셨다, 슬픔의 사람, 고통의 사람, 괴로운 사람'이란 뜻이다. 그가 어떤 슬픔과 고통을 가졌는지 잘 알 수 없다. 그러나 그의 어머니가 그를 낳을 때 '야베스'라고 이름을 지었기에 우리는 몇 가지 추측할 수 있다(대상 4:9). 첫째, 야베스의 어머니가 그를 낳을 때 해산의 고통이 너무 커서 죽을 뻔했다고 볼 수 있다. 둘째, 어쩌면 야베스가 태어나기 전에 그의 아버지가 어떤 재난으로 인해 죽었을 수도 있다. 왜냐하면 보통 유대사회에서는 자식의 이름을 아버지가 짓는 법인데 야베스의 이름을 그의 어머니가 지었기 때문이다. 셋째, 난산으로 말미암아 아이가 나면서부터 팔이나 다리 등 신체상에 이상이 생겼을 수도 있다.

야베스와 그의 가정에 드리운 재난은 바벨론 포로에서 귀환하여 여러 가지 면에서 암울한 상황을 살아가던 당시의 동족 이스라엘 백성들의 상황과도 비슷했다. 그러나 야베스는 불행한 환경의 노예로 살지 않았다. 그는 불행이 가져다주는 환경의 폭행에 주눅 들지 않았다. 오히려 환경을 향해 명령했다. 자신의 발 앞에 환경이 무릎 꿇게 했다.

야베스는 불행하게 태어났고 여러 가지 환란을 당했다. 그는 존귀한 자가 될 수 없는 환경이었다. 그러나 그는 형제들 가운데서 가장 귀중한 사람이 되었다. 그야말로 개천에서 용 난 격이었다.

인생의 광야에도 하나님의 선하신 목적이 숨겨 있다. 하나님은 어려운 환경을 통해 우리의 자아와 고집을 깨뜨려서 하나님의 사람으로 온전하게 만드신다. 우리는 역경을 통해 낮아지고 하나님을 의지하는 법을 배우게 된다. 그러므로 하나님의 사람에게는 감사하지 못할 상황이란 없다. 다만 감사하지 못하는 마음만 있을 뿐이다.

삼중고의 고통을 앓던 헬렌 켈러는 "장애인은 불편하지만 불행하지는 않다"라고 말했다. 사지 멀쩡한데도 원망과 불평 속에 어두운 인생을 사는 사람이 있는가 하면, 오체불만족한 상태에서도 휘파람을 불고 행복하게 사는 사람도 있다.

사람이 행복하게 살려면 현재 자신의 처지를 인정하는 태도가 필요하다. 현재 자신이 처한 상황을 받아들이지 못하는 사람은 불평 속에서 스스로 죽어간다. "나는 되는 일이 없다"고 불평하면서 살아가고 있는가? 그러다 보면 정말로 되는 일이 없게 될 것이다. 그러나 오히려 감사하는 사람은 안 되는 일을 되게 하는 기적을 경험할 수 있다. 환경을 탓하면서 주저앉아 있지 말아야 한다. 우리가 경험하는 모든 환경은 하나님의 다스리심 아래 있으니까.

야베스는 불행한 환경에서도 하나님께 기도하는 것이 인간의 최선임을 알았다. 하나님께 기도하면 하나님이 기도에 응답하실 것을 믿었다. 그래서 하나님께 간구했다. "야베스가 이스라엘 하나님께 아뢰어 이르되 주께서 내게 복을 주시려거든 나의 지역을 넓히시고 주의 손으로 나를 도우사 나로 환난을 벗어나 내게 근심이 없게 하옵소서 하였더니 하나님이 그가 구하는 것을 허락하셨더라"(대상 4:10).
야베스는 이스라엘 하나님께 아뢰는 것이 인생의 가장 탁월한 비법
임을 알고 있었다.

여기서 '아뢴다'는 말은 '울부짖다'는 뜻이다. 그는 자신의 처지
가 하도 퍽퍽하니까 하나님께 기도했는데, 울부짖어 기도했다. 고아
들을 위해 사역하면서 5만 번 이상 기도 응답을 받은 조지 뮬러처럼
야베스 역시 기도로 자신의 운명을 바꾼 사람이다. 문제가 있는가?
하나님 앞에 나아가서 울어라. 울고 또 울고 응답이 올 때까지 울어
라. 그렇게 울다 보면 하나님이 역사하셔서 신기하게 문제가 풀릴
것이다.

야베스는 자신의 처지가 답답했다. 자신의 능력으로는 도저히
뛰어넘을 수 없는 한계였다. 야베스는 어린아이처럼 울부짖어 기도
했다. 그런데 하나님은 울부짖는 야베스의 기도를 듣고 응답하셔서
그의 환경을 바꾸어주셨다. 우리가 하나님 앞에 엎드려 울부짖는 것
은 "오직 하나님만이 나의 도움입니다. 하나님, 나를 도와주세요"라
는 절대 믿음을 들어내는 것이다.

부르스 윌킨스 목사가 쓴 「야베스의 기도」라는 책에 이런 이야기
가 나온다.

존이라는 성도가 입신해서 천국에 갔다. 천국에 가서 보니 성경
에 있는 대로 황금보석으로 꾸민 집도 있고 천사들의 청아한 음악소
리도 들렸다. 너무나 멋있었다. 그런데 이상하게 생긴 한 건물이 보

였다. 천국을 안내하던 베드로의 안내를 받아 그 건물로 들어갔다. 거기에는 바닥에서부터 천장의 높은 데까지 많은 선반이 있었다. 그 선반에는 빨간 리본이 묶인 하얀 상자들이 잘 정돈되어 있었다. 그리고 그 상자마다 개인의 이름이 적혀 있었다. 거기에는 이 땅에 사는 성도들의 이름이 다 정리되어 있었다. 존이 베드로에게 "내 상자는 어디에 있습니까?"라고 물었다. 그러자 베드로가 존의 이름이 적힌 상자가 있는 곳으로 안내해주었다.

존은 자기 상자 앞에 가서 상자를 열어보았다. 그런데 놀랍게도 자기가 평소에 이루어졌으면 좋겠다고 생각하던 온갖 좋은 것들이 가득히 채워져 있었다. 존이 그걸 보고 "이게 뭡니까?"라고 물었다. 그랬더니 베드로가 설명했다.

"이것은 천국에 보관할 것이 아니고 땅 위의 성도들에게 주려고 하나님이 예비해 놓으신 선물들인데, 성도들이 기도할 때마다 그것을 주기로 한 것이란다."

그런데 존은 기도하지 않았기 때문에 그런 것들을 하늘에만 보관해 놓았던 것이다. 존은 큰 충격을 받았다. 결국 하나님의 약속은 무수하고 하나님이 주시려는 복도 많지만 자기가 기도하지 않았기에 그것이 하늘창고에만 보관되어 있었다는 사실을 깨닫고 충격을 받은 것이다.

우리는 하나님이 약속하신 것도 기도해야 받는다. 하나님이 이스라엘 백성들의 회복을 약속하셨지만 그래도 이스라엘 백성들이 자기들에게 이루어지기를 기도해야 했다. "주 여호와께서 이같이 말씀하셨느니라. 그래도 이스라엘 족속이 이같이 자기들에게 이루어 주기를 내게 구하여야 할지라. 내가 그들의 수효를 양 떼같이 많아지게 하되"(겔 36:37).

때때로 하나님이 침묵하시는 것 같아서 답답한가? 그래서 고민하고 염려하는가? 자신을 바라보니까 그렇다. 차라리 하늘 아버지께서 사랑하는 아들에게 채우시는 것을 기대하며 하늘을 바라보는 게 더 낫다. 기도할 때 지금까지 인도하신 하나님께 감사하는 걸 잊지 말라. 지금까지 채우신 하나님께 감사하는 마음을 잊지 말라. 앞으로도 공급하실 하나님을 신뢰함으로 감사하는 태도를 잊지 말라. 반드시 더 깊고 신선한 하나님의 은혜가 다가올 것이다.

하나님의 뜻과
계획에 더 집중하라

"믿음으로 살면 모든 게 다 잘 될 거야!" 아주 구미가 당기고 그럴듯한 거짓말이다. 많은 그리스도인이 스스로 속고 있다. 아니, 그게 좋게 느껴지니까 속아 넘어가고 싶은 게다. 그런데 그건 우리가 만들어놓은 그림일 뿐이다. 믿음 있는 표현 같지만 사실은 굉장히 위험한 덫이고 함정이 될 수도 있다. 믿음으로 사는데도 요셉처럼 억울한 누명을 쓸 수도 있으니까(창 39장).

요셉은 주인을 위해 열심히 일했다. 그리고 인간적인 의리를 신실하게 지켰다. 안주인이 그렇게 집요하게 동침을 요구했지만 절대 넘어가지 않았다. 주인이 그어놓은 넘어서는 안 될 금지구역이었기 때문이다. 요셉은 주인과의 신의를 생각해서 그 선을 지키고 싶었다. 아니, 그보다 하나님 앞에서 죄를 짓지 않기 위해, 자신의 성결을 지키기 위해 끈질긴 안주인의 요구를 과감하게 뿌리쳤다.

주저하지도 않았다. 생각할 틈도 주지 않았다. 옷도 벗어던지고 도망쳤다. 이성의 유혹은 도망밖에는 방법이 없다는 걸 알았기 때문이다. 잠시 눈을 감으면 엄청난 성공의 길이 열릴지도 모르는데, 아무도 보는 이 없으니 크게 걱정하지 않아도 될 법 한데, '딱 한 번만'이라고 스스로 위로하며 마지못해 따라가도 될 법한데 요셉은 과감하게 뿌리쳤다. 보이지 않는 하나님의 강렬한 눈길을 도저히 피할 수 없었기 때문이다. 그에게 중요한 건 보이는 사람들의 눈총이 아니었다. 보이지 않는 하나님의 눈길이었다. 하나님은 보이지 않는 세계까지도 다 감찰하고 계심을 알았기 때문이었다.

요셉은 인간적으로 절호의 찬스가 될 수 있는 걸 스스로 포기했다. 그에게 성공이란 이 세상 것을 거머쥐는 게 아니었기 때문이다. 인간적인 방법으로 원하는 것을 성취하는 걸 원하지도 않았다. 그는 하나님이 도우시는 인생을 선택하고 싶었다. 그런데 더 가슴 아프게 하는 게 있었다. 이쯤 되면 하나님이 요셉을 도와주어야 하지 않는가? 요셉을 넘어뜨리기 위해 사탄의 조정을 받고 있는 보디발 아내의 정체가 드러나면 좋을 법한데 상황은 그렇지 못했다. 안주인은 불리한 상황이 되자 요셉에게 뒤집어 씌워야겠다는 판단을 내렸다. 그렇지 않으면 본인의 인생이 끝장나기에. 안주인은 "히브리인 요셉이 나를 겁탈하려 하다가 도망갔다"고 고함질렀다. 증거물까지 확보하고 있으니 요셉의 입장에서는 꼼짝할 수 없는 지경이었다.

아내의 말을 들은 남편 보디발은 화가 치밀었다. "이 놈이 어떻게 이럴 수가 있어?" 괘씸해도 보통 괘씸한 게 아닐 게다. 그래서 요셉을 감옥에 처넣었다. 특별한 심문과정도 보이지 않는다. 요셉의 입장에서는 그저 억울할 뿐이다. 너무 억울해서 죽을 지경이다. 그런데 그때 요셉은 어떤 반응을 보였는가? 믿음의 반응을 보였는가? 아니면 불신앙의 반응을 보였는가? 요셉은 아무 말 없이 침묵을 지켰다. 불평하지 않았다. 누구를 원망하지도 않았다.

예수님도 유대인과 로마 병사들의 협잡으로 억울한 누명을 쓰고 옥에 갇히고 죽임을 당하셨다. 그러나 어떤 불평도, 원망도 하시지 않았다. 그래서 이사야 선지자는 말한다. "그가 곤욕을 당하여 괴로울 때에도 그의 입을 열지 아니하였음이여 마치 도수장으로 끌려가는 어린 양과 털 깎는 자 앞에서 잠잠한 양같이 그의 입을 열지 아니하였도다"(사 53:7).

바울과 실라 역시 그랬다. 빌립보 지역에서 전도할 때 귀신 들려 점치는 여종이 바울의 전도를 방해하고 바울을 괴롭혔다. 결국 바울은 그 여종에게서 귀신을 내쫓았다. 그런데 여종을 점치게 해서 수익을 챙겼던 주인이 화가 났다. 자신의 이익을 끊어놓았다고 생각하니 그럴 법도 하다. 사실 악한 사람들은 늘 자신의 악한 행실에 대해서는 너그럽지 않은가? 주인은 바울과 실라를 고소했다. 바울과 실라는 정당한 절차도 없이 억울하게 감옥에 갇혔다. 그러나 그들은 어떤 불평도 하지 않았다. 원망하기보다는 오히려 한밤중에 찬송과 기도만 할 뿐이었다. 그런데 하나님은 그곳에서 기적을 일으켜주셨다.

억울하게 돌아가는 상황 속에서 요셉은 침묵했다. 그런데 요셉이 침묵하는 그때 하나님은 일하고 계셨다. 그 첫 번째 증거는 사형이 아닌 투옥으로 끝났기 때문이다. 요셉에게 내려진 형벌은 죄에 대해 비교적 경미한 것이었다. 요셉의 범죄는 사형감이었다. 그런데 간통을 사형으로 다스리는 당시 애굽의 규정대로 다루지 않았다. 감옥에 가두는 것으로 마무리했다. 그건 하나님이 은혜를 베푸셨기 때문이다. 하나님은 요셉을 돌보고 보호하고 계셨다. 언약을 이루어야 하기 때문이었다. 하나님이 계획하신 일이 있었기 때문이었다. 그뿐만이 아니라 요셉이 주인 보디발에게 그만큼 신뢰를 받았다는 방증이기도 했다.

두 번째 증거는 간수장에게 은혜를 받게 하신 일이었다. 간수장은 옥중에 있는 죄수들을 다 요셉의 손에 맡겼다. 요셉은 옥중에서도 분주하게 일하게 되었다. 그리고 간수장은 요셉에게 맡긴 일에 대해 사사건건 간섭하지도 않았다. 요셉을 전적으로 신뢰했기 때문이다. 요셉이 침묵하고 있을 때 하나님은 요셉을 위해 일하고 계셨다. 하나님도 침묵하신 게 아니었다. 어떻게 보면 하나님이 침묵하신 것 같지만 사실은 부지런히 일하고 계셨다.

하나님이 우리를 다루시는 방법을 잘 알아야 한다. 하나님은 요셉을 분명히 돌보아주셨다. 그러나 모든 것이 잘되도록 이끌어주신 건 아니었다. 오히려 요셉을 절망과 고난 가운데 처하게 하셨다. 이러한 절망적 상황이 하나님의 부재와 무관심을 말하는 것은 아니다. 하나님이 동행하고 있어도 이런 상황은 다가온다. 그렇기에 우리는 하나님이 함께하시면 승승장구할 것이라고 오해해서는 안 된다. 번영과 성공만이 하나님이 함께하시는 삶이라고 생각해서는 안 된다. 하나님이 함께하시는데도 역경과 환난은 닥쳐온다. 처절한 절망과 고난의 늪에 빠질 수도 있다. 하나님은 고난의 풀무불에서 자기 백성을 하나님이 쓰실 만한 일꾼으로 다루고 계신다. 그때 하나님의 사람에게 필요한 것은 하나님께 집중하는 것이다.

하나님은 그리스도인들에게 '곤경을 당하지 않는 삶'을 디자인하지 않으신다. 실패와는 상관없는 삶을 디자인하지 않으신다. 오히려 곤욕스러운 상황에서도 우리를 보호하시는 주님의 손길을 경험할 수 있게 하신다. 하나님은 절망적인 상황에서도 그 백성들을 돌보고 계신다. "주께서 인생으로 고생하게 하시며 근심하게 하심은 본심이 아니시로다"(애 3:33).

춘천에서 만홧가게를 운영하고 있던 정원섭 씨. 1973년, 그는 강간살해사건 범인으로 지목되었다. 파출소장의 아홉 살 난 딸을 논둑에서 성폭행한 후 살해했다는 것이다. 그는 경찰의 가혹행위를 견디지 못하고 거짓자백을 했다. 결국 무기징역을 선고받았다. 무기수로 복역하다가 모범수로 20년 감형을 받았다. 이후 15년 7개월 8일을 복역하고 1987년 성탄절을 하루 앞 둔 12월 24일에 성탄절 특사로 가석방되었다. 그 후로 그는 20년 동안 자신의 무죄를 입증하기 위해 외로운 싸움을 벌였다. 결국 2008년 11월 28일, 36년 만에 무죄 판결을 받았다. 그러나 그는 이미 74세가 되었다.

옥살이를 하는 중에 너무나 억울해서 머리를 벽에 부딪치며 자살을 기도하기도 했다. 그런데 살아서 명예를 회복하라는 주변 사람들의 격려에 힘을 얻고, 마침내 대법원으로부터 무죄확정 판결을 받았다. 26억 원의 국가보상금을 받았지만 잃은 것이 너무 많았다. 아내는 교통사고로 다리를 잃고 치매로 병원에 있었다. 아버지는 그때의 충격으로 돌아가셨다. 자식 4남매는 주위의 차가운 시선 때문에 고향에서 살지도 못하고 뿔뿔이 흩어져 떠돌이 신세로 살았다.

그런데 옥중에서 김재준 목사를 만나 회심하게 되었다. 옥중 통신신학으로 목사안수를 받았다. 그를 살린 말씀이 있다. "두려워하지 말라. 내가 너와 함께 함이라. 놀라지 말라. 나는 네 하나님이 됨이라. 내가 너를 굳세게 하리라. 참으로 너를 도와주리라. 참으로 나의 의로운 오른손으로 너를 붙들리라"(사 41:10).

억울한 상황에서도 믿음으로 살아가는 삶은 달랐다. 그는 이렇게 고백한다. "나의 진실을 알아주고 갚아주실 분은 하나님뿐이다. '내가 전에 너희에게 보낸 큰 군대 곧 메뚜기와 느치와 황충과 팥중이가 먹은 햇수대로 너희에게 갚아주리니'(욜 2:25). 나는 감사한다. 이 억울한 일이 아니었더라면 옥에 왜 왔고, 옥에 오지 않았으면 목사님을 어찌 만나고, 목사님을 안 만났으면 내가 어찌 예수님을 만나 목사가 될 수 있었겠는가? 나는 누구도 원망하지 않는다. 단지 감사할 뿐이다."

왜 힘들지 않았겠는가? 왜 속상하지 않았겠는가? 그러나 믿음의 사람은 억울한 고난 속에서도 감춰진 하나님의 계획을 볼 줄 안다. 그렇기에 이렇게 고백한다. "나는 밀가루 반죽입니다. 나는 지금 펄펄 끓는 기름 위에 떠 있습니다. 나를 이곳에 던지신 분은 하나님입니다. 이제 내가 잘 익어서 맛있는 도넛이 되면 하나님은 긴 젓가락으로 나를 꺼내주시리라 믿습니다. 꺼내주시면 자비량 목회를 꼭 하겠습니다. 뜻 없는 고난은 없습니다!"

고독한 순간을
성찰의 기회로 선용하라

인생 여정을 걸어가는 중에 하나님이 잠잠하실 때를 경험한다. 마음이 답답하다. 마음이 분주해지기 쉽다. 그런데 하나님이 잠잠한 게 문제가 아니다. 하나님의 잠잠함을 어떻게 활용하는지가 문제이다. 지혜로운 그리스도인은 하나님이 잠잠하신 그 시간에 고독의 영성을 맛본다. 고독한 시간에 하나님께 집중한다. 깊은 사색의 세계로 나아간다. 성경책을 붙들고 하나님의 말씀으로 들어간다. 하나님의 음성을 듣는 데 집중한다. 자신을 향한 하나님의 계획을 발견한다.

성숙한 그리스도인은 고독한 시간을 자기 성찰의 시간으로 삼는다. 자신이 걸어온 인생 여정을 점검해본다. 지금 서 있는 자리를 살펴본다. 무엇이 문제인지. 하나님이 원하시는 삶을 잘 살아가고 있는지. 하나님의 잣대에서 부족함은 없는지. 그려가는 인생 그림에 어떤 결함이 있는지. 인생 그림을 그려 가는데 필요한 게 무엇인지.

어떤 이는 이 시대를 '고독을 잃어버린 세대'라고 표현한다. 분주한 일상에 잠잠함을 잃어버렸다. 바쁜 삶이 고요함을 빼앗아가버렸다. 반복되는 일상에 치여 차분히 생각할 여유조차 잃어버렸다. 빠르게 움직여야 하는 시대는 깊은 사색을 빼앗아갔고, 깊은 영성을 훔쳐가버렸다. 그러나 예수님은 자주 조용한 시간을 찾으셨다. 무리 틈을 빠져나와 홀로 있는 시간을 즐기셨다. 산으로, 광야로, 들판으로 나아가셨다. 고독을 인생의 동반자로 삼으셨다. 홀로 있는 고요한 시간에 하나님과의 깊은 교제를 즐기셨다. 하늘 아버지의 생각을 읽으셨다. 자신의 내면세계를 하나님의 마음으로 채우셨다. 사람들의 필요를 채우기 전에 하나님의 뜻에 귀를 기울이셨다.

예수님은 자발적으로 고독의 현장으로 나아가셨다. 소외로 인해 경험하는 외로움과는 다르다. 그렇기에 고독은 고통이 아니다. 오히려 혼자 있는 즐거움이다. 고독을 통해 자아와 맞닥뜨림을 경험하게 된다. 내면과 마주함으로 채움을 경험하고 충만으로 나아간다. 고독함에 맞설 때 고고함으로 단장할 수 있다. 고독함에 이르지 않으면 고고한 인생으로 나아갈 수 없고 영적 고고함의 날개를 달 수 없다.

예수님의 영적 고고함은 단연코 고독함의 영성에서 나온 것이다.

고독함에 익숙하지 않은 사람들은 막상 혼자 있을 때조차도 고독함의 유익을 제공받지 못한다. 공허함을 채우기 위해 습관적으로 인터넷을 하고 텔레비전 전원을 켠다. 스마트폰에 중독되어 고독한 시간을 가질 줄 모르는 젊은 세대들을 보면 걱정이 된다. 과연 깊이 있는 인생을 살아갈 수 있을지. 깊은 영성의 세계로 나아갈 수 있을지.

영성의 대가들은 고독한 시간을 잘 활용할 줄 알았다. 거기서 재충전을 하고 인생 그림을 점검했다. 새로운 도약을 위한 영적인 움츠림으로 삼았다. 미디안 광야는 모세에게 소중한 영적 길라잡이였다. 시내 광야에서 하나님과의 깊은 영적 교통을 누렸다. 예수님은 유대 광야에서 더 깊은 영적 세계로 나아가셨다. 다윗은 10년간 살았던 여러 광야에서 더 깊은 영적 세계로 나아갔다. 다메섹 도상에서 예수님을 만난 사울은 아라비아 광야에서 하나님의 계시를 받았다.

엘리야는 너무 열심히 달려왔다. 번아웃 상태였다. 어느 순간 육체적으로, 정신적으로, 영적으로 고갈되어 더는 버틸 힘이 없는 상태가 되었다. 아무리 강하고 용감한 하나님의 사람일지라도 자기 자신만 바라보는 건 위험하다. 하나님을 바라보는 시간이 필요하다. 그는 브엘세바 광야 로뎀나무 아래에서, 시내산에서 하나님과 더 깊은 대면을 했다. 그 고독한 시간은 회복의 시간이었다. 재충전의 현장이었다. 새로운 사명을 향해 재출발하는 새로운 기회였다. 엘리야는 고독을 통해 영적인 고고함을 지킬 수 있었다.

〈국민일보〉 이태형 기자는 말한다. "언제부턴가 내 인생의 카운트다운이 시작되었다. 10, 9, 8, 7, 6…이라는 소리를 듣게 되었다."

2007년 1월 16일, 그는 안면신경 마비로 인해 생전 처음 4시간 반 동안 수술을 받았다. 당시 그의 나이 46세. 수술대 위에서 "가던 길을 멈추고 정지하며 참된 안식을 누리는 삶을 살겠다"는 결심을 했다. 그는 갑작스러운 수술을 받으면서 새삼 시간이 없다는 생각을 하게 되었다. 하지만 수술 후 시간이 지나면서 몸은 원상태로 회복되었고, 다시 돌아간 세상 속에서 은혜가 점차 사라지는 삶을 살게 되었다. 수술대 위에서 느꼈던 절절한 은혜에 대한 갈구도 희미해져 갔다. "쫓기듯 살지 않겠다"는 다짐도 희미해지면서 영성 작가인 리처드 포스터가 '이 시대의 대적(大敵)'이라고 규정한 '분주함' 속에 또 파묻히게 되었다.

그는 수술대 위에서 다시는 수술을 받지 않겠다고 다짐했다. 하지만 신의 의지에 반(反)한 인간의 의지는 유약할 수밖에 없었다. 처음 수술을 받은 지 7년 5개월 만에 그는 다시 수술대에 눕게 되었다. 2014년 6월 2일이었다. 병원에서 급성담낭염으로 인한 담낭제거 수술을 받았다. 그가 느낀 인생은 능동태가 아니라 철저히 수동태였다. 50대 초반에 다시 수술을 받게 되면서 이것이 내 인생에서 어떤 의미를 갖는지 생각하지 않을 수 없었다. 처음 수술 이후 분주하게 지냈던 지난 7년여의 시간이 떠올랐다.

이 시대의 모든 직장인과 마찬가지로 그 역시 열심히 일하며 살았다. 일상과 일생을 충실히 살았다고 자부하지만 다시 생각해보니 일상에 매이고 일생에 매인 세월이었다. 생각해보니 진정한 휴식을 모르고 살았다. 멀티태스킹이 요청되는 시대에서 몇 가지 일을 동시에 하며 생산을 통해 자신의 정체성과 존재의 의미를 찾았던 것 같았다. 그러면서 그의 육신과 내면은 몹시 지쳐갔다.

담낭제거 수술을 받으면서 새삼 "네 인생의 카운트다운이 시작되었다"는 말이 다시 떠올랐다. 시간은 점점 없어지고 있었다. 주위에 함께 지냈던 사람들이 급작스레 떠나는 경우도 목격했다. 시간이 없을 때에는 어떻게 해야 하는가를 생각해보았다. '비본질'을 떠나 가장 중요한 일에 인생을 투자해야 했다. 더는 곡선 인생을 살 수 없었다. 무언가 하는 듯했지만 먼지처럼 사라진 인생을 산 사람들을 무수히 보았다. 자신도 그렇게 살 가능성이 컸다. 시간이 없다고 느껴질 땐 가장 중요한 것을 위해 직선 인생을 살아야 했다. 수술은 무사히 끝났고 예후는 좋았다. 수술 후에 기독교영성센터에서 일주일동안 머물렀다. 영혼의 쉼을 누리는 시간이었다. 침묵으로 기도하며 하나님을 대면할 수 있는 시간이었다.

그렇다. 나도 때때로 인생 그림이 복잡해질 때를 경험한다. 답답해서 하나님의 손길을 강하게 느끼기를 갈망한다. 하나님의 구체적인 간섭이 있기를 원한다. 하나님이 정지작업을 해주었으면 하는 생각을 갖는다. 그런데 하나님의 호흡이 느껴지지 않고 강한 하나님의 움직임이 보이질 않는다. 그래서 답답할 때가 있다. 그럴 때는 기도의 동굴로 들어가야 한다. 기도의 동굴에서 하나님의 마음을 읽어야 한다. 하나님이 밝혀주시는 나를 발견해야 한다.

　그러다 보면 나도 알지 못한 내 모습을 발견하게 된다. 분주할 때 보이지 않던 나 자신의 감춰진 세계가 보이기 시작한다. 그러는 동안 내가 그려가는 인생 그림이 보이기 시작한다. 주변 사람들에 대한 새로운 이해가 시작된다. 나에게 다가오는 환경에 대한 새로운 해석이 이루어진다. 고독한 시간을 통해 더 깊은 영적 고고함으로 나아감을 발견한다. 이런 과정을 통해 나는 더 철들어가고 더 깊은 영성을 축적하게 된다.

실패해도
은혜는
멈추지
않는다

G·r·a·c·e

누구나 실패 없는 인생을 꿈꾼다. 그러나 실패 없는 인생은 없다. 실패와 근접한 삶을 살아가지만 실패가 가져다주는 결과는 서로 다르다. 어떤 이는 실패로 인해 파멸의 수렁에 빠진다. 그런데 어떤 이는 실패를 디딤돌로 삼는다. 실패를 실패로 생각하는 사람은 실패의 파도에서 허덕인다. 그런 실패를 성공을 향한 디딤돌로 생각하는 사람은 실패를 통해 서핑을 즐긴다.

어느 교회 집사님의 큰아들이 결혼을 하게 되었다. 집사님은 '목사님의 주례로 교회에서 결혼하면 믿지 않는 며느리와 아들을 전도할 수 있겠지?'라는 소망에서 목사님에게 주례를 부탁했다.

"목사님, 평생 남편과 5남매를 위해 기도했는데, 왜 저는 한 식구도 구원하지 못할까요?"

"집사님, 너무 걱정 마세요. 저도 전도하겠습니다."

토요일 11시에 결혼식을 하기로 했다. 그런데 어찌된 일인가? 아침 7시에 그 집사님이 연탄가스 중독으로 사망하고 말았다. 이게 무슨 날벼락인가? 그야말로 초상집이 되었다. 울음바다가 되었다. 결혼식은 11시인데 어떻게 해야 하는가? 목사님은 "죽은 자들로 자기의 죽은 자들을 장사하게 하고 너는 가서 하나님의 나라를 전파하라"(눅 9:60)는 말씀이 생각났다. 결국 가족 중 한 사람만 시신을 지키는 것이 좋겠다고 설득해서 결혼식을 올렸다. 식이 끝나자마자 목사님은 신랑신부를 불렀다.

"신부는 놀라지 말고 잘 들으세요. 시어머니는 오늘 새벽 사망하셨어요. 이제 예복을 벗고 상복을 입고 시어머니 장례식을 합시다. 목사인 내가 도와줄 테니 너무 걱정 마세요."

동네사람들은 수군거렸다.

"새 며느리가 시어머니를 잡아먹었다."

그런데 장례식에서 반전이 일어났다. 세 아들이 장례식 전날 밤에 목사님에게 찾아와서 무릎을 꿇고 회개했다. 이야기는 이랬다.

결혼 전날 밤이었다. 손님들이 많이 와서 쓰지 않던 방에 연탄불을 피우고 삼 형제가 자고 있었다. 금요철야를 하고 새벽 2시쯤 들어온 어머니는 아들들을 깨웠다.

"내가 너무 춥구나. 너희는 아버지 방에 가서 자렴. 엄마는 기도하며 몸을 녹일 테니."

아들들은 다른 방으로 건너가서 잤다. 결국 어머니는 세 아들이 마실 연탄가스를 홀로 삼킨 셈이다. 그 일을 통해 온 가족은 교회에 나와서 세례를 받고, 지금은 집사로서 열심히 신앙생활을 하고 있다. 그렇게 어머니는 가족을 전도한 것이다.

하나님이 갖고 계신 인생 그림을 그려가면서 섣불리 속단해서는 안 된다. 언제 어떻게 반전될지 모르는 게 인생 여정이다. 내가 한계를 느낀다고 함부로 결론지을 필요는 없다. 나보다 나를 더 사랑하시는 하나님이 내 인생 그림을 그려가신다. 힘들수록 하나님께 집중해야 한다. 잘 안 그려질수록 하나님을 의지해야 한다.

실패할지라도 자신의 신분에 맞게 처신하라

성도는 성령으로 말미암아 새롭게 태어난 존재이다. 같은 부모로부터 첫 출생을 경험한다. 첫 출생은 인간관계만 형성시켜줄 뿐이다. 또 다른 제2의 출생인 '거듭남'을 경험해야 하나님과의 관계를 맺을 수 있다.

니고데모는 엄격하게 율법을 준수하던 바리새인이었다(요 3:1). 그는 산헤드린공회 회원으로서 당시 유대사회에서 존경받는 인물이었다. 잘 그려진 인생이었다. 그런데 우리 인생이라는 것이 잘 그려진 그림처럼 생각되지만 뭔가 부족한 게 있고, 제대로 그려지지 않은 그림 같은데 꽤 괜찮은 인생도 있지 않은가? 나도 알지 못하는 인생 그림의 그 어떤 것이 있다는 뜻이다.

니고데모는 자신의 인생이 꽤 괜찮은 퍼즐처럼 보였다. 하지만 그것만으로는 영적 갈증을 채울 수가 없었다. 외형적으로 거창한 신분으로는 만족할 수 없는 그 어떤 갈증이 있었다. 그래서 어느 날 밤에 조용히 예수님을 찾아갔다. 밤 시간을 선택한 것으로 보아 그는 예수님 때문에 자신의 소중한 그 무엇인가를 잃고 싶지 않았던 모양이다. 은밀하게 예수님을 접촉하고 싶었다. 니고데모는 예수님이 행하신 표적을 보면서 예수님이 보통 분이 아님을 깨달았다.

늦은 밤 찾아온 니고데모를 보고 예수님은 그에게 꼭 필요한 게 있음을 아셨다. 그래서 "사람이 거듭나지 아니하면 하나님의 나라를 볼 수 없느니라"(요 3:3)고 말씀하셨다. 니고데모가 외형상 번지르르할지는 몰라도 현재 영적 상태로는 부족했다. 예수님은 그것을 아신 것이다. 그래서 거듭남에 대한 이야기를 끄집어내신 것이다.

예수님의 말씀을 들은 니고데모는 궁금했다. "사람이 어떻게 다시 태어날 수 있단 말인가?" 그러자 예수님은 물과 성령으로 거듭나야 한다고 말씀하셨다. 성령으로 거듭난 사람만이 하늘의 일을 알 수 있다. 예수님의 생명을 소유한 자만이 하늘나라와 관계를 맺을 수 있다. 그런데 성령으로 거듭나는 것은 성경에 대한 지식으로 이루어지는 건 아니다. 사람의 열심과 노력으로 이루어지는 것도 아니다. 도덕적인 변화과정을 말하는 것도 아니다. 성령이 한 사람의 인생에 예수 그리스도의 새 생명을 부어주시는 사건이다. 그래서 속사람이 변화되는 사건이다.

결국 니고데모는 예수님과의 대화를 통해 거듭남의 비밀을 경험하게 되었다. 왜냐하면 예수님이 부활하셨을 때 "몰약과 침향 섞은 것"을 가지고 예수님의 무덤을 찾아올 정도였으니까(요 19:39). 그의 인생 그림이 완전히 바뀐 셈이다. 니고데모는 영적 출생인 중생을 통해 새로운 신분을 획득한 것이다. 그래서 하늘과 접속하며 사는 인생으로 바뀌었다. 예수님을 만나 새로운 인생을 경험한 니고데모는 주님을 위해 사는 것에 더는 주저하지 않았다.

인생 그림을 그려가는 과정에서 '특이할 만한 경험'은 인생의 방향과 태도를 바꾸어 놓는다. 바라보는 것이 달라지고 추구하는 게 달라진다. 다른 사람과 관계를 맺어가는 게 변한다. 니고데모는 자신의 인생 그림을 바꾸어 놓는 경험을 한 것이다.

때때로 그림에 만족하지 않아 고민할 때도 있다. 그러나 우리는 어떤 상황에서도 자신의 신분을 잊지 말아야 한다. 내가 어떤 존재인지, 내가 어떤 신분을 가졌는지 잊지 말아야 한다. 거듭남을 통해 천국시민권을 획득한 사람은 살아가는 게 달라야 한다. 그림이 좀 헝클어진다는 느낌이 들어도 함부로 굴어서는 안 된다. 하나님의 손길을 기다리면서 지혜롭고 신중하게 처신해야 한다.

이스라엘 백성들은 하나님의 특별한 사랑과 관심을 받은 존재였다. 아브라함과 맺은 언약 속에서 특별 예우를 한 게 분명하다. 그런데 그들은 자신들의 신분을 망각하곤 했다. 그래서 신분에 걸맞지 않은 행동을 하곤 했다. 불만족스러운 환경에 처하자 애굽의 노예생활로 돌아가려고 했다. 뭔가 부족하다고 느낄 때마다 신분을 잊어버린 채 불평하고 원망했다. 하나님을 아버지로 섬긴다면 하나님이 다 책임지실 건데 그걸 자꾸만 잊어버렸다. 그래서 자주 반항하곤 했다. 그러므로 어떤 신분을 갖는 것 못지않게 중요한 것은 신분을 향유하는 것이다. 우리가 천국시민이라면 그것을 누려야 한다. 그렇지 않다면 신분이 무슨 소용인가?

중국에 황제와 거지 이야기가 있다. 밤만 되면 거지가 되는 꿈을 꾸는 황제가 있었다. 황제는 그 꿈속에서 거지가 되어 온갖 고통과 괴로움을 다 겪었다. 비록 황제였지만 지옥보다 더한 불행을 겪으며 살아갔다. 그러다 보니 밤이 오는 것이 두려웠다. 더구나 낮에도 불안하고 초조했다. 그래서 하루 24시간, 1년 365일, 그리고 평생을 지옥 같은 삶을 살고 있었다. 그러니 황제의 지위가 무슨 의미가 있겠는가?

한편 밤만 되면 황제로 변신하는 꿈을 꾸는 거지가 있었다. 그는 꿈에서라지만 온갖 부귀영화를 누리면서 즐겁게 지냈다. 그는 황궁 근처에서 구걸하는 거지였다. 이 사람은 자기에게 밀어닥치는 세파가 아무리 거세더라도 얼마 후에는 밤이 온다는 생각 때문에 전혀 고통이라는 것을 느끼지 않았고, 오히려 매 순간 기쁘고 즐거운 삶을 살았다. 황제는 거지처럼 살고 거지는 황제처럼 살고 있다. 누가 더 행복한가?

고린도교회는 문제투성이 교회였다. 불완전한 지상교회의 모습을 여실히 보여주는 교회였다. 교회 안에서 상식적으로 이해되지 않는 일이 많이 일어났다. 이방인 세계에서도 일어나지 않는 음행이 교인 사이에서 버젓이 일어나고 있었다. 아버지의 아내를 취한 교인이 있었다. 그런 추한 짓거리를 하고서도 오히려 교만히 행하고 있었다. 그것이 부끄러운 줄도 모르고 회개할 생각도 하지 않았다. 교회는 그러한 자를 수수방관만하고 있었다. 그 결과 적은 누룩이 온 덩어리에 퍼지는 피해가 일어나고 말았다(고전 5:6). 그래서 바울은 이런 자들과는 사귀지도 말라고 경고했다.

어디 그뿐인가? 교인들끼리 불상사가 생겼다. 그런데 그것을 교회 안에서 해결하지 못하고 세상 법정으로 가져가 고소고발이 난무하게 되었다. 마땅히 거룩한 신분을 가진 성도가 세상을 판단할 수 있어야 한다. 그런데 어찌 된 일인지 교회 안에서 판단하지 못하고 세상 법정에 가서 세상 사람들에게 그리스도인들이 재판을 받고 있으니, 이게 바뀌어도 한참 바뀐 셈이다. 이런 고린도교회 성도들을 보면서 바울은 탄식했다. "형제가 형제와 더불어 고발할 뿐더러 믿지 아니하는 자들 앞에서 하느냐"(고전 6:6). 서로 고발하며 재판정에서 핏대를 올리는 사람들이 그리스도 안에서 한가족이 된 형제자매라니? 그런데 가족끼리 피터지게 싸우고 있으니 우스운 꼴이 아닌가? 한심한 일이었다. 꼬여도 엄청나게 꼬인 인생이 아닌가? 그래서 바울은 심각한 경고를 했다. "불의한 자가 하나님의 나라를 유업으로 받지 못할 줄을 알지 못하느냐"(고전 6:9).

그리스도인은 아무리 인생이 꼬이는 것 같아도 아무렇게나 생각하고 행동해서는 안 된다. 그리스도인의 신분에 걸맞은 행동을 해야 한다. 아무렇게나 환경에 반응해서는 안 된다. 인생을 풀어나가는 방식을 지혜롭게 선택해야 한다. 세상에 속한 사람들처럼 그렇게 풀어가서는 안 된다. 하나님의 사람답게 풀어가야 한다.

때때로 인생 그림이 너무 초라하다는 생각이 들 때도 있다. 내가 내 인생을 바라봐도 한심스럽다. 인생이 달라질 가능성을 엿보기가 힘들기도 하다. 완전 실패작이라고 생각된다. 그럼에도 하나님은 보잘것없는 내 인생을 언제든지, 얼마든지 바로 잡아가실 수 있다. 다른 사람들은 필요 없다고 내팽개칠지라도 적어도 나만은 소중히 여길 줄 알아야 한다. 하나님이 소중히 여기시는 인생이니까.

실패의 순간 포기보다
제자리 찾기에 집중하라

사람은 각기 제자리가 있다. 아무 데나 갈 수 없고 아무 데나 머물 수 없다. 가고 싶어도 가지 말아야 할 곳이 있고 가기 싫어도 가야만 하는 곳이 있다. 인생 그림을 그려가는 동안 그걸 분별하는 지혜가 필요하다.

아브라함은 하나님이 주신 약속의 말씀을 붙잡고 가나안 땅으로 왔다. 하나님이 가라고 하셨기 때문에. 그럼 가나안생활이 형통해야 할 것이다. 그런데 어느 해 아브라함이 사는 땅에 심각한 기근이 들었다. 버티는 게 힘겨웠다. 아브라함은 먹고살기 위해 애굽으로 내려가기로 했다. 애굽은 나일강이 있어서 여간해서 물 걱정을 안 해도 되었다. 하지만 하나님은 아브라함이 애굽으로 가는 걸 기뻐하지 않으셨다. 아니, 하나님은 아브라함을 테스트하고 계셨다. "이런 때에도 아브라함이 나를 신뢰하는가?" 아브라함의 입장에서는 "기근인데 먹고살자니 어쩔 수 없다"라고 말할지 모른다. 그러나 하나님은 먹고살기 위해 어쩔 수 없이 내려가는 것일지라도 애굽으로 가는 걸 싫어하셨다. 그래서 애굽에서 수치를 당하게 하셨다.

애굽으로 내려가면서 아브라함에게 불안함이 있었다. "아내인 사래가 너무 예쁜데 애굽 사람들이 가만히 있을까? 나를 죽이고 아내를 취할지도 몰라." 그래서 지혜로운 아이디어를 고안해냈다. "그대는 나의 누이라 하라"(창 12:13). 어떤 면에서 맞는 말이다. 그러나 속을 들여다보면 비겁하기 그지없는 행동이었다. 이런 남자를 남편으로 믿고 살아가는 아내가 가련할 정도였다.

결과는 어땠을까? 애굽 사람들은 사래의 아름다운 미모에 반했다. 바로의 고관들이 바로 왕 앞에서 사래의 미모를 칭찬했다. 사래는 바로의 궁정으로 초청되었다. 사래의 아름다운 미모에 도취된 바로는 아브라함을 후대했다. 양과 소와 노비, 그리고 암수 나귀와 낙타를 주었다. 오빠라고 생각했기에. 사래를 얻기 위해서 오빠인 아브라함에게 아부를 한 것이다. 그런데 하나님이 사래의 일 때문에 바로와 그 집에 큰 재앙을 내리셨다. 바로는 마른하늘에 날벼락을 맞은 격이었다. 결국 상황을 눈치 챈 바로가 아브라함을 불러서 책망했다. "네가 어찌 그를 누이라 하여 내가 그를 데려다가 아내를 삼게 하였느냐. 네 아내가 여기 있으니 이제 데려가라"(창 12:19).

비겁한 아브라함은 애굽으로 내려가서 인생 그림을 엉망진창으로 만들 뻔했다. 만약 사래가 바로와 동침해서 아이를 낳았다고 한다면 구속사는 어떻게 펼쳐졌겠는가? 하나님의 사람 아브라함이 이방 사람에게 호되게 혼쭐이 나는 꼴을 보라. 기가 막힌 일이 아닌가? 하나님은 아브라함의 꼬여가는 인생 그림에 강제로 개입하셨다. 아무 잘못도 없는 바로에게 징계의 채찍을 대셨다. 그러고 나서야 아브라함은 제자리로 다시 돌아오게 되었다. 하나님은 자기 백성이 자기 자리를 지키기를 원하신다. 잘못된 자리에 있으면 때려서라도 제자리로 돌아오게 하신다.

아들 형규가 초등학교 시절이었다. 형규는 사교성이 있어 친구가 많은 편이었다. 교회에 다니는 친구들도 있었지만 교회에 다니지 않는 친구도 많았다. 우리 부부는 친구들을 전도하라고, 믿지 않는 동네 친구들과 가까이 지내는 것을 만류하지 않았다. 아니, 믿지 않는 친구들을 집으로 데려오게 했다. 그리고 아내가 아이들에게 먹을 것을 해주면서 전도하기도 했다.

어느 날이었다. 형규가 집으로 들어왔다. 나는 거실에 있다가 들어오는 아들을 힘껏 안았다.

"아들아! 사랑해."

그 순간 나는 내 코를 의심하게 되었다. 아들 옷에서 담배 냄새가 확 풍겼기 때문이다. 화가 났다.

"이게 무슨 냄새야! 담배 피웠어?"

"아니야. 안 피웠어."

"담배 냄새가 이렇게 심하게 나는데 안 피웠다는 게 말이 돼?"

나는 매를 찾아서 형규를 때렸다. 남자이기 때문에 어설프게 때려서는 안 된다는 사실을 알고 있었다. 그래서 호되게 때렸다. 그런데 나중에 안 일이었다. 아내가 형규에게 물었다.

"형규야, 어떻게 된 일이야?"

"아니야, 난 담배 안 피웠어. 친구들과 PC방에 가서 그렇단 말이야."

아들은 울면서 엄마에게 말했다.

"그럼 아빠한테 왜 그렇게 말하지 않았어?"

"아빠는 화가 나서 안 믿어줄 거잖아!"

저녁에 아내가 나에게 그 얘기를 해주었다. 그래서 나는 즉시 형규에게 사과했다.

"아빠가 잘못했다. 앞뒤 사정도 다 알아보지 않고 그렇게 때려서. 그래도 네가 크리스천이니까 가야 할 곳과 가지 말아야 할 곳은 가렸으면 좋겠어. 네 몸에서 그런 냄새를 풍긴다면 교인들이 뭐라고 하겠어?"

그 후로 형규는 PC방 출입을 자제하는 것 같았다.

인생 여정을 걸어가면서 자주 저지르는 실수가 있다. 뒤늦게 후회하는 것이다. 해서는 안 될 일을 하고 후회한다. 가서는 안 될 곳을 가놓고 손해를 본 후에 후회한다. 하나님이 있어야 할 곳에 있지 않을 때 하나님은 우리의 인생에 개입하신다. 그래서 그림을 건드리신다. 징계라 해도 좋고 채찍이라 해도 좋다. 어쨌든 그런 일들을 겪고 난 뒤에 화들짝 놀라서 정신을 차린다. 그리고 제자리를 찾아 나선다. 하나님은 자기 백성들이 자기 자리에 서 있기를 원하신다. 그렇지 않으면 채찍을 들어서라도 자기 자리를 찾게 하신다. 어리석은 사람은 두들겨 맞고 돌아선다. 더 어리석은 사람은 두들겨 맞고도 돌아올 줄 모른다. 그러나 지혜로운 사람은 아예 두들겨 맞을 짓을 하지 않는다. 제자리를 지키기 때문이다.

요단강을 기적적으로 건넌 이스라엘은 은혜에 물이 올랐다. 여호수아와 하나님의 군대는 약속의 땅을 향해 행진하고 있었다. 그런데 약속의 땅을 진입하는 첫 관문인 여리고가 그들 앞을 가로막고 있었다. 여리고성은 지형적으로 난공불락의 성이었다. 그들은 이스라엘의 공격을 막기 위해 성문을 굳게 닫았다. 그 성을 함락하지 못하면 더는 전진이 불가능했다. 반드시 함락해야 할 성인데 그 성은 너무 견고했다. 그래서 고민이었다.

그때 하나님이 여리고성을 함락하기 위한 전략을 말씀하셨다. "모든 군사는 6일 동안 여리고성을 한 번씩만 돌아라. 7일에는 일곱 바퀴를 돌고, 제사장들이 나팔을 길게 불어서 전쟁을 선포하면 소리만 지르라." 작전은 치밀하고 과학적이고 합리적이어야 한다. 그런데 여호와께서 제시하신 작전은 납득하기 힘들 정도로 허무맹랑했다. 때로는 하나님이 우리에게 지시하시는 작전도 그럴 수 있다. 그러나 하나님이 지시하시는 작전에 순종하는 믿음 없이는 여리고성이 무너지는 기적을 체험할 수 없다. 무식한 순종이 기적을 낳는다. 무식할 정도로 순종하는 사람이 하나님의 놀라운 은혜를 경험한다.

때로는 침묵으로 기다려야 한다. 6일 동안 돌 때 아무런 일도 하시지 않는 하나님에 대한 불만이 나올 수도 있다. 그러나 나팔 소리가 울릴 때까지는 잠잠히 기다려야 한다. 사람의 분주함보다 조용히 일하시는 하나님의 능력이 더 크다. 난공불락의 성 여리고를 향해 도전하는 데는 용기가 필요했다. 그 용기는 어디에서 나오는가? 여호와께서 여리고와 그 왕과 용사들을 하나님의 군대의 손에 붙였다는 사실이다. 전사되신 여호와께서 우리보다 앞장서서 싸우실 뿐 아니라 승리를 보장하셨다는 사실이다. 우리 앞에 버티고 있는 장애물만 바라보면 기가 죽는다. 하지만 눈을 들어 도우시는 여호와를 바라볼 때 용기가 생긴다. 여호와께서 앞장서시면 우리는 너끈히 승리할 수 있다.

히브리서 기자는 권면한다. "오직 오늘이라 일컫는 동안에 매일 피차 권면하여 너희 중에 누구든지 죄의 유혹으로 완고하게 되지 않도록 하라. 우리가 시작할 때에 확신한 것을 끝까지 견고히 잡고 있으면 그리스도와 함께 참여한 자가 되리라"(히 3:13-14). 히브리서 기자는 박해로 인해 어려운 시련 가운데 믿음을 지켜 나가는 성도들이 안타까웠다. 다가오는 고난 때문에 믿음의 세계에 머물지 못하고 믿음에서 떨어져 나가는 것을 보면서 가슴 아파했다. 더구나 죄의 유혹으로 완고하게 되지 않도록 서로 권면하라고 촉구했다. 그러므로 우리는 믿음을 지키는 것이 아무리 어렵더라도 결코 뒤로 물러나지 말아야 한다(히 10:39). 그렇지 않으면 구원에서 멀어질 수 있기 때문이다.

우리 인생은 하나님께 속했다. 그러므로 어떤 상황, 어떤 일 앞에서도 최선을 다해 성실히 살아가는 것밖에 없다. 어떤 실패에 맞닥뜨릴지라도 하나님이 포기하시기 전에는 절대로 포기해서는 안 된다. 하나님이 나를 절대로 포기하시지 않기 때문이다. 심지어 자신의 독생자를 포기하시면서 우리를 살리지 않으셨는가? 믿음과 소망은 포기를 극복하고 끝까지 최선을 다하게 한다. 인생은 실패할 때 끝나는 게 아니라 포기할 때 끝나는 것이다.

하나님은 다니엘에게 기다리라고 말씀하셨다. "너는 가서 마지막을 기다리라 이는 네가 평안히 쉬다가 끝날에는 네 몫을 누릴 것임이라"(단 12:13). 믿음의 사람은 믿음으로 인생의 결과를 기다리는 사람이다. 적그리스도의 박해로 어려움을 겪을 때가 있다. 지긋지긋하게 지겨운 기간이어도 정해진 기간일 뿐이다. 그 기간에 자기 자리를 지키면서 믿음으로 잘 견디고 승리하면 반드시 하나님이 준비하신 자신의 몫이 있다. 믿음으로 기다리고 견뎌낸 삶에는 합당한 결과가 꼭 있다.

실패해도 필요한 존재로
다시 돌아가라

인생은 하나님이 주신 사명을 안고 걷는 거룩한 나그네이다. 목표는 이 땅이 아니라 하나님이 계신 세계이다. 그래서 거룩한 나그네는 자꾸 위를 바라보는 습관을 갖고 있다. 위엣 것을 생각하고 위엣 것을 추구한다. 인생이 잘 안 풀려서 힘들 때면 하늘을 주목하게 된다. 이렇게 하늘을 바라보며 살아가는 인생이지만 그래도 실패를 거듭하며 살아간다. 중요한 건 그 실패마저 다루시는 하나님을 바라보는 것이다.

스데반의 순교로 흩어진 디아스포라 유대인들이 안디옥으로 오게 되었다. 그때 구브로와 구레네 몇 사람이 헬라인들을 대상으로 복음을 전파하기 시작했다. 수많은 사람이 주께로 돌아오는 놀라운 역사가 일어났다(행 11:21). 이 소문이 예루살렘교회까지 들렸다. 예루살렘교회는 바나바를 파송했다. 바나바는 안디옥교회로 와서 목회를 했다. 교회는 점점 더 부흥하기 시작했다. 혼자서 감당할 수 없는 지경이 되었다. 동역자가 필요했다. 바나바는 사울을 데려오기로 했다. 그런데 사울은 회심한 후에 고향 다소에 가서 은둔생활을 하고 있었다(행 9:30). 바나바는 직접 다소로 찾아가 사울을 안디옥교회로 데려왔다. 동역하기 위해서. 바나바는 인생과 사역을 잘 헤쳐가기 위해 사울과 같은 숨은 인재를 등용할 줄 알았다. 사울에게는 아름다운 인생을 만들어가는 작업의 신호탄이었다.

그렇게 사역하던 안디옥교회에서 선교사를 파송하게 되었다. 이방선교의 전초기지인 안디옥교회의 첫 선교사는 바나바와 사울이었다. 드디어 바울의 제1차 선교여행이 시작된 셈이다. 이때 마가 요한도 함께 수행하게 되었다(행 12:25). 바울과 바나바, 마가 요한은 제1차 선교여행 길인 터키 중앙부의 갈라디아 지역에 이르게 되었다. 버가에서 비시디아 안디옥으로 가는 길은 만만치 않았다. 강의 위험이 도사리고 있었다. 험한 산길에 도적의 위험도 있었다(고후 11:26). 그러나 사명 때문에 가야 할 길이었다. 그런데 마가 요한이 밤빌리아 버가에서 예루살렘으로 돌아가버렸다(행 13:13). 이유는 정확하지 않았다. 그러나 마가 요한은 강도나 강의 위험이 두려워서 예루살렘으로 돌아간 것이라고 추측할 수 있다. 이건 바울에게 섭섭한 일이었다. 맥 빠지게 하는 일이었다. 큰 상처를 안겨주었다.

힘들 때 서로 부둥켜안고 함께 간다는 건 너무나 소중한 일이다. 그런데 마가 요한은 그렇게 하지 않았다. 자기 편하자고 갈 길을 가버렸다. 갈라디아 지역에서 선교할 때 바울은 '육체의 약함'(갈 4:13)을 갖고 있었다. 그게 뭘까? 갈라디아 지방에서 받은 핍박 때문에 생긴 육체적인 약함으로 보인다. 바울은 이 지역에서 돌에 맞기도 했다. 돌에 맞아 죽은 줄 알고 시외로 끌고 나와 내침을 당하기도 했다. 결국 그들이 세운 계획보다 오래 머물 수밖에 없었다. 생각대로 되지 않는 사역이지만 하나님의 일하심은 달랐다. 제자들은 기쁨과 성령이 충만했다(행 13:52).

살다 보면 생각지도 않은 일이 터질 수도 있다. 마치 인생 그림이 엉망진창이 된 것 같다. 그러나 함부로 속단해서는 안 된다. 엉망진창처럼 느껴지는 그림을 성실하게 그려가시는 분이 계시기 때문이다. 훗날 마가 요한이 동행길에서 이탈한 행동은 환상적인 콤비인 바울과 바나바 사이에 큰 다툼을 일으켰다(행 15:39).

바울은 바나바가 섭섭했다. 그래서 "함께 일하러 가지 아니한 자"를 또다시 데려갈 수 없다고 주장했다. 바울은 마가 요한이 자신들을 버렸다고 말했다. 힘들고 어려운 시기에 자신을 떠났으니 얼마나 야속했겠는가? 그런데 바나바는 달랐다. 이러한 마가 요한에게 한 번 더 기회를 주자고 했다. 삼촌인 바나바가 아닌가? 더구나 사람을 소중히 여기는 사람이 아닌가? 관계중심적인 사역자이니 마음에 들지 않기는 하지만 그래도 한 번 더 기회를 주고 싶었다. 재기할 수 있게 만들고 싶었다. 그 일이 있은 지 2년이나 지났음에도 바울의 상처는 쉽게 가라앉지 않았다. 결국 바울은 실라와 함께, 바나바는 마가 요한과 함께 따로 선교여행을 떠났다.

그런데 여기서 우리가 주목할 게 있다. 바울은 후에 마가 요한과 화해를 했다는 사실이다. 그와의 관계가 다시 회복되었다. 바울이 노년에 로마 감옥에서 골로새 교인들에게 편지를 할 때 마가 요한을 언급한다(골 4:10). 그뿐만 아니라 디모데에게 "마가를 데리고 오라. 그가 나의 일에 유익하니라"(딤후 4:11)고 당부까지 한다. 바울은 마가 요한이 자신의 사역에 도움을 주는 동역자임을 밝히고 있다. 달리 보면 마가 요한은 훗날 자신의 잘못을 깨닫고 필요한 존재로 돌아선 것이다. 한때는 실수를 했지만 자신을 필요로 하는 곳으로, 필요한 사람으로 돌아간 것이다.

동역자들이 사소한 문제로 다투고 분열하는 것은 바람직하지 못하다. 하지만 인간의 실수에도 하나님이 그려가시는 그림에는 이상이 없다. 최악의 그림이라 할지라도 하나님이 그려가시는 데는 어려움이 없다. 그런데 그런 과정에 필요한 게 있다. 언제나 '필요한 존재'로 서 있으려고 하는 노력이다. 아니, 필요한 존재로 돌아가려는 노력이다.

　꼴찌를 대학총장으로 만든 한 아버지의 모습을 보라.
　"나는 꼴찌였다."
　전 경북대 총장인 박찬석 교수의 자기고백이다. 그의 고향은 경남 산청이다. 가난한 동네였다. 더구나 그의 가정은 너무나 가난해서 공부할 형편이 못 되었다. 그런데 아버지는 머리도 못 따라가는 아들을 대구로 유학보냈다. 아들은 대구중학을 다녔다. 그런데 공부하는 게 정말 싫었다. 1학년 8반, 석차는 68명 중 68등. 결국 꼴찌를 한 것이다.
　방학이 되어 고향에 갔다. 그런데 가서 그 성적표를 내밀 자신이 없었다. 어린 마음에도 부끄러운 성적표였다. 자신이 교육을 받지 못한 한을 자식을 통해 풀고자 했는데 꼴찌라니! 끼니를 제대로 잇지 못하는 소작농을 하면서도 아들을 중학교에 보낼 생각을 한 아버지를 떠올리면 그냥 있을 수가 없었다. 그래서 잉크로 기록된 성적표에서 석차를 1로 고쳐 위조성적표를 아버지께 보여드렸다. 아버지는 보통학교도 다니지 못했다. 그래서 아들이 1등으로 고친 성적표를 알아차리지 못할 것으로 생각했던 것이다.
　대구로 유학한 아들이 집으로 왔으니 친지들이 몰려왔다. 그리고 아버지에게 물었다.
　"찬석이는 공부를 잘 했제?"

아버지가 대답했다.

"앞으로 봐야제. 이번에는 어쩌다 1등을 했는가벼."

"명순(아버지)이는 자식 하나는 잘 됐어. 1등을 했으면 그냥 있을 수 있남. 책거리를 해야제."

이튿날 강에서 멱을 감고 돌아왔다. 그런데 아버지가 한 마리뿐인 돼지를 잡아 동네 사람들을 모아 놓고 잔치를 하고 있는 게 아닌가! 당시 그의 집은 동네에서도 가장 가난했다. 돼지는 재산목록 1호였다. 기가 막힌 일이 벌어진 것이다. 아들은 깜짝 놀라서 "아부지…" 하고 불렀다. 마음속에 있는 말을 하고 싶었다. 하지만 다음 말을 이을 수가 없었다. 그리고 달려 나갔다. 그의 뒤로 아들을 부르는 아버지의 소리가 들렸다. 겁이 난 소년은 강으로 가서 죽어버리고 싶었다. 그래서 물속에서 숨을 안 쉬고 버티기도 했고 주먹으로 머리를 내리치기도 했다. 충격적인 그 사건 이후 소년은 달라졌다. 항상 그 일이 머릿속에 맴돌았기 때문이다.

그로부터 17년 후, 소년은 드디어 대학교수가 되었다. 자기 아들이 중학교에 입학했을 때였다. 박 교수가 45세가 되던 어느 날이었다. 부모님 앞에 33년 전의 일을 사과하기 위해 말문을 열었다.

"어무이, 저 중학교 1학년 때 1등은요…."

순간 옆에서 담배를 피우시던 아버지가 말했다.

"알고 있었다. 그만 해라. 민우(손자)가 듣는다."

아버지는 자식의 위조한 성적을 다 알고 있었다. 그런데도 재산목록 1호인 돼지를 잡아 잔치를 하셨다. 박사이자 교수이며 대학 총장인 아들은 아직도 아버지의 깊은 마음을 감히 헤아릴 수가 없다. 무식하지만 무식하지 않은 가슴을 가진 아버지, 아들의 나쁜 행동을 다 알고 있으면서도 그 어느 땐가 새로운 인생의 출발을 기다리며 슬그머니 눈을 감아줄 줄 아는 아버지, 한때의 실패와 실수를 인생의 전환점으로 활용할 줄 아는 소년, 우리네 가슴을 짠하게 한다.

때로는 실수할 수 있다. 때로는 해서는 안 되는 행동도 한다. 부끄럽지만 이게 우리네 모습이다. 그런데 그때마다 우리가 다짐할 게 있다. 제자리로 돌아가자는 생각, 필요한 존재로 다시 태어나자는 결단. 하늘 아버지는 절대 포기하지 않으신다. 아무리 엉망진창이 된 것 같아도 하나님은 여전히 그림을 그려가고 계신다. 섣불리 안 된다고 손을 놓지 말아야 한다.

미국의 어느 신문에 실렸던 장례기사의 일부이다.

"오늘 친절했던 한 수리공의 장례식이 있었습니다. 세상을 움직이고 뒤흔든 유명인사는 아닙니다. 평생 한결같이 성실함으로 행복하게 살아온 79세 가전제품 수리공이었습니다. 하지만 그가 일했던 회사의 사장은 이렇게 말했습니다. '그가 하던 일의 절반은 사람들 집에서 망가진 가전제품을 고치는 것이었고, 나머지 절반은 어려움에 처한 이들의 삶을 고치는 것이었습니다. 그래서 삶에 어려움이 있는 많은 이가 가전제품이 망가졌다는 핑계로 언제나 그 사람을 보내달라고 요청했습니다. 그는 매우 밝고 매우 친절하며 언제나 사람들에게 도움이 되는 말을 해주었습니다.'"

무슨 직업을 가졌느냐는 중요하지 않다. 그 직업을 통해서 무엇을 하는가가 더 중요하다.

성자 로렌스 형제는 장애인이었다. 수도원에 입학할 자격조차 없던 사람이었다. 하지만 프랑스 파리의 카르멜수도회에 들어갔다. 평생을 평수사로 지내면서 부엌일과 신발 수선일을 했다. 그런데 그 속에서 하나님의 임재를 연습했다. 아무리 힘들고 비천한 일이라도 푸념해서는 안 된다. 감사한 마음으로 맡은 일을 충실히 감당했던 그의 삶을 통해 수많은 수도사가 치유받고 용기를 얻었다. 무슨 일을 하든 상관없다. 나를 통해 하나님의 임재가 나타나게 하면 된다. 하나님은 그러한 나를 필요한 존재로 세우실 것이다.

실패의 순간에 더 멀리 뛸 준비를 하라

인생 그림을 그려가다 보면 나도 모르게 자꾸 가속도가 붙는 것을 느낀다. 더구나 목표지향적인 사람은 주변을 돌아볼 겨를도 없이 달린다. 때로는 속도감 때문에 주변 사람들이 다치고 아파하기도 하지만 정작 본인은 그걸 잘 못 느낀다. 아니, 목표지향적이기 때문에 그런 것 정도는 감수해야 한다고 스스로 위안을 삼는다. 이런 사람들이 어느 순간엔가 이런 말을 한다. "내가 뭘 위해 사는 거지? 뭘 위해 이렇게 정신없이 분주하게 달려온 거야? 그런데 남은 게 뭐야?"

돈 버는 기계처럼 달려온 인생에 대한 회의가 든다. 밀려오는 허탈감과 허무감을 이기지 못해 다시 사춘기를 겪는 이들도 적지 않다. 그것을 이겨내지 못하면 유서 몇 장만 남겨두고 사랑하는 사람들 곁을 떠나기도 한다. 그렇게 떠나고 난 다음에 그를 바라봤던 사람들은 죄책감에 시달린다. 소중한 인생 그림이 엉망진창이 되고 만다.

반드시 토끼처럼 살아야 하는 건 아니다. 그것만이 인생을 잘 사는 비결도 아니다. 때로는 거북이처럼 느림의 미학이 더 아름답다. 쉼표 인생도 인생을 그려가는 데 문제없다. 아니, 더 멀리 뛰기 위해서는 쉼표가 필요하다. 충분한 휴식과 안식이 창조적인 발상을 가능하게 하기 때문에.

우여곡절 끝에 야곱은 아들 요셉이 살고 있는 애굽 땅으로 가게 되었다. 22년 만에 아들을 만나기 위해 모든 소유를 이끌고 정든 땅 헤브론을 떠났다. 그러면 어디로 가야 할까? 아들이 기다리고 있는 애굽으로 단숨에 달려가야 했다. 그런데 야곱 일행의 발길은 브엘세바로 옮겨졌다(창 46:1). 브엘세바는 '언약의 우물'이라는 의미를 갖는 가나안의 남쪽 땅이었다. 아브라함과 이삭이 오랫동안 살면서 하나님께 제단을 쌓은 곳이었다(창 21:33, 26:25). 훗날 다윗은 이곳을 정치의 중심지로 삼아 왕이 된 후 7년 반이나 통치하기도 했다.

애굽은 화려한 문명의 도시였다. 그런 도시에서 아들인 요셉이 성공했다니 얼마나 반가운 소식인가? 그래서 애굽으로 이민을 가는 것이다. 게다가 약 22년 동안 만나지 못한 꿈에도 그리던 요셉이 기다리고 있지 않은가? 그런데 약속의 땅을 버리고 떠나려니 야곱의 마음이 착잡하고 복잡했다. 약속의 땅을 떠나려니 죄스럽기도 했다. 한편 염려와 고민이 되는 것도 사실이었다. 예전에 장자권을 빼앗아 밧단 아람으로 도망갈 때의 일이 생각났을까? 더구나 한가족이 외국으로 이주를 결정하는 것은 절대 쉬운 일이 아니었다. 매우 중요한 일이었다.

이럴 때 해야 할 일이 무엇일까? 야곱은 발걸음을 한 템포 늦췄다. 한 템포 늦추면서 그는 하나님께 제사를 드렸다. 영적 충전의 시간이었다. 자기 발견의 시간이었다. 자신이 가야 할 길을 하나님께 묻는 시간이었다. 하나님의 뜻을 발견하는 시간이었다. 야곱이 중요한 순간에 하나님께 제사드릴 것을 기억했다는 점은 회복의 조짐을 보여준다. 그러니 야곱은 새로운 회복의 길을 떠나고 있었다.

야곱이 제사드린 분은 '이삭의 하나님'이셨다. 이삭은 아브라함이 100세에 얻은 아들이었다. 인간적으로 불가능한 일이었다. 전적으로 하나님의 은혜로 태어났다. 약속의 후손이었다. 하나님의 은혜가 아니면 태어날 수 없었던 사람이었다. 더구나 이삭은 유약하고 온유한 사람이었다. 강하고 듬직함이 없는 사람이었다. 그러나 하나님이 함께하는 사람, 하나님이 붙들고 있는 사람이었다. 예수 그리스도의 모형이었다. 사도 바울은 "이삭으로부터 난 자라야 아브라함의 씨"라고 말했다(롬 9:7). 하나님은 이삭과 같은 존재를 통해서 하나님의 언약을 이루어가셨다. 야곱에게 필요한 게 바로 이삭과 같은 존재를 붙들고 인도하신 하나님을 붙잡는 것이었다. 부족하고 연약해서 혼자는 아무것도 할 수 없는 존재, 뭘 한다고 하면서 문제만 만들어 놓는 존재, 그러나 이삭의 하나님이 붙들고 있으면 아무 문제가 없었다. 그런 이삭의 하나님을 만나는 작업은 한 템포 늦출 때 가능해진다.

야곱이 하나님 앞에 제사를 드릴 때 어떤 일이 일어났는가? 하나님께서 그 밤에 이상 중에 야곱에게 나타나서 말씀하셨다. 브엘세바에서 밧단 아람으로 도망가던 중에 벧엘에서 하나님을 만난 이후 약 25년 만의 일이었다(창 35장).

"야곱아 야곱아…. 내가 여기 있나이다"(창 46:2).

"나는 하나님이라. 네 아버지의 하나님이니 애굽으로 내려가기를 두려워하지 말라. 내가 거기서 너로 큰 민족을 이루게 하리라. 내가 너와 함께 애굽으로 내려가겠고 반드시 너를 인도하여 다시 올라올 것이며 요셉이 그의 손으로 네 눈을 감기리라"(창 46:3-4).

하나님은 두려워하고 염려하고 있는 야곱에게 안심하고 애굽으로 내려가라고 격려하셨다. 애굽에서 행하실 하나님의 계획이 있다고 말씀하셨다. 하나님은 약속의 땅 가나안을 떠나는 것에 대한 불안과 고민을 떨쳐버리게 하셨다. 하나님이 허락하신 일이었다. 하나님이 함께하는 여행이었다. 하나님의 또 다른 계획이 있다고 하셨다. 그 일은 더 크고 위대한 일이었다. 하나님은 가나안 땅에만 갇힌 분이 아니셨다. 이방 나라 애굽에서도 위대한 통치자셨다. 이제야 요셉은 평안함과 기쁨으로 애굽행 여행을 즐길 수 있게 되었다.

인생의 큰 힘은 바로 하나님의 임재를 경험하는 것이다. 하나님을 경험하게 되면 치유되고 회복되며 용기가 생긴다. 세상에 부러울 것이 없다. 그런데 하나님의 임재가 사라지면 낙담하고 포기하게 된다. 우리가 하나님의 임재 안에서 살 수만 있다면 세상을 담대하게 이겨낼 수 있을 것이다. 이런 인생을 살기 위해서는 때때로 한 박자 쉬어가는 것이 좋다. 한 박자 쉬면서 영적 재충전을 해야 한다. 영적 회복을 해야 한다. 그래야 더 큰 그림을 향해 치달을 수 있다.

하나님의 음성을 들은 야곱은 이제야 안심이 되었다. 그래서 브엘세바를 떠나 애굽으로 내려갔다. 야곱의 아들들은 바로가 보낸 수레에 야곱과 자신들의 처자들을 태우고 출발했다. 물론 가축과 가나안 땅에서 얻은 재물을 갖고 떠났다. 모든 가족이 애굽으로 떠났는데 그 숫자가 70여 명이었다. 비록 70명이 떠나는 길이었지만 430년이 지나고 나서 무슨 일이 벌어지는지 아는가?

출애굽기 1장을 가면 번성하게 되는 이스라엘 백성들을 보게 된다. 애굽에서의 나그네 삶의 열매가 애굽인들이 두려워할 정도의 번성함이었다. 이스라엘 장정만 60만 명이 출애굽했다. 그렇다면 아마 200만 명 이상의 이스라엘 백성들이 출애굽했을 것이다. 애굽으로 내려가는 길은 패망을 향한 수치의 길이 아니었다. 오히려 번성을 향한 영광의 길이었다. 이것이 인생의 비밀이다. 기근 때문에 애굽으로 내려가는 그림은 실패작처럼 보였다. 그러나 하나님이 그려 가시는 그림은 달랐다.

사람들은 십자가에 못 박힌 예수님을 보고 욕설을 퍼부으며 저주했다. 침을 뱉고 조롱했다. 처참한 예수님! 그는 실패작처럼 보였다. 그러나 수치와 곤욕과 아픔을 지나 부활의 영광이 찾아왔다. 이것이 하나님께서 그려가시는 인생의 그림이다.

피곤하고 지칠 때 한 템포 늦춰가면 된다. 한 템포 늦춘다고 큰일이 생기는 것은 아니다. 부지런히 달려가게 될 수도 있다. 느리게 달려도 이길 수 있다. 칭찬 콤플렉스를 가진 사람은 템포를 늦추는 게 불안하다. 착한 아이 콤플렉스를 가진 사람은 지치도록 달려야 한다. 완벽한 사람이 행복한 게 아니다. 완벽주의자가 다 잘되는 것도 아니다. 완벽하지 않으면 어떤가? 우리가 실수를 하더라도 하나님은 우리의 그림을 아름답게 완성하실 수 있다.

더 큰
은혜를 위해
인생을
조율하라

G·r·a·c·e

──────── 때때로 인생이 꼬인다는 느낌이 들 때가 있다. '내 인생은 왜 이렇게 꼬였지?' 그래서 몇 날 며칠을 고민할 때가 있다. 악한 사람들이 거들먹거리는 것을 보면 심기가 불편하다. 나쁜 짓을 하면서도 아무렇지 않게 뻔뻔히 다니는 것을 보면 역겹기 그지없다. 악한 인간이 더 잘되는 것 같아 화가 난다. 나쁜 짓을 하는 인간이 형통한 것을 보면 기가 막힌다. 그런데 하나님은 그것을 부러워하지 말라고 하신다. 그것 때문에 속상해하지도 말라고 하신다. 정한 때가 되면 하나님이 악인을 재판하실 것이기 때문이다. "오직 재판장 이신 하나님이 이를 낮추시고 저를 높이시느니라"(시 75:7). 악인의 간악함이 힘들긴 하지만 하나님의 손에 맡겨두라는 것이다. "또 악인들의 뿔을 다 베고 의인의 뿔은 높이 들리로다"(시 75:10).

요즘 세상 사람들이 기독교를 '개독교'라고 말한다. 목사를 '먹사'라고, 집사를 '잡사', 평신도를 '병신도'라고 부른다. 심지어 성경을 '똥경'이라고 말하기도 한다. 세상은 교회를 가증스럽게 여긴다. 물론 우리가 똑바로 서지 못했기 때문이다. 그런데 따지고 보면 기가 막힌다. 세상은 아예 양심이 화인이 맞지 않았던가! 나쁜 짓을 하면서도 얼굴 빛이 안 변하지 않는가! 똥 묻은 개가 겨 묻은 개를 나무라는 격이다.

그럼에도 우리는 거울에 반사된 우리네 모습을 점검하지 않으면 안 된다. 이 상태로는 더 큰 하나님의 은혜 앞으로 나아갈 수 없기 때문이다. 더 큰 하나님의 은혜를 누리기 위해서는 인생을 재조정해야 한다.

오랫동안 병원에 입원해 있는 성도가 있었다. 그는 50대 후반에 교통사고를 당해 병원에 입원하게 되었다. 13년 동안, 일흔 살이 되도록. 그런데 그가 고백한 말이 있다.

"목사님, 제가 사고를 당해 그때 죽었다면 저는 지옥에 갔을 겁니다. 교회를 다녔지만 예수님을 믿지 않았으니까요."

기가 막힌 고백이 아닌가! 분명히 고통과 절망의 터널을 지나고 있다. 그런데 그의 표정은 13년 동안 누워 있던 환자라기보다 천사와 같은 얼굴이었다. 그의 얼굴에서 분노나 원망을 찾아볼 수 없었다. 그는 벽 전체에 성경 말씀을 붙여놓고 말씀을 암송했다. 히브리서 11장은 아예 통째로 외웠다. 병원에서 간호사에게 전도했다. 분명히 이 가정에 풍랑이 일어났다. 그것도 13년씩이나. 그러나 그는 너무나 평안하다. 왜? 주님과 함께 있기 때문에, 더 좋은 것을 주신 주님이니까. 그는 "이 풍랑 인연하여서 더 빨리 간다"는 찬송을 경험한 것이다.

먼저 비움과 소통의 그릇을 점검하라

한 해를 시작하는 연초 어느 금요일에 1, 2청년회 신년도 임원들을 불러서 집에서 함께 식사를 했다. 아내는 허리가 좋지 않은데도 정성껏 음식을 준비했다. 그래서 나는 청년들에게 말했다.

"낙지 먹어봐! 아내가 직접 했는데 맛있더라."

나는 1청년회 회장을 보며 말했다.

"지연이 집 주변에 낙지 요릿집이 있는 거 알고 있지? 우리도 거기에 몇 번 갔는데 괜찮더라."

우리는 식사를 마치고 이런저런 대화를 나누는 시간을 가졌다. 청년들에게 당부하고 싶은 말, 그리고 청년들이 하고 싶은 말을 들었다. 어느덧 시간이 되어 합심기도회에 갔다.

그다음 날, 토요일 저녁을 먹던 중이었다. 아내가 웃으면서 나에게 말했다.

"어제 낙지 아니고 주꾸미거든."

"내가 낙지라고 했어?"

"그럼, 그것도 몇 번이나⋯."

할 말이 없어진 나는 쑥스럽게 말했다.

"그래도 다 알아 듣고 먹었으면 됐지. 뭘 그래~"

때때로 이런저런 이유로 불통이 되는 경우가 있다. 불통이 오해를 낳기도 하고 불신을 가져오기도 한다. 인생을 풀어가는 데 소통은 너무나 중요하다. 더 큰 은혜를 누리기 위해서는 하나님과 소통의 문을 활짝 열어야 한다.

삼위 하나님은 서로 소통을 잘하셨다. 천지창조 때도 그랬고, 예수님의 세례 장면에서도 소통하시는 하나님의 모습이 잘 나타난다. 예수님은 하늘 아버지와 늘 소통하며 사역하셨다. 한편 하나님은 자신이 만든 인간과도 교제 나누기를 기뻐하셨다. 대화를 나누고 싶어 하셨고 사람들을 위해 무엇인가를 해주고 싶어 하셨다. 그래서 예수님을 이 세상에 보내주셨다.

예수님은 하나님의 소통 방법이었다. 예수님은 인간과 비교할 수 없는 하나님이시다. 그런데 인간이 되지 않고는 소통할 수 없기에 인간의 몸을 입고 세상으로 내려오셨다. 하늘 영광과 권세를 다 내려놓은 채 죄인이 되고 율법 아래 속박받는 삶으로. 인간과 소통하기 위한 하나님의 몸부림이었다. 인간이 되어 봐야 인간의 마음을 이해할 수 있고 인간의 고통을 느낄 수가 있다. 또한 인간의 연약함도 알 수 있다. 그래서 사람이 겪는 모든 것을 다 경험하셨다.

그렇다면 우리는 어떤가? 더 큰 은혜를 누리기 위해 하나님과 얼마나 소통하는가? 날마다 주님의 음성에 귀를 기울이는가? 하나님의 말씀에 주목하고 집중하고 있는가? 삶의 현장에서 조용하게 하나님 앞에 무릎을 꿇고 머리를 조아리는가? 수시로 성령 안에서 기도하는 삶을 살고 있는가? 하나님과 소통하려는 갈망과 사모함을 가져야 한다. 세상과 너무 가까이하다 보면 하나님에 대한 갈망이 사라진다. 땅의 것을 너무 좋아하다 보면 하늘의 것에 대해 둔감해진다. 주님이 우리와 소통하기 위해 오셨다면 이제 교회도 세상과 소통해야 한다. 그리스도인들도 서로 소통하는 삶을 살아야 한다.

소통을 잘하는 비결은 바로 사랑하는 마음이다. 예수님이 인간을 찾아오신 이유가 무엇인가? 사랑 때문이다. 예수님은 죄인인 인간을 용서하고 품어주셨다. 그래서 죄인 가까이 다가오셨다. 진정한 소통은 사랑하는 마음이 있어야 한다. 서로 사랑하는 마음만 있다면 소통하지 못할 이유가 없다. 그뿐만 아니라 소통을 잘하려면 낮아지는 겸손한 태도를 가져야 한다. 사람들은 으스대고 자기 자랑을 일삼는 교만한 사람과는 가까이하고 싶어 하지 않는다. 다른 사람들을 높여주고 인정해주는 겸손한 태도를 가진 사람을 가까이하고 싶어 한다. 세상과 소통하려면 스스로 낮추는 겸손한 태도를 가져야 한다.

지혜의 왕 솔로몬이 죽자 그의 아들 르호보암이 41세에 왕이 되었다. 이 소식을 여로보암이 들었다. 여로보암은 정치적 야욕이 큰 사람이었다. 그래서 솔로몬 때에 애굽으로 피난해 있었다. 르호보암이 왕이 되자 일부 무리가 사람을 보내 여로보암을 불러올렸다. 정치적인 야망을 갖고 있던 여로보암은 열 지파를 규합해서 르호보암과 협상을 제의했다. "왕의 아버지가 우리의 멍에를 무겁게 하였으나 왕은 이제 왕의 아버지가 우리에게 시킨 고역과 메운 무거운 멍에를 가볍게 하소서. 그리하시면 우리가 왕을 섬기겠나이다"(왕상 12:4).

백성들은 솔로몬 왕 때 과중한 세금과 힘겨운 노역으로 너무 힘들었다. 그래서 왕에게 백성들의 심정을 좀 알아달라고 청원했다. 르호보암은 삼 일 후에 다시 오라고 했다. 르호보암은 솔로몬 왕을 섬기던 노인들과 의논을 했다. 잘한 일이었다. 그런데 이건 형식적인 것에 불과했다. 왜냐하면 노인들의 제안을 일축하는 것을 보면 그렇다. 노인들은 솔로몬 왕 때 백성들이 힘들어하는 걸 다 봤을 것이다. 그래서 "백성들의 요구를 들어주라"고 조언했다. 그런데 르호보암은 신중하게 귀를 기울이지는 않았다.

그런 후 르호보암은 다시 자기와 함께 자란 젊은 사람들과 의논했다. 그들은 노인들이 한 조언과는 정반대의 의견을 내놓았다. "내 아버지는 채찍으로 너희를 징계하였으나 나는 전갈 채찍으로 너희를 징계하리라"(왕상 12:11). 전갈 채찍이 무엇인가? 가죽 위에 쇠못을 박은 채찍이다. 백성들이 불만을 품고 제대로 노역을 하지 않을 때 엄벌하겠다는 것이다.

드디어 약속한 삼 일이 지났다. 여로보암을 필두로 한 협상팀이 왔다. 그때 르호보암은 포악한 말로 대답했다. "내 아버지는 너희의 멍에를 무겁게 하였으나 나는 너희의 멍에를 더욱 무겁게 할지라"(왕상 12:14). 르호보암은 노인들의 말에는 귀를 막고 젊은 사람들의 말에 귀를 열었다. 지혜로운 노인들의 경험은 수용하지 않고 거만을 떨고 있는 젊은이들의 생각을 받아들였다. 한쪽에게만 소통의 문을 열어 둔 셈이다. 결국 그게 화근이 되었다. 여로보암은 열 지파를 규합해서 반란을 일으켰고, 통일왕국은 남과 북으로 분열되는 지경에 이르게 되었다. 불통이 인생을 꼬이게 만들고 분열왕국으로 치닫게 만든 셈이다.

지혜로운 사람들은 주변 사람들의 말에 귀를 열어둔다. 물론 주변 사람들의 충고와 조언을 분별하는 것은 매우 중요하다. 무조건 수용하는 건 아닐지라도 항상 열린 귀를 갖는 게 좋다. 내가 생각지도 못한 아이디어와 해결책을 얻을 수 있기 때문이다. 귀를 열어둘지라도 마음의 문이 닫혀 있다면 아무런 소용이 없다. 마음의 문이 열려 있어야 다른 사람들의 생각을 수용할 수 있다. 고정관념과 자기 틀을 깨지 않고는 다른 사람들의 생각을 받아들이기가 힘들다. 사람은 자기가 듣고 싶은 말만 듣고 보고 싶은 것만 보는 경향이 있다.

어느 날, 시골에 살고 있는 사돈끼리 만났다.

"그동안 잘 지내셨지요?"

"시장 갔다 오는 길이에요."

"건강은 괜찮으시고요?"

"갈치를 한 손 사오는 길이에요."

"요즘 무더워서 무척 고생 많으시죠?"

"갈치 싸죠?"

개는 기분이 좋을 때 꼬리를 치켜들고 흔든다. 반대로 기분이 나쁠 때나 싸울 때는 꼬리를 내린다. 그런데 고양이는 기분이 좋을 때 꼬리를 낮춘다. 반대로 기분이 나쁠 때나 싸울 때는 꼬리를 치켜세운다. 이들이 서로 천적이어서 그렇다고 생각할 필요는 없다. 서로 신호가 달라서 싸우게 되는 것이니까. 원만한 소통을 위해서는 서로의 표현양식을 잘 이해할 필요가 있다. 그렇지 않으면 다른 표현방식과 스타일의 차이로 서로 으르렁거리게 된다.

불통하는 사람들의 특징이 있다. 교만하다는 것이다. 교만한 사람은 흔히 다른 사람들의 말에 귀를 기울이지 않는다. 자기 생각이 최고라고 여긴다. 자기 잘난 멋에 다른 사람들의 말을 무시한다. 자아로 꽉 찬 사람들은 다른 사람들의 생각을 존중하지 않는다. 더 좋은 생각을 수용하지 못한다.

세상에 짐승과 다를 바 없는 사람들이 있다. 욕망대로 사는 사람, 개념 없이 사는 사람, 양심을 접어버린 사람, 이런 사람들은 결코 소통하지 못한다. 이들은 다른 사람들의 질책을 듣지만 수용하지 않는다. 다른 사람들의 조언과 지적을 받아들이는 것도 아주 중요한 소통이다. 더구나 윗사람의 조언과 지적을 받아들이지 못하면 조직 세계에 적응할 수가 없다. 인간이 가진 욕심이 소통을 가로 막는다. 조금만 양보하고 포기하면 쉽게 소통이 이루어지는데 욕심을 부리다 낭패를 보곤 한다.

시각장애를 가진 거지와 다리장애를 가진 거지 둘이 유대인 소작농을 찾아와서 청했다.

"배가 고프니 먹을 것을 좀 줄 수 없겠습니까?"

그러자 소작농의 아내가 먹음직스러운 딸기가 가득 담긴 커다란 사발을 들고 나왔다. 딸기 냄새를 맡은 시각장애인 거지는 의구심이 생겼다. '혹시 동료가 자기를 속이지 않을까?' 그래서 한 가지 제안을 했다.

"내 눈이 안 보이니 내가 한 개를 집어먹고 자네도 한 개를 집어먹고 이런 식으로 하세. 자네는 내가 먹으면 차례를 기다렸다가 먹으라 이 말일세."

다리장애를 가진 거지는 그렇게 하겠다고 흔쾌히 동의했다. 이제 그들은 맛있는 딸기를 집어먹기 시작했다. 몇 분이 지나도록 그들은 서로 딸기를 먹는 데 정신이 팔려 한마디도 하지 않았다. 그런데 순간 시각장애를 가진 거지가 무슨 생각이 났는지 갑자기 다리장애를 가진 거지에게 욕설을 퍼부었다.

"이 도둑놈에다 거짓말쟁이야!"

다리장애를 가진 거지는 깜짝 놀라면서 버럭 화를 냈다.

"왜 나에게 욕을 하는 거야?"

시각장애인 거지가 볼멘소리로 말했다.

"이놈아, 어째서 욕을 하냐고? 나는 한 입에 두 개의 딸기밖에 넣지 않는데, 너는 양심을 속이고 한꺼번에 네 개씩 먹고 있잖아!"

"아니, 내가 한꺼번에 네 개씩 먹는지 어떻게 알았나?"

"내가 계속해서 두 개씩 먹는데도 네가 아무 말 없는 걸 보면 적어도 너는 한 번에 네 개씩은 먹는다는 뜻이잖아!"

서로 소통하기 위해서는 자기 욕심의 그릇을 비워버려야 한다. 서로에게 진실해야 한다. 그래야 마음과 마음이 이어지는 소통이 가능해진다. 하나님과 소통하지 않고서는 더 큰 은혜를 누릴 수 없다.

하나님과 소통하길 원하면 욕심의 그릇을 비워야 한다. 자기 생각과 감정, 주관을 내려놓아야 하나님과 더 원활한 소통을 이룰 수 있고, 그런 사람이 더 큰 은혜를 누리게 된다.

은혜를 위해 더 큰
순종을 디자인하라

인생 그림을 그리다 보면 불편한 상황이 있다. 상황이 여의치 않다 보니 마음이 불편해질 때도 있다. 그때 왜 불편해졌지? 하나님이 불편하게 만드셨나? 환경이 나를 불편한 세계로 끌고 가는 건가? 이렇게 접근해서는 안 된다. 문제는 불완전한 순종 때문이다. 불완전한 순종이 우리를 불편한 세계로 이끌어간다. 하나님의 은혜를 더 크게 경험하려면 더 큰 순종을 디자인해야 한다. 더 큰 은혜는 더 큰 순종과 비례하기 때문에.

한 젊은 크리스천이 불평을 늘어놓았다.

"다윗은 여호와께서 자기 목자가 되셔서 부족함이 없다고 했는데, 나는 왜 같은 하나님을 믿는데도 부족한 것이 이렇게 많을까?"

그러자 옆에 있던 친구가 핀잔을 주며 말했다.

"야, 다윗은 정말로 하나님을 자신의 목자로 인정하고 순종하면서 살았잖아. 그런데 넌 언제 한번이라도 하나님을 네 목자로 인정한 적이 있니?"

그렇다면 나는 어떤가? 다윗은 인생 말년에 살아온 날을 회고하면서 이렇게 고백했다. "여호와는 나의 목자시니 내게 부족함이 없으리로다. 그가 나를 푸른 풀밭에 누이시며 쉴 만한 물가로 인도하시는도다"(시 23:1-2). 다윗은 일평생 하나님을 목자로 삼고 살았다. 목동 시절부터 여호와의 이름을 불렀다. 어려운 위기 때마다 여호와께 물었다. 막막한 상황에서도 여호와의 이름을 찾았다. 소년 다윗이 블레셋 장수 골리앗을 향해 돌진할 때도 여호와의 이름으로 나아갔다. 평생토록 여호와를 목자로 삼고 의지해온 삶이었기에 다윗은 여호와의 마음에 합한 사람이 될 수 있었다.

다윗이 여호와라는 이름을 부를 때 적어도 두 가지 신앙고백이 함축되어 있다. 하나는 하나님은 전능하신 분이라는 것이다. 여호와는 온 우주만물을 창조하시고 이 세상을 주관하고 다스리시는 하나님이다. 또 다른 하나는 하나님은 언약을 신실하게 이루시는 분이라는 고백이다. 여호와는 언약관계를 맺은 사람들을 위해 끝까지 함께하고 보살피며 인도하시는 하나님이시다. 언약에 신실하신 하나님은 지금도 여전히 믿을 만하다.

다윗은 이런 여호와 하나님을 자신의 목자로 삼고 살았다. 그렇기에 인생의 어떤 어려움 속에서도 평안할 수 있었다. 인생의 만족이 다른 곳에서 나오는 게 아니다. 여호와 하나님을 깊이 신뢰할 때 어떤 상황이든지 그 상황에서 만족할 수 있고 감사할 수 있다.

예수님이 제자들에게 하신 말씀을 기억하고 있는가? "나는 선한 목자라. 나는 내 양을 알고 양도 나를 아는 것이 아버지께서 나를 아시고 내가 아버지를 아는 것 같으니 나는 양을 위하여 목숨을 버리노라"(요 10:14-15). 예수님은 스스로를 선한 목자로 소개하신다. 예수님은 우리를 인도하시는 것을 넘어 우리가 당해야 할 고통과 고난까지도 짊어지고 십자가에서 죽으셨다. 언제나 우리보다 앞서 가시면서 "나를 따르라"고 격려하신다. 우리는 환경과 사건에 상관없이 선한 목자를 신실하게 따라나서야 한다. 우리가 해야 할 최선의 노력이 있다면 바로 선한 목자의 인도하심에 충실히 따르고 순종하는 것이다.

때때로 그분이 앞서 가신 흔적이 희미할 때가 있다. 또 걸어갈 길이 멀어 지치고 힘겨울 때도 있다. 그럴 땐 잠시 멈춰 숨을 고르고 그분에게 집중해야 한다. 주님은 한가하게 소풍을 가신 것이 아니다. 나를 고아처럼 버려두고 어디론가 훌쩍 떠나신 것도 아니다. 선한 목자는 오늘이나 내일이나 여전히 우리 곁에 계신다. "너희는 여호와의 선하심을 맛보아 알지어다. 그에게 피하는 자는 복이 있도다. 너희 성도들아 여호와를 경외하라. 그를 경외하는 자에게는 부족함이 없도다. 젊은 사자는 궁핍하여 주릴지라도 여호와를 찾는 자는 모든 좋은 것에 부족함이 없으리로다"(시 34:8-10).

이런 분이시기에 인생을 걸 만하다. 어떤 명령이라도 순종해볼 만하다. 순종하는 게 불편하겠지만 불만족스러운 건 아니다. 불편할지라도 순종하고 나면 하나님이 베푸시는 은혜를 새롭게 느끼게 될 것이다. 편하자고 선택한 불순종이 불편한 인생을 만든다. 불편함이 불편함이 아니다. 불순종이 불편함을 생산한다. 그렇기에 평소에 순종하는 습관을 길러야 한다. 평소에 순종훈련이 되어 있지 않은 사람은 중대한 사안을 두었을 때 순종하지 못한다.

여호수아 군대는 순종으로 불가능해 보이는 여리고 전쟁을 승리로 장식했다. 그렇다면 여리고 전쟁과는 비교도 안 되는 아이성 전투는 식은 죽 먹기였다. 이스라엘 백성들은 사기충천했다. 그들이 하는 말을 들어보라. "백성을 다 올라가게 하지 말고 이삼천 명만 올라가서 아이를 치게 하소서. 그들은 소수이니 모든 백성을 그리로 보내어 수고롭게 하지 마소서"(수 7:3). 얼마 전 여리고 전쟁을 손쉽게 이겼으니 당연한 일이었다. 그들은 자신감을 넘어 자만심에 빠졌다. 여리고 전쟁을 마치 자신들의 능력에서 기인한 것처럼 여겼다. 마땅히 하나님을 의지하고 하나님의 도우심을 구했어야 했지만 그들은 하나님을 바라보지 않았다. 자신들의 능력을 의지했다. 그래서 3천 명만 보냈다.

그런데 결과는 어땠는가? 보기 좋게 참패했다. 어째서 그런 결과를 낳았는가? 이스라엘 백성들이 약해서? 그들이 교만해져서? 근본적인 원인은 하나님의 말씀에 대한 불순종 때문이었다. 그것도 한 사람의 불순종 때문이었다. 아간이라는 인물이 저지른 불순종에 대한 하나님의 진노가 그들을 불행으로 이끌어가게 했다. 아니, 이스라엘 백성 전체의 운명을 엉망진창으로 만든 것이다. 불순종이라는 죄는 이렇게 무섭다.

사실 알고 보면 너무 하찮은 일이었다. 시날산의 아름다운 외투 한 벌, 은 이백 세겔, 금덩이 하나, 이것이 탐나서 감추었을 뿐인데 아이성 전투 패배라는 엄청난 결과를 가져왔다. 그다음에 하나님의 명령을 받고 그대로 순종했을 때 아이성을 간단히 정복할 수 있었다. 하나님께서 이스라엘 공동체에 말씀하셨듯 우리에게도 말씀하실 것이다. "여호와의 말씀대로 행하라"(수 8:8). 불편해도 여호와의 말씀대로 순종해야 한다. 힘들어도 하나님의 말씀대로 반응해야 한다. 속상할지라도 하나님의 말씀대로 살아갈 때 하나님은 우리를 더 큰 은혜의 강가로 인도해가신다.

아람 군대 장군 나아만을 보라. 그는 큰 용사로 백성들과 왕으로부터 존경받는 사람이었다. 사회적 위치가 괜찮은 사람이었다. 재력이나 권력에 있어서도 부족함이 없었다. 그렇다고 행복하다고 말할 수 있는 건 아니었다. 삭개오도 그런 인물이 아니던가? 세상적으로 부족함이 없었지만 그럼에도 행복하다고 말하기에는 부족한 인생, 인생이란 다 그런 것이다. 사회적인 조건과 행복지수는 별개의 문제이다. 여하튼 나아만 장군을 불행하게 만드는 건 그에게 있던 지병이었다. 그는 나병환자였다. 한 나라의 군대를 통솔하는 최고의 장군이 이런 저주스러운 질병에 걸렸으니 얼마나 고민이 컸겠는가? 지병을 치료받기 위해 백방으로 노력했을 것이다. 돈도 엄청나게 허비했을 것이다.

그런 그에게 생각지 못한 희망의 불빛이 비쳤다. 히브리 출신의 여종 하나 때문이다. 그는 나아만을 엘리야와 만날 수 있도록 주선해주었다. 인생을 새롭게 할 수 있는 만남의 순간이었다. 그런데 정작 엘리야를 만났을 때 모든 희망이 사라졌다. 엘리야라는 작자가 거들먹거리는 것을 두고 볼 수 없었다. 그가 제안하는 것을 받아들이기가 힘들었다. 요단강에 몸을 일곱 번 씻으라고? 그것도 직접 나오지도 않고 사람을 보내서 이런 제안을, 이런 대접을 받자고 이곳까지 달려왔단 말인가? 이런 방정식을 얻으려고 여기까지 오느라 고생했단 말인가? 속이 상했다. 자존심이 너무 상했다.

나아만은 치밀어 오르는 분노를 감당하기 힘들었다. "내 생각에는⋯." 이게 그의 인생을 꼬이게 만들 뻔했다. 더 큰 은혜의 세계로 나갈 수 없을 뻔했다. 그가 생각하기에 요단강보다 아람에 더 좋은 물이 있었다. 거기서 목욕하는 게 훨씬 나을 것 같았다. 그런데 여기까지 오느라 고생을 해? 화가 치밀었다. 그때 그의 종들이 화가 난 나아만 장군을 달랬다. 다행히 나아만은 그들이 하는 말에 귀를 기울였다. 그리고 "하나님의 사람의 말대로" 순종하여 요단강으로 들어갔다(왕하 5:14). 한 번, 두 번, 세 번⋯. 그런데 아무런 변화가 일어나지 않았다. 고민에 빠졌다. 마음이 조급해졌다. 그래도 멈추지 않았다. 여섯 번, 일곱 번⋯. 마지막까지 순종했다. 그때 놀라운 변화가 일어났다. 그의 살이 어린아이의 피부처럼 회복되어 깨끗하게 되었다. 그의 인생은 완전히 달라졌다.

바로 이것이다. 마지막까지 온전하게 순종하는 것, 하나님은 온전한 순종을 요구하신다. 아홉 가지의 법을 다 지킨다고 할지라도 하나를 지키지 못한 것 때문에 일을 그르친다. 99%의 순종도 불완전하다. 하나님은 100% 완전한 순종을 요구하신다. 하나님의 사람이 고백해야 할 것이 있다. 사도 요한처럼 "주 하나님 곧 전능하신

이시여 하시는 일이 크고 놀라우시도다. 만국의 왕이시여 주의 길이
의롭고 참되시도다"(계 15:3)라는 신앙고백이 흘러 나와야 한다. 우
리는 주의 길을 온전히 따라야 한다. 어떤 일이 있더라도, 어떤 상황
일지라도, 그게 불편하게 생각될지라도 절대 순종해야 한다. 그것이
더 큰 은혜의 세계로 나아가는 지름길이다. 더 큰 순종을 준비하는
성도가 더 큰 은혜를 누리게 된다.

갈망하며 시대적
트렌드를 거스르라

　　　　　우리는 흔히 말한다. "세월이 약이다." 정말로 그렇
다. 견딜 수 없을 정도로 힘들었던 것도 세월이 흐르면서 자연스럽
게 치유된다. 그렇게 아팠던 기억도, 가슴 아픈 상처도 세월이 흐르
면서 조금씩 아물어간다. 하나님은 시간을 통해 치유와 회복의 은혜
를 베푸시기도 한다.
　세월이 가진 또 다른 신비가 있다. 세월은 바꾸는 힘을 가지고
있다. 세월이 흐르면 사람도, 성격도, 제도도, 문화나 풍습도 변하기
마련이다. 무심히 흘러가는 시간이 사람을 바꿔 놓는다. 입는 것도,
먹는 것도, 행동이나 생각하는 것까지 달라진다. 젊은 시절에는 육
식을 좋아한다. 그런데 시간이 흐르면서 채식이 좋아진다. 부부간에
도 젊은 시절에는 상처를 일부러 만드는 경우가 있다. 그런데 세월

이 흘러가면서 애틋한 정이 더욱 생긴다. 서로를 바라보면서 측은지심을 갖게 된다.

사람은 이렇게 흐르는 세월에 의해 바뀐다. 화장도 세월에 따라 달라진다고 하지 않던가! 10대는 치장, 20대는 화장, 30대는 분장, 40대는 변장, 50대는 위장, 60대는 포장, 70대는 환장, 80대는 끝장! 세월의 흐름에 따른 변화를 피할 수가 없다면 우리가 해야 할 중요한 과제가 있다. 변화의 방향을 조정하는 것이다. 사람들은 변화의 속도에 관심을 곤두세운다. 그런데 변화의 속도보다는 변화의 방향이 더 중요하다. 우리는 어느 쪽으로 바뀔 것인가를 선택해야 한다. 그것이 하나님의 은혜를 담는 잣대가 될 수도 있다.

세월이 흐르면서 에베소교회처럼 사랑이 식어갈 수도 있고 더 짙은 사랑으로 나아갈 수도 있다. 세월이 흐르면서 매너리즘에 빠질 수도 있고 날마다 새로운 변화를 즐기며 살아갈 수도 있다. 세월이 흘러감에 따라 감사하는 사람으로 바뀔 수도 있고 불평불만으로 가득한 사람으로 바뀔 수도 있다. 영적인 퇴보를 거듭할 수도 있고 영적인 성장을 주도할 수도 있다. 세월이 흐르면서 고리타분하고 지저분한 노인네로 늙어갈 수도 있다. 그러나 희끗희끗한 백발에 느긋하고 여유 있는 인격을 갖춘 중후한 노인으로 변해갈 수도 있다. 누군가 나를 향해 '중후한 맛이 난다'고 하는 게 왜 그리 듣기 좋던지.

지금 나는 어느 방향으로 변해가고 있는가? 아무리 몸부림쳐도 변할 수밖에 없다. 그렇다면 변화에 대해 저항하려 애쓰기보다 오히려 변화의 방향에 집중해야 한다. 긍정적인 방향으로 변화의 물꼬만

트게 된다면 시간이 흐름에 따라 인생도 달라진다. 나는 어떤가?

세월의 흐름에 따라 우리가 주목해야 할 또 다른 것이 있다. 아무리 세월이 흘러도 변해서는 안 될 것은 변하지 않도록 목숨을 걸고 지켜야 한다. 레갑 자손은 250여 년의 세월이 흘렀지만 요나답이 준 명령과 계명을 잊지 않고 지켰다. 요나답은 후손들에게 당부했다 (렘 25:6-7). 첫째, 너희와 너희 자손은 영원히 포도주를 마시지 말라. 둘째, 집도 짓지 말고 평생 장막생활을 하라. 셋째, 파종도 하지 말고 포도원도 소유하지 말라. 레갑 족속은 세월이 흘러도 지킬 것은 지키며 살았다. 하나님의 말씀을 귀담아 듣지 않고 하나님의 명령에 불순종한 유다 백성들과는 차원이 달랐다.

레갑 족속은 장막에 살며 떠도는 유목민족으로 도시문화에 동화되기를 거부한 사람들이었다. 원시적이고 세련되지 못한 사람들이었다. 이들이 사막에 돌아다니다가 바벨론이 쳐들어오자 그 위험을 피하기 위해 일시적으로 예루살렘에 들어와 살았다. 예루살렘 시민들은 이상한 족속이 우리 가운데 들어왔다고 수군대기 시작했다. 레갑 족속은 순식간에 예루살렘 시민들의 뉴스 초점이 되었다. 그런데 하나님은 이스라엘 백성들을 교육하기 위해 이 이상한 레갑 족속을 실물교육의 도구로 사용하셨다.

사람들은 말한다.

"성공하려면 트렌드를 잘 읽어야 한다."

"세상을 빠르게 따라 잡아야 한다."

"세상을 읽는 게 세상을 얻는 것이다."

그런데 예수님은 트렌드를 따라 가지 않았다는 사실을 알고 있는가? 예루살렘으로 입성하시는 우리의 왕을 보라(막 11:1-10). 예수님이 타신 것은 나귀 새끼였다. 당시 로마 황제나 장군들이 자기 성으로 개선행진을 한다고 생각해보라. 얼마나 화려한 퍼레이드를 벌이겠는가? 그런데 왕이신 예수님의 행진은 보잘것없이 초라했다. 왕의 행진은 맞되 보잘것없었다. 사람들이 옷을 벗어서 길 위에 놓고 나뭇가지를 꺾어서 그 위에 놓은 초라한 개선행렬이었다. 예수님은 이방 집권자들이 걸었던 길을 거부하셨다. 화려한 왕이 아닌 고난받는 종의 길을 걸으셨다. 폭력과 불의를 일삼는 당시의 폭군들과는 달리 겸손한 평화의 왕으로 예루살렘으로 입성하셨다. 십자가의 죽음으로 세계를 정복하는 길을 선택하셨다. 트렌드와는 전혀 다른 길이었다.

그때 제자들과 무리는 "호산나 다윗의 자손이여"(마 21:9)라고 환호성을 보냈다. 그들이 열광한 이유는 무엇인가? 그들은 예수님을 강력한 카리스마를 가진 정치적인 메시아로 오해했다. 얼마 있지 않으면 예수님이 로마 정부와 악한 세력들을 멸하고 유대 민족을 해방시킬 것을 기대하고 있었다. 예루살렘에 영광스러운 새로운 왕국이 건설될 것을 기대하고 있었다. 예수님이 걸어가시는 메시아 길과 사람들이 그려놓은 메시아 길이 서로 달랐다. 무리는 '내가 만들어놓은 왕'을 원했다. 많은 그리스도인이 주님과 다른 생각과 다른 기대를 가지고 따라가고 있다. 그러면서도 예수님의 제자라고 착각하고 있다. 우리는 점검해봐야 한다. 예수님과 같은 길을 걷고 있는가, 아니면 예수님과 다른 길을 추구하고 있는가?

요즘은 스피드시대이다. 시대를 앞서가려면 남보다 한 템포 빨라야 한다고 생각한다. 그래서 빨리빨리 해치우려고 한다. 그런데 스피드보다 더 중요한 것이 있다. 바로 안정성이다. 안정성이 신중함과 견고함을 낳고 영구성을 가져온다. 세상은 강함을 원한다. 약함을 부끄러움과 수치로 여긴다. 정말 그런가? 예수님은 강하신 분이다. 그러나 약함의 길을 걸으셨다. "그리스도께서 약하심으로 십자가에 못 박히셨으나"(고후 13:4). 약함은 절대 부끄러운 것이 아니다.

약함에는 비밀이 담겨 있다. "그러므로 내가 그리스도를 위하여 약한 것들과 능욕과 궁핍과 박해와 곤고를 기뻐하노니 이는 내가 약한 그때에 강함이라"(고후 12:10). 우리의 약함에 하나님의 능력이 임한다. 강함은 자기 자랑을 낳는다. 교만을 가져온다. 그러나 약함은 겸손하게 한다. 주님에 대한 의존성을 강화시킨다. 주님의 도우심을 바라고 손을 내밀게 한다. 나의 약함 위에 그리스도의 능력이 임하게 된다. 그래서 약함은 하나님이 주시는 은혜이다. 예수님은 부요하신 분이다. 그러나 가난한 길을 걸으셨다(고후 8:9). 가난한 길을 통해 모든 사람을 부요하게 하는 길을 택하셨다. 이것이 바로 그리스도인이 걸어가야 할 길이다. 트렌드에 밝지 못한 예수님처럼 세상의 트렌드에 둔감한 제자!

세상의 흐름에 밀려가는 약삭빠른 제자가 되지 않으려면 세상을 거스르는 훈련을 해야 한다. 거꾸로 살기! 역풍을 일으키는 능력을 가진 제자가 필요하다. 치열한 경쟁 속에서 살아남기 위해 애쓰는 사람들의 틈바구니에서 죽는 훈련을 하는 제자, 움켜잡기에 익숙한 세상 속에서 내려놓고 포기하는 훈련을 하는 제자, 이기려고 사투하는 세상 속에서 지는 훈련을 하는 제자, 이런 제자들이 그리워지는 세대이다. 이 정도는 돼야 세상을 감동시킬 수 있다. 세상을 감동시켜야 전도가 되고 세상을 변화시킬 수 있다.

수컷들의 심리를 따라 살아가는 현대판 그리스도인이 얼마나 많은가? 세상 사람들처럼 예수쟁이도 애인을 두고 있는 판국이다. 교회 안에서 눈이 맞아 바람을 피우기도 한다. 동창모임에서 옛 친구를 만났다가 불륜으로 치닫기도 한다. 젊은이들은 동성연애 코드를 받아들이고 있다. 혼전순결은 이제 고리타분한 구시대의 유물이 되고 말았다. 등록금을 내기 위해 아버지 같은 남자를 만나고, 휴가비를 마련하려는 딸과 같은 아이들을 취하는 작자들도 있다. 그런데 이것이 세상 사람들의 전유물만은 아니다. 우리도 모르는 사이에 제자들의 삶에도 묻어 있다. 그래서 가슴이 아프다.

교회라고 뭐가 다른 걸까? 그리스도인이라고 다르게 특징지어지는 건 뭘까? 주어진 힘을 갖고 다른 사람들을 누르고 통제하려는 사람들, 학벌이나 집안을 자랑하느라 입이 쉴 틈 없는 사람들, 학연과 지연으로 정치적, 사회적 인맥을 만들어가려는 사람들, 아빠 찬스, 엄마 찬스를 노리고 있는 사람들, 한탕 대박을 치기 위해 부동산 투기와 주식 투자에 빠진 사람들, 도대체 우리가 다른 건 뭘까? 세상 사람들처럼 육체의 욕망을 추구하고, 세상 사람들이 좋아하는 걸 좋아하며, 그들이 원하는 것을 찾아다니고 있지 않은가? 그러면서 하나님의 나라를 보여줄 수 있을까? 그러면서도 하나님의 은혜를 갈망하고 있지 않는가?

야곱은 가나안 땅으로 돌아왔다. 장자권이 탐나서 아버지를 속이고 외삼촌 댁으로 도망가면서 하나님을 뵈었던 벧엘, 지금 야곱은 바로 그리로 돌아가서 하나님과의 약속을 지켜야 했다. 그런데 그는 세겜 땅에 머물렀다. 어느 날, 야곱의 딸 디나가 외출을 했다. "그 땅의 딸들을 보러" 나갔다(창 34:1). 세겜 땅의 여인들이 살아가는 모습이 보고 싶었다. 어떤 옷을 입고 다니는지, 어떤 치장을 즐기는지, 무슨 생각을 하며 사는지 세겜 땅의 문화를 알고 싶었다. 트렌드를 읽고 싶었다. 그들의 삶을 모방하고 어울리고 싶었다. 그런데 그게 화근이었다.

그 땅의 추장 히위족속 세겜이 디나를 겁탈한 것이다. 파렴치한 행동을 하고 사과도 하지 않은 채 결혼하게 해달라고 간청했다. 그러자 야곱의 아들들은 자기 동생을 창녀처럼 여긴 세겜의 오만방자한 태도를 눈 뜨고 볼 수 없었다. 그래서 할례를 받지 않은 사람에게 우리 누이를 줄 수 없다고 해서 할례를 하게 했다. 물론 거기에는 교묘한 술수가 감춰져 있었다. 할례를 받고 거동이 불편한 점을 이용해서 시므온과 레위가 기습했다. 세겜성의 모든 남자를 무참하게 살육하고 물건을 노략하며 그들의 모든 재물을 몰수했다. 잔인한 복수극이었다.

이쯤 되자 야곱은 주변 가나안 사람들이 보복하지 않을지 두려웠다. 그래서 시므온과 레위를 책망했다. 그런데 그 책망의 소리를 들어보라. "나는 수가 적은즉 그들이 모여 나를 치고 나를 죽이리니 그러면 나와 내 집이 멸망하리라"(창 34:30). 아들들이 저지른 잘못된 행동에 초점이 있는 게 아니었다. 자신의 안위에 관심이 있었다. 수적인 열세에 민감했다. 하나님을 바라보는 믿음의 시각은 찾아볼수가 없었다. 하나님을 잊어버리니 세상의 트렌드가 지배하고 있었던 것이다. 이러한 야곱에게 나타나신 하나님이 벧엘로 올라가라고 지시하셨다(창 35:1). 혼쭐이 난 야곱은 다시 벧엘로 돌아와 하나님께 제사드렸다. 트렌드를 따라 잡기보다 더 중요한 건 하나님의 마음을 읽는 것이다. 하나님의 생각을 파악하는 것이다. 트렌드는 거스르고 하나님의 뜻에는 순종해야 한다. 그래야 하나님의 은혜의 세계로 진입할 수 있다. 하나님의 은혜의 물줄기는 트렌드에 밝음이 아니라 하나님의 경륜에 순종하는 믿음에 달려 있다.

더 큰 은혜를 담을
인생 모드로 조정하라

호세아 선지자처럼 가슴 아픈 사람이 있을까? 그는 결혼마저 자기 마음대로 할 수 없었던 사람이었다. 하나님이 호세아를 부르면서 말씀하셨다. "너는 가서 음란한 여자를 맞이하여 음란한 자식들을 낳으라"(호 1:2). 백성들 앞에서 하나님의 말씀을 대언해야 할 사람이 아닌가? 그런데 음란한 여자를 취하라고? 음란한 자식들을 낳으라고? 물론 하나님에게는 다 계획이 있기에 그렇게 명령하신 것이다.

그럴지라도 호세아로서는 납득하기 어려웠다. 받아들이고 싶지 않았다. 그러나 호세아는 하나님을 설득하려는 요나와는 달랐다. 자기 마음에 들지 않으면 도망가버리는 요나와는 달랐다. 하나님의 말씀대로 순종했다. 호세아는 그렇다 치고 하나님은 도대체 왜 이런 명령을 하신 걸까? 답은 여기에 있었다. "이 나라가 여호와를 떠나 크게 음란함이니라"(호 1:2). 하나님은 영적으로 음란한 이스라엘 백성들을 고치기 위해 호세아 선지자의 가정을 실물교육 도구로 사용하신 것이다.

사람들은 스피드를 중요하게 생각한다. 그런데 하나님은 스피드보다 방향에 신경을 쓰신다. 방향 설정이 잘못되면 스피드가 큰 화근이 된다. 운전 방향을 낭떠러지로 잡은 채 가속 페달을 밟아보라. 사지로 치닫는 것이다. 그럴 때는 차라리 스피드를 내지 않는 게 좋다. 인생은 스피드를 내기 전에 먼저 방향이 바로 설정되어 있는지 점검해봐야 한다.

베드로는 자신도 속고 있었다. 예수님이 "너희는 나를 누구라 하느냐"(마 16:15)라고 질문했을 때, 멋진 신앙고백을 했다. "주는 그리스도시요 살아계신 하나님의 아들이시니이다"(마 16:16). 그러자 예수님은 베드로에게 한없는 축복을 내려주셨다. "바요나 시몬아 네가 복이 있도다"(마 16:17). 예수님은 베드로(반석)라는 이름을 주시고 반석 위에 내 교회를 세우리라고 말씀하셨다. 그리고 천국 열쇠를 그에게 주리라고 약속하셨다. 그 후에 자신이 고난받을 것과 다시 살아날 것에 대해 제자들에게 말씀해주셨다. 그러자 베드로가 나서서 만류했다. "주여 그리 마옵소서. 이 일이 결코 주께 미치지 아니하리이다"(마 16:22). 예수님을 사랑하는 제자의 마음으로 한 말이었다. 걱정해서 충성으로 한 행동이었다. 그러나 예수님은 책망하셨다. "사탄아 내 뒤로 물러가라. 너는 나를 넘어지게 하는 자로다. 네가 하나님의 일을 생각하지 아니하고 도리어 사람의 일을 생각하는도다"(마 16:23). 베드로 스스로도 속고 있었다. 사탄이 하는 일에, 인간적인 정에….

사실 누구에게나 가능성 있는 말과 행동이 아닌가? 제자로서 당연히 해야 할 바가 아닌가? 그런데 그게 잘못된 모드였다는 사실! 인간미 넘치는 발언이었다. 스승을 위하는 제자의 애틋한 정이 담긴 행동이었다. 하지만 하나님이 엮어가시는 구원의 경륜을 이해하지 못한 행동이었다. 메시아의 길을 오해한 말이었다. 자신도 모르는 사이에 하나님의 일보다 사람의 일에 초점이 맞추어져 있었던 것이다.

그렇기에 우리 역시 사람의 일을 도모하면서도 하나님의 일을 한다고 착각하며 살 수 있으니 주의해야 한다. 악한 일을 도모하는 사람들을 보라. 다들 말한다. 진리를 위해 싸운다고. 정의를 위해 싸운다고. 교회를 위해 자신을 희생한다고. 내가 총대를 매는 것이라고. 그런데 사실 거짓말을 하고 사기를 친다. 남을 중상모략하고 억울하게 모함한다. 불의를 행하면서도 자신은 의로운 줄로 착각한다. 스스로 속고 있다는 것이다. 사람의 일을 하면서 하나님의 일로 착각하고 있는 것이다.

밥 쇼그린은 강아지 한 마리와 고양이 한 마리를 키우면서 '고양이와 개의 신학'을 발전시켰다. 어느 날, 퇴근해서 집으로 돌아왔다. 개는 주인을 열렬히 환영하는 공식 접대원이 되었다. 주인에게 자신의 깊은 사랑과 유대감을 적극적으로 표시했다. 그런데 고양이는 주인에게 아는 체도 하지 않았다. 그러다가 살며시 다가와 주인의 다리에 머리를 대고 "당신은 내거야"라고 하는 정도의 애정표현을 했다. 그리고 이내 의자로 다가가 똑같은 행동을 했다. 그 순간 고양이의 삶에서 주인은 의자 수준으로 전락하고 말았다.

'고양이 신자'는 자신밖에 모른다. 하나님은 자신에게 복을 주시기 위해 존재해야 하고, 자신의 교회 외에 다른 교회나 다른 사람들에게는 아무런 관심이 없다. 그런데 '강아지 성도'는 차원이 다르다. 자신은 하나님의 영광을 위해 존재하고 삶의 주인이신 하나님 앞에 자신을 기꺼이 드리길 원한다. 자신뿐만 아니라 모든 열방 속에 하나님의 나라가 확장되기를 기도한다. 참 제자는 믿음의 모드가 어떻게 설정되어 있는지를 점검해봐야 한다.

태어날 때부터 욕심 많기로 유명한 야곱, 그는 경쟁적이고 투쟁적인 사람이었다. 원하는 게 있으면 수단과 방법을 가리지 않고 차지해야만 하는 성격이었다. 인생을 한 편의 드라마 극본처럼 써내려갔던 인생이었다. 그는 끓어오르는 열정을 가지고 살았다. 그러나 방향에 문제가 있었다. 인간적인 방법으로 자신의 원하는 것을 채우길 원했다. 그 결과 그는 고통을 자처했다.

그럼 그의 형 에서는 어땠는가? 히브리서 기자는 에서를 가리켜

'망령된 자'(히 12:16)라고 규정한다. 팥죽 한 그릇에 장자권을 팔았으니. 에서는 인생의 진정한 가치를 분별할 줄 몰랐다. 그는 육신적인 가치만 알았지 영적인 가치는 몰랐다. 눈물을 흘리면서 간청했지만 때늦은 후회는 소용없었다. 그래서 더 큰 은혜를 누리기 위해서는 뒤늦게 후회하기 전에 일찌감치 모드를 조정해야 한다.

아합 왕은 하나님의 종을 괴롭혔다. 엘리야가 진리를 선포하는 게 싫었다. 자신의 불의에 동조하지 않는 게 불쾌했다. 자기 권력에 무릎 꿇지 않고 야합하지 않는 게 못 마땅했다. 그래서 죽이려 대들었다. 도망가는 것을 쫓아다니느라 분주했다. 백성들을 유익하게 하기 위한 정치에 분주한 게 아니라 하나님의 종을 죽이려고 추격하는 데 분주했다. 바보 같은 인생을 살았다. 하나님의 종이 바른 말을 하는 건 당연하건만 그걸 그냥 두고 볼 수 없었다. 그의 마음은 점점 더 사악하고 불의하고 완악한 상태로 치달았다. 마음의 모드를 조정했어야 하는데 그렇게 하지 못했다. 그러니 하나님의 은혜를 자기 발로 차버리는 격이다.

어느 스승이 한 젊은이를 제자로 두었다. 그런데 그 제자는 무슨 불만이 그리 많은지 늘 불평을 늘어놓았다. 하루는 스승이 제자를 불러 말했다.

"소금 한 사발과 마실 물 한 잔을 가져오너라."

제자가 소금 한 사발과 물 한 잔을 준비해왔다. 그러자 스승은 소금을 잔 안에 넣은 다음에 그 물을 마시게 했다. 제자는 얼굴을 찡그리며 마셨다. 그러자 스승이 물었다.

"맛이 어떠냐?"

제자는 화가 잔뜩 난 목소리로 내뱉었다.

"짭니다!"

스승은 제자를 가까운 호수로 데려갔다. 조금 전과 같은 양의 소금을 호수에 집어넣고 휘휘 저어 그 물을 마시게 했다. 그리고 제자에게 다시 물었다.

"맛이 어떠냐?"

"시원합니다."

"짜지 않느냐?"

"안 짭니다."

스승이 말했다.

"인생의 고통은 소금과 같단다. 짠맛의 정도는 담는 그릇에 따라 달라지지. 네 속에 고통이 있다면 네가 잔이 되지 말고 호수가 되어라."

마음의 크기가 잔과 같은 사람이 있다. 어차피 마음 씀씀이로 인생을 엮어가게 되는데 마음 크기가 작다 보니 사소한 일에도 걸리는 게 많다. 마음의 크기를 넓혀보라. 웬만한 일은 눈감아줄 수 있다. 죽고 사는 문제가 아니라면 이해하고 용납하면 어떨까?

때로는 창조적 파괴가 필요하다. 저마다 자신을 지키고 보호하기 위해 방어벽을 쌓는다. 그런데 때로는 새로운 창조를 위해 과감하게 파괴해야 한다. 파괴하는 건 힘들다. 아프고 고통스럽다. 그러나 깨지고 부서진 그곳에서 새로운 창조활동이 일어난다. 인생을 제대로 그리려면 관리기술을 계발해야 한다. 자신을 철저히 관리해야 한다. 잘못된 모드를 과감히 고치고, 잘못된 기질은 주저 말고 내던져야 한다. 유익하지 않은 습관이라면 과감히 버리고, 하나님이 기뻐하시지 않는 비전이라면 언제라도 방향 전환을 해야 한다. 인생을 하나님께 맡기고 살아가는 습성을 들여야 한다.

신천옹이라 불리는 바닷새가 있다. 우리나라에서는 나그네새로 알려져 있다. 이 새의 길이는 80~91cm 정도인데 날개를 펴면 2m 정도가 된다. 이 새는 장수해서 60년을 산다. 그 이유가 뭘까? 이 새는 나는 데 필요한 힘의 99%를 바람에 맡긴다. 자신의 날갯짓은 겨우 1% 정도일 뿐이다. 자신을 바람에게 전적으로 맡기다 보니 폭풍도 즐길 수 있다. 바람이 불면 큰 날개를 펴면 된다. 그 순간 글라이더가 되어 하늘에서 멋진 연출을 한다. 그래서 중국에서는 '하늘을 믿고 나는 노인' 이라는 뜻으로 '신천옹' 이라 부른다.

제자도 그렇다. 하나님께 자신을 온전히 맡겨야 한다. 바닷새가 자신을 바람에게 맡길 때 하늘을 날며 즐길 수 있다. 우리 인생도 그렇다. 하나님께 맡길 때 영혼이 자유롭고 인생을 즐길 수 있게 된다. "네 길을 여호와께 맡기라. 그를 의지하면 그가 이루시고"(시 37:5). 무계획이 계획이라는 말이 있다. 우리의 미래를 하나님이 가장 잘 아시기 때문에 하나님께 맡기고, 하나님께 붙들린 인생을 살아간다는 뜻이다. 그것이 은혜의 삶 아니던가! 그렇기에 하나님은 더 큰 은혜의 세계로 이끌어가시지 않겠는가!

고갈되지 않는
은혜의 광맥을
찾으라

G · r · a · c · e

─────── 더 할 수 없이 크신 하나님의 사랑과 은혜를 경험한 사람들은 공통적으로 고백한다. 내 입으로 다 형언할 수 없고 일평생 종으로 섬긴다 해도 다 갚을 수가 없을 정도로 과분하다고. 하나님의 사랑, 하나님의 은혜는 결코 메마르거나 고갈되지 않는다. 영원히 목마르지 않는 생수를 예수 그리스도의 품 안에 안기면 발견할 수 있고 천국의 보화를 발견하면 얼마든지 경험할 수 있다. 만약 하나님의 사랑과 은혜가 고갈된 것처럼 느껴진다면 그 책임은 전적으로 하나님을 등지고 배역한 인간에게서 찾아야 한다.

기독교의 판도를 갈라놓았던 영적 거장 존 칼빈, 그는 인간이 개인적으로 구원받는 것도 하나님의 은혜이지만 교회의 회복도 오직 하나님의 은혜로 이루어진다고 말한다. 그렇다. 하나님을 아는 것, 자신의 죄를 볼 수 있는 것, 그리스도 안에 나타난 하나님의 사랑을 느낄 수 있는 것, 그리스도를 통해 하나님 나라를 소유할 수 있는 것, 이 모든 것이 값없이 주시는 하나님의 선물이다. 어디 그뿐인가? 병들고 비뚤어진 교회가 회복되는 것도, 아무 쓸모없을 것 같은 인생이 변화되는 것도, 완악하고 완고한 마음이 온유하고 부드럽게 바뀔 수 있는 것도 모두 하나님의 은혜로밖에 설명할 수 없다.

사실 칼빈은 걸어 다니는 종합병원이라고 할 정도로 병약한 사람이었다. 그런 그가 당시 철옹성과 같은 가톨릭 및 이단들과 치열한 논쟁을 하고, 종교개혁가로, 신학자로, 설교자로, 목회자로, 저술가로 방대한 일을 해낼 수 있었던 것 자체가 하나님의 은혜가 아닐 수 없다. 그렇기에 '오직 은혜'(Sola Gratia)를 목 터지라 외치지 않았던가!

그렇다. 하나님이 거저주시는 은혜의 광맥을 발견한 사람이 참된 지혜자이자 진정 행복한 인생이다. 이제 하나님의 고갈되지 않는 은혜의 광맥을 어디서, 어떻게 찾아야 하는지 고민해보자.

인생 맵인 성경 말씀을
활용하라

하나님 은혜의 광맥은 인생 맵인 진리의 말씀에서 찾을 수 있다. 하나님의 말씀은 인생의 등이요 빛이다(시 119:105).

하나님의 말씀은 믿음 성장의 촉진제이다(롬 10:17). 말씀을 들음으로써 믿음은 자란다. 하나님의 말씀은 영혼의 양식이다(욥 23:12). 그렇기에 욥의 고백처럼 정한 음식보다 하나님의 말씀을 귀히 여겨야 한다. 하나님의 말씀은 인생의 잣대이다. 우리는 모든 행동 기준을 하나님의 말씀으로 삼아야 한다(딤후 3:17). 하나님의 말씀은 그리스도인의 멘토와 같다. 하나님의 말씀에서 조언을 얻고 충고를 받아야 한다. 인생 맵인 하나님의 말씀을 잘 활용하는 사람이 지혜로운 인생 건축자가 될 수 있고 인생을 아름답게 가꿀 수 있다.

사납던 개도 며칠만 굶으면 기운이 없어지고 무기력하게 죽어간다. 그런데 거북이는 500일 동안 음식을 먹지 않고도 견딜 수 있다고 한다. 그래서 미국에서는 영의 양식을 먹지 않고도 잘 살아가는 교인을 '거북이 교인'이라고 비꼰다. 성경 말씀을 먹지 않고 살아가는 거북이 교인은 겉으로는 살아 있는 것 같지만 영적으로는 죽은 것이다.

부실공사로 수많은 사람의 생명을 빼앗아가는 경우가 있다. 부실인생으로 한가족을 불행으로 내모는 경우도 있다. 부실신앙으로 마지막 때 눈물 흘릴 사람들도 적지 않다. 문제는 '지금'이 아니다. 지금은 '착각'한 채 살아가니까 문제가 없다. 그런데 '그날, 그때'가 문제이다. "그날에 많은 사람이 나더러 이르되 주여 주여 우리가 주의 이름으로 선지자 노릇 하며 주의 이름으로 귀신을 쫓아내며 주의 이름으로 많은 권능을 행하지 아니하였나이까 하리니 그때에 내가 그들에게 밝히 말하되 내가 너희를 도무지 알지 못하니 불법을 행하는 자들아 내게서 떠나가라 하리라"(마 7:22-23).

최후 심판의 때인 '그날, 그때'가 되기까지는 까맣게 몰랐다. 그런데 그날, 그때는 돌이킬 수 없는 지경이 되었다. 누가 성수대교가 무너질 줄 알았는가? 세월호 참사가 일어날 줄 알았겠는가? 누가 유병언이 비참한 최후를 맞을 것이라 생각했겠는가? 그런데 그날, 그때는 반드시 다가온다. 그렇기에 심판의 때가 다가오기 전에 빨리 부실한 것을 수습해야 한다. 그렇지 않으면 마지막 때에 감당할 수 없는 슬픔과 아픔을 겪을 것이다.

'아직도 부족한 그 무엇'이 있다! 그것을 발견해서 부실한 점을 빨리 수습해야 한다. 그래서 '그날, 그때'에 엄청난 아픔과 슬픔을 피해야 한다. 선지자 노릇으로는 부족하다. "주여 주여" 하는 것으로도 부족하다. 화려한 사역으로도 부족하다. 주의 이름으로 귀신도 쫓아냈다. 주의 이름으로 많은 권능도 행했다. 사람들의 박수도 받고 이목도 끌었다. 바벨탑도 높이 쌓았다. 그런데 주님은 "나는 너를 도무지 모른다"고 하신다. 지금까지 스스로에게 속은 것이다. 착각하고 산 것이다. 불법을 하면서도 하나님의 일을 한다고 착각한 것이다. 하나님의 말씀을 듣는 것으로도 부족하다. 산상보훈을 아무리 들었을지라도, 주님이 주시는 천국 복음을 아무리 들었을지라도 그것으로는 부족하다. 하나님의 말씀을 듣고 행하는 자가 천국에 들어갈 수 있다.

지혜로운 건축자는 반석 위에 집을 세운다. 그 반석이 무엇인가? 주님의 말씀을 듣고 행하는 것이다. 말씀을 듣는 것만으로는 부족하다. 주님의 말씀을 행동으로 옮겨야 한다. 삶의 변화를 가져와야 한다. 열매를 맺어야 한다. 예수님의 말씀을 삶의 기반으로 삼고 그대로 행하는 참 제자가 되어야 한다.

마지막 날 주님께 인정받는 인생을 살려면 인생 맵인 하나님의 말씀을 잘 활용해야 한다. 그러기 위해서 먼저 하나님의 말씀에 '접속' 해야 한다. 말씀에 접속하기 위해 읽고 듣고 묵상해야 한다. 이때 중요한 점은 '나' 에게 주시는 메시지로 받아야 한다는 것이다. 자기 '마음의 밭' 을 점검해야 한다. 그리고 '잘' 들어야 한다. 그렇지 않으면 바리새인과 서기관들처럼 말씀을 들으면서 분노한다. 그뿐만이 아니라 '신체적인 귀' 를 기울이기에 앞서 '마음의 귀' 부터 기울여야 한다. 하나님의 말씀을 묵상하면서도 하나님의 말씀에 접속하지 못할 수도 있기에 마음의 귀를 여는 일이 중요하다. 그다음 단계로 들은 말씀을 행동으로 '실천' 해야 한다. 삶 속에 구체적으로 적용하고 실천하지 않으면 아무런 효력을 발휘할 수 없다. 이때 취사선택하려는 유혹을 떨쳐야 한다. 계산이 들어가지 않는 절대적인 순종만 있어야 한다.

내가 일상에서 하나님의 말씀으로 간섭받고 통제받고 있는지 한번 점검해보자. 하나님의 말씀이 "Go!"라고 하면 군소리 말고 가야 한다. 하나님의 말씀이 "Stop!"이라고 하면 이유 없이 멈춰야 한다. 하나님의 말씀이 "No!"라고 하면 언제든지 유턴해야 한다. 일상에서 하나님의 간섭이 없다면 그는 진정한 제자가 아니다. 하나님의 맵을 따라가려면 매일 하나님의 잔소리를 들어야 한다. 하나님의 잔소리가 들리지 않으면 위험하다. 아무렇게나 살아가는 사람은 천국이 보이지 않는다. 주님이 모른다고 하는 날이 꼭 다가올 것이다.

몇 년 전, 어느 주일부턴가 목이 좋지 않아서 병원을 찾았다. 급성 후두염이라고 한다. 커피와 탄산음료를 먹지 말라, 찬물 말고 미지근한 물을 마셔라, 선풍기 바람이 좋지 않으니 쐬지 말라, 말을 크게 하지 말고 조심하라, 주문하는 게 참 많았다. "설교를 해야 한다"고 했다. 그랬더니 의사가 "그럼 약을 강하게 지을 테니 식사할 때 약을 먹으라"고 강권했다. 그래서 나는 그대로 따랐다. 수요일, 목요일 새벽기도회도 부목사님들에게 부탁했다. 하루에 약을 세 번 복용하기 위해서 평소와는 다르게 아침 7시에 아침밥을 먹었다.

그러면서 나는 중요한 사실을 깨달았다. 의사가 지시하면 건강을 회복하기 위해서 이렇게 철저히 순종하는데, 하나님의 사람들은 주님이 지시하는데도 왜 순종하지 않는 것일까? 나는 순간 깜짝 놀랐다. 말씀에 온전히 순종하지 않는 나 자신의 모습이 보였기 때문이다. 만병의 치유자되시는 주님이 내 인생을 엮어가시겠다고 하는데 우리는 주님이 지시하시는 처방전대로 따르려고 하지 않고 있지 않은가!

성서침례대학원대학교 총장인 김우생 목사님이 이런 말씀을 하셨다. "지금 교회가 세상으로부터 비판을 받는 것은 믿는 바를 행하지 않기 때문입니다. 초대교회가 칭송을 받을 수 있었던 이유는 겉으로 나타나는 물질적 성공 때문이 아니라 그들 삶에 보이는 믿음과 사랑 때문이었죠. 우리는 다시 복음의 본질로 돌아가야 합니다."

하나님이 다윗을 기뻐하신 이유를 아는가? "여호와께서 내 공의를 따라 상 주시며 내 손의 깨끗함을 따라 갚으셨으니 이는 내가 여호와의 도를 지키고 악을 행함으로 내 하나님을 떠나지 아니하였으며 그의 모든 법도를 내 앞에 두고 그의 규례를 버리지 아니하였음이로다. 내가 또 그의 앞에 완전하여 스스로 지켜 죄악을 피하였나니 그러므로 여호와께서 내 의대로 그의 눈앞에서 내 깨끗한 대로 내게 갚으셨도다"(삼하 22:21-25). 다윗이 하나님의 마음에 합한 이유가 분명히 있었다.

한편 하나님은 하나님의 말씀대로 순종하지 않는 이스라엘 백성들을 책망하셨다. "너희는 이 땅의 주민과 언약을 맺지 말며 그들의 제단들을 헐라 하였거늘 너희가 내 목소리를 듣지 아니하였으니 어찌하여 그리하였느냐"(삿 2:2). 이것이 이스라엘 백성들의 약점이자 허점이었다. 좀 더 편하고 편리하게 타협하며 살려고 한 결과가 무엇인가? 그것이 옆구리에 가시와 올무가 된다.

부흥의 시대에는 늘 말씀이 동반했다. 느헤미야 부흥운동의 핵심은 하나님의 말씀이었다. 엘리시대는 하나님의 말씀이 희귀했다. 그 뒤를 이은 사무엘시대는 말씀이 왕성했다. 사사시대는 하나님의 말씀이 사라졌다. 그래서 자기의 소견에 옳은 대로 살아갔다. 그러니 인생도 꼬이고 한 민족의 운명도 엉망진창이 될 수밖에.

어떤 시각장애인이 안내견을 끌고다녔다. 그런데 안내견이 그만 주인의 바지에다 소변을 봤다. 그러자 주인은 과자를 꺼내서 개에게 주었다. 그러자 옆에 있던 사람이 물었다.

"그런 개는 머리를 한 대 때려줘야지 왜 과자를 주냐?"

그러자 시각장애인이 대답했다.

"내가 과자를 줘야 머리가 어디 있는지 알게 아니냐?"

주인이 과자를 주는 것은 잘못한 행동에 대해서 때려주려고 머리를 찾는 것일까? 그렇다면 우리가 때때로 불순종하는데도 일이 잘 풀린다면 어쩌면 하나님이 때리려고 머리를 찾기 위해 과자를 주시는 것은 아닐까? 인생에 다가오는 어려움과 재앙은 하나님의 부르심에 불과하다. 바른 인생길을 걸어가려면 하나님의 말씀에 매여 있어야 한다. 인생이 뭔가 자꾸 꼬인다고 생각될 때는 말씀을 가지고 여호와께로 돌아와야 한다. 혹시 주변에 말씀에서 벗어난 자가 있다면 그를 말씀 앞으로 돌아오게 해주어야 한다(약 5:19-20).

성령의 인도하심에
푹 잠기라

하나님의 구원의 때가 무르익어가자 예수님은 제자들에게 그들 곁을 떠날 것을 말씀하셨다. 그러자 제자들은 걱정에 잠겼다. 예수님은 걱정하지 말라고 하셨다. 내가 가면 또 다른 보혜사 성령을 보내주실 것이기 때문이다(요 14:16). 제자들을 고아처럼 버려두지 않겠다는 것이다. 예수님이 이 땅에서 제한된 공간에서, 제한된 시간에 사역하시는 것보다 성령께서 사역하시는 것이 훨씬 더 유익하기 때문이다(요 16:7).

보혜사 성령은 예수님이 가르쳐주셨던 것들을 생각나게 하실 것이다. 보혜사 성령은 사람들을 진리 가운데로 인도하는 진리의 영이시다(요 14:17). 물론 세상 사람들은 볼 수도, 알 수도 없다. 그러나 예수님을 믿는 자들에게는 그들 속에 영원히 거하실 것이다. 성령은 세상이 주는 것과 같지 않은 평안을 주실 것이다(요 14:27). 세상이 알 수도 없고 맛보지도 못할 기쁨을 주실 것이다.

성령은 예수님을 영접하는 자에게 거듭 태어나는 새 생명을 주신다. 성령이 아니고서는 영적 출생이 어렵다(요 3:5). 영적인 출생이 없이는 천국에 들어갈 수도 없다. 성령은 예수님을 영접하는 이들에게 하나님을 "아빠 아버지"(롬 8:15)라 부르게 하신다. 성령이 아니고서는 어떤 이도 하나님을 가리켜 아버지라 부를 수 없다. 진실하게 하나님을 아버지라고 부르는 자는 거듭난 자이다. 하나님의 아들은 하나님의 영으로 인도함을 받게 된다(롬 8:14). 이들은 하늘 기업을 상속받게 된다.

보혜사 성령은 우리의 연약함을 알고 돕는 분이시다(롬 8:26). 마음이 연약할 때 힘과 용기를 주신다. 어려움에 처했을 때 상황을 극복하고 이겨낼 수 있도록 도와주신다. 더구나 우리가 기도할 때 돕기도 하신다. 무엇을 기도해야 할지 모를 때도, 기도할 마음이 일어나지 않아 힘들어 할 때도, 너무 막막해서 기도가 나오지 않을 때도 우리를 도우신다.

예수님은 제자들에게 성령이 임할 때까지 기다리라고 부탁하셨다. 성령이 임할 때 능력과 권능을 받을 수 있기 때문이다. 그래야 사역을 할 수 있기 때문이다. "볼지어다. 내가 내 아버지께서 약속하신 것을 너희에게 보내리니 너희는 위로부터 능력으로 입혀질 때까지 이 성에 머물라"(눅 24:49). "오직 성령이 너희에게 임하시면 너희가 권능을 받고 예루살렘과 온 유대와 사마리아와 땅끝까지 이르러 내 증인이 되리라"(행 1:8).

예수님의 당부를 들은 제자들은 예루살렘으로 모였다. 늘 성전에서 하나님을 찬송하고 경배했다(눅 24:53). 오순절에 다같이 한 곳에 모였다(행 2:1). 그때 홀연히 하늘로부터 급하고 강한 바람 같은 소리가 있었다. 불의 혀같이 갈라지는 것들이 각 사람 위에 임했다. 거기에 모였던 모든 사람이 성령을 충만히 받았다. 성령 충만을 입은 그들을 바라봤을 때 사람들은 이렇게 평가했다. "그들이 새 술에 취하였다"(행 2:13).

성령의 능력을 받은 사도와 성도들은 이제 그칠 게 없었다. 두려움이 사라졌다. 그들에게는 복음밖에 안 보였다. 오직 사명에만 집중했다. 하나님은 그런 주의 종들에게 기적과 이적을 베풀어주셨다. 그래서 사도행전을 성령행전이라 부르기도 한다. 성령이 행하시는 사역을 소개하는 책이기에. 성령은 우리를 하나님의 은혜의 세계로 이끄신다. 그렇기에 성령행전은 지금도 계속해서 쓰이고 있다.

오래 전, 어느 금요일 새벽기도 시간이었다. 당시 나는 몇 가지 문제를 갖고 있었다. 그래서 마음에 근심 덩어리를 안고 있던 터라 힘든 마음으로 하나님께 여쭈었다.

"하나님, 왜 이러십니까? 왜 이렇게 힘들게 하세요?"

"내가 그를 통해 일하고 있다."

"무슨 일이요?"

"내가 그를 통해 너를 성찰하게 하고 영적인 유익을 도모해가고 있다."

"하나님, 그래도 그렇지. 왜 그런 사람을 통해 하십니까?"

"그럼, 네가 원하는 대로 해야 하느냐?"

"그건 아니지만…."

그렇다. 내가 가진 생각과 성령이 지시하는 길이 다를 수 있다. 성령의 사람은 자기 프로젝트가 아닌 하나님의 프로젝트 속으로 들어간다. 어떤 상황도, 어떤 사람도 성령이 사용하지 못할 것은 없다.

20세기 가장 큰 영향력을 끼친 여성 사역자 중 한 사람이 캐더린 쿨만이다. 그녀는 1907년에 태어나 1928년부터 하나님의 일을 한 위대한 영적 사역자였다. 그녀의 사역은 한마디로 하나님의 임재와 영광이 가득한 사역이었다.

그녀에게는 수천 명이 가득 메운 청중을 압도하는 카리스마가 있었다. 집회 중에 하나님의 역사하심과 치유하심이 무수히 나타났다. 그녀가 인도하는 집회의 좌석은 언제나 몇 시간 전에 다 차서 집회 장소에 들어오지 못한 사람이 수천 명이나 되었다. 그는 피츠버그의 제일장로교회에서 눈물을 흘리면서 이렇게 말했다.

"제발 부탁드립니다. 성령님을 훼방하지 마세요. 그분은 나의 모든 것입니다. 제발 그분에게 상처를 주지 마세요. 그분은 나의 전부

입니다. 제가 사랑하는 분을 해하지 마세요. 여러분과 나의 관계보다 나와 그분의 관계가 더 가깝습니다."

성령은 인격적인 분이시다. 그래서 기뻐하기도 하고 슬퍼하기도 하신다. 성령의 사람은 성령을 슬프게 하지 말아야 한다. 성령을 근심하게 하지 말아야 한다. 성령을 탄식하게 하지 말아야 한다. 인격적인 성령은 우리 안에서 왕성하게 활동하길 원하신다. 그러나 우리가 죄 가운데 거하고 불의를 행할 때는 사역을 멈추기도 하신다. 원인은 성령님께 있는 것이 아니라 나에게 있다.

사울 왕의 최대 위기는 성령께서 떠난 것이었다. 성령이 떠난 사울 왕은 악신에게 시달렸다. 한편 다윗 왕의 최대 장점은 성령의 기름 부음과 임재 속에 살았다는 것이다. 환경이 문제가 아니다. 사람이 문제가 아니다. 사울같이 지독하고 끈질긴 인간이 어디 있는가? 그런데 하나님은 사울 왕에게서 다윗을 보호해주셨다. 다윗은 하나님이 자신을 생명싸개로 싸고 계심을 알았다. 그래서 늘 성령의 임재안에 머물려고 했다. 그래서 밧세바와 동침한 후 그는 처절하게 하나님께 회개기도를 드렸다. "하나님이여 내 속에 정한 마음을 창조하시고 내 안에 정직한 영을 새롭게 하소서. 나를 주 앞에서 쫓아내지 마시며 주의 성령을 내게서 거두지 마소서. 주의 구원의 즐거움을 내게 회복시켜주시고 자원하는 심령을 주사 나를 붙드소서"(시 51:10-12).

아무리 대단한 영적 거장일지라도 주님이 성령을 거두어가시면 영적 시체가 된다. 자랑할 게 없어진다. 그렇기에 우리는 순간순간 성령을 바라보아야 한다. 내 안에 계신 성령이 슬퍼하지 않게 죄를 가까이하지 말아야 한다. 내 인생의 자원이나 환경이 중요한 게 아니다. 그것보다 성령 안에 머무는 삶을 점검하는 것이 중요하다.

두 살 때 어머니가 죽어 아픔을 당한 소년이 있었다. 소년은 계모와의 갈등으로 13세에 가출했다. 집 나가면 고생이라고 3일 동안 굶고 방황했다. 너무 배가 고파서 빵을 훔쳐 먹었다. 그게 소년원에 발을 들인 인연이었다. 14년 8개월 동안 전국 16개 교도소를 옮겨 다녀야만 했다. '조직폭력배 두목 치정 살인사건!' 1989년 언론에 대서특필된 사건이었다. 그 사건이 바로 이 소년이 저지른 범행이었다. 전과 9범.

그런데 하나님은 그를 버리지 않고 만나주셨다. 그는 사형선고를 받았다. 절망 가운데서 살려달라고 하나님을 찾게 되었다. 평소에 괴롭혔던 교회 집사인 동료 수용자에게 기독교에 대해 물었다. 그리고 담안선교회 임석근 목사님의 간증을 들었다. 그 간증 가운데 성령께서 그를 만져주셨다. 마음에 감동을 주셨다. 결국 그는 예수님을 영접했다. 그때 "목사가 되어 불우한 이웃을 돌보며 평생 자신이 지은 죄를 속죄하며 살겠다"고 하나님과 약속했다.

그는 교도소에서 중고교 검정고시를 치렀다. 그 후 신학을 준비했다. 2004년 9월에 출소한 뒤 신학교와 신학대학원을 졸업했다. 그리고 2008년에 목사안수를 받았다. 청주의 한 지하실에 교회를 세우고 불우이웃 돕기를 본격적으로 실천했다. 동료목사의 소개로 현재 부인을 만나 결혼도 했다. 그때부터 봉사활동에 더 적극적으로 나섰다. 부인은 식당을 운영하고 자신은 노점에서 붕어빵을 팔았다.

그렇게 번 돈으로 독거노인과 소년소녀가장을 도왔다. 장애인 목욕 봉사도 하고 있다. 무엇보다 자신과 비슷한 처지의 수용자들을 돕는 일에 발 벗고 나섰다. 수시로 영치금과 옷가지 등을 넣어주었다. 후배 출소자들에게 붕어빵 장사 터를 30여 차례나 물려주기도 했다. 출소한 뒤 10년을 그렇게 살고 있다. 그러다 보니 사람들은 그를 장발장 목사로 부른다. 그는 앞으로도 성령의 인도하심을 따라 살아가는 성령의 사람이 되기로 결심했다.

공동체에 숨겨진 은혜를 경험하라

요즘 교회가 믿지 않는 불신자들로부터 "진절머리 난다"는 평가를 받고 있다. 심지어 교인들마저도 "교회다운 교회가 없다"고 탄식하기도 한다. 가슴 아픈 일이자 수치스럽고 부끄러운 현실이다. 그렇다면 문제는 어디에 있는 걸까? 목회자에게 있고 성도 자체에 있다. 누구를 탓하기보다 나 자신을 돌아봐야 한다. 그럼에도 우리가 기억해야 할 사실이 있다. 하나님은 교회를 통해서 하나님의 은혜와 축복을 흘러 보내신다는 것이다. 교회를 통해서 하나님의 구원의 경륜을 이루어가신다. 아무리 교회다운 교회가 없고 설교다운 설교가 없어서 떠나고 싶다할지라도 주님은 바로 그 교회를 통해서, 그 설교를 통해서 하나님의 은혜를 흘러 보내길 원하신다.

그래서 존 칼빈은 "교회는 성도들의 어머니와 같다"고 강조했다. 성도들은 교회를 통해 영적인 젖과 밥을 공급받게 된다. 교회를 통해 돌봄과 양육을 받게 된다. 교회를 통해 영적인 성장이 이루어진다. 교회를 통해 이단의 위협으로부터 안전하게 보호하신다. 그래서 어쩌면 교회는 성도들에게 애증관계에 있는지도 모르겠다. 교회를 지독히 사랑하면서도 미움도 공존한다.

베스트셀러 작가 필립 얀시는 「교회, 나의 고민 나의 사랑」을 통해 자신이 경험한 교회의 모습을 이렇게 그려준다. "지금 와서 보면 내 유년기의 남부 근본주의 교회는 단순히 예배 처소나 신앙 공동체만을 의미하는 것이 아니었다. 그것은 통제된 환경이었고 하나의 하부문화였다. 이제야 깨닫지만 살벌한 정죄만 가득하고 겸손이나 신비를 인식하는 감각이라고는 찾아볼 수 없는 냉혹한 교회는 오랜 세월 내 신앙의 성장을 가로막았다. 한마디로 기독교가 그리스도께 나아가는 길을 가로막은 것이다. 이후 내가 신앙과 교회로 다시 돌아오는 데는 평생이 걸렸다."

어쩌면 필립 얀시의 고백을 들으면서 "나도 그랬어"라는 공감대가 형성되는 사람이 많을 게다. 나도 그랬으니까. 교회에서 보지 말아야 할 일도 너무 많이 보았으니까. 이 말은 목사를 탓하자는 것이 아니고 장로나 권사를 욕하자는 말도 아니다. 선한 영향력을 회복하기 위해 교회다움을 회복해가야 한다는 것이다. 그러기 위해서는 교회와 성도의 실상을 있는 그대로 보는 작업이 선행되어야 한다. 이를 위해 필립 얀시의 말에 좀 더 귀를 기울여 보아야 한다.

"어떻게 나는 교회 회의론자에서 옹호론자로, 구경꾼에서 참여자로 바뀌었을까? 나는 왜 교회에 대한 태도를 바꾸었을까? 바로 시간이 가면서 교회에서 무엇을 보아야 하는지를 배웠기 때문이다. 어렸을 때는 학교를 골라 다닐 수 없는 것만큼이나 교회도 내 선택 소관이 아니었지만 나중에는 선택권을 충분히 발휘하여 차례로 이 교회 저 교회를 다녀보았다. 그 과정을 통해 바른 교회를 찾는 열쇠는 내 안에 있음을 배웠다. 내 시각이 관건이었다. 교회를 대할 때 나는 위를 올려다보고, 주위를 둘러보고, 밖을 내다보고, 안을 들여다보아야 함을 배웠다. 교회를 겨우 참고 견디던 내가 교회를 사랑할 수 있게 된 것도 바로 이 새로운 시각 덕분이다."

지금도 이 교회에서 저 교회로 떠돌아다니는 철새교인이 적지 않을 게다. 가나안 성도라는 표현이 유행했다. '가나안'을 거꾸로 뒤집으면 '안나가'가 된다. 교회에는 나가지 않지만 자신을 그리스도인이라고 말하는 사람들을 가리킨다. 기성교회에 대한 거부감으로 조직교회를 기피하는 교인들을 가리킨다. 얼마나 아프고 힘들었으면 그런 결심까지 했을까 하는 안타까운 마음이 든다. 그러나 철새교인, 가나안교인으로서는 하나님의 은혜의 세계로 들어갈 수 없다. 그런 성도가 하나님의 은혜의 광맥을 찾을 수는 없다.

필립 얀시는 철새교인, 가나안성도들을 향해 중요한 통찰력을 주고 있다.

"하나님은 어떤 분이신가? 어디에 사시는가? 세상이 어떻게 하나님을 알 수 있는가? 하나님의 임재는 더 이상 시나이 반도의 성막이나 예루살렘 성전에 거하지 않는다. 대신 하나님은 당신과 나같이 평범하고 못난 사람들 속에 살기로 하셨다."

"일요일 아침에 예배당 좌석을 채운 사람들을 둘러보면 하나님이 어떤 모험을 감행하고 계시는지 알 수 있다. 무슨 이유에선지 이제 하나님은 불 기둥이나 구름 기둥으로도 아니고, 갈릴리에 오신 아들의 물리적인 몸을 통해서도 아니고, 내가 다니는 교회를 비롯하여 하나님의 이름으로 모이는 다른 모든 교회를 구성하는 잡동사니 인간들을 통해서 세상에 자신을 계시하신다."

완전하고 거룩하고 의로우신 하나님이 어떻게 인간 세상에 거할 수 있는가? 그것이 성막이든 성전이든 간에. 불의와 죄가 하나도 없으신 분이 어떻게 평범하고 못난 사람들 속에 자신을 나타낼 수 있는가? 잡동사니 인간들 안에 자신의 영광을 둘 수 있는가? 그렇다. 그럴 수 있는 분이시기에 불완전한 교회가 존재할 수 있는 이유이다.

교회 조직 안에서 못 볼 모습도 많이 보았다. 목사와 장로가 고함치고 얼굴을 붉히면서 싸우는 모습을 보는 것은 비일비재했다. 담임목사가 강단에 서지 못하도록 예배당 안에서 몸싸움을 하는 것도 적지 않았다. 어떤 교회에서는 목사님을 쓰러뜨리고 발로 짓밟는 일도 있었다. 어느 교회는 10년 동안 파가 갈려져 교회 안을 나누어서 예배를 드리기도 했다. 이 교회 저 교회에서 하나님의 이름을 더럽히고, 하나님의 영광을 가리는 행태가 적잖게 일어났었고, 지금도 벌어지고 있다.

그럼에도 나는 불완전한 지상교회를 통해서 하나님을 발견했고 영적인 양육을 받고 영적 성장을 경험했다. 교회를 통해 하나님의 은혜를 체험했고 하나님의 사랑을 맛보았다. 불완전한 목사님을 통해 강단에서 흘러나오는 말씀으로 은혜를 누렸고 삶의 변화를 경험했다. 복잡한 마음을 정돈하는 은혜도, 상심된 마음에 내리시는 위로의 은혜도, 낙담하고 절망한 심령을 강건하게 세우시는 은총도 누렸다. 어떤 이는 "목사님은 저를 들여다보고 말씀하시는 것 같다"고 고백하기도 한다. "나에게 주시는 말씀만 같아요." 교회를 통해, 강단을 통해주시는 이런 은혜를 누리지 못한다면 그것이 불행한 인생이 아닌가?

바울은 빌립보교회 성도들을 가리켜서 서슴지 않고 고백한다. "그러므로 나의 사랑하고 사모하는 형제들 나의 기쁨이요 면류관인 사랑하는 자들아 이와 같이 주 안에 서라"(빌 4:1). 그럼 빌립보교회 성도들이 그렇게 매력적이고 완벽한가? 그렇지 않다. 신학적으로도, 바울과의 관계도 그렇게 칭찬할 만한 교회는 아니다. 그러나 바울은 빌립보교회 성도들만 생각하면 가슴이 설레었다. 그들이 바울의 위로이고 소망이자 자랑이며 면류관이었기 때문이다. 교회는 바로 그런 곳이다. 성도는 바로 그런 관계이다.

나는 고등학교 시절 섬기던 교회를 통해 많은 은혜를 누렸다. 지금 생각하면 그렇게 매력적이지 않은 설교에도 많은 은혜를 누렸다. 연로하신 권사님들이 교회에서 주무시면서 기도하는 모습을 보면서 많은 도전과 자극을 받았다. 삼총사라고 불리던 친구들과 더불어 목회의 비전도 준비해 왔었다. 동기생들과 함께 섬기면서 함께 기도하는 기쁨도 경험했고, 티격태격하며 섬기기는 했지만 그것을 통해 영적 성장과 관계 훈련도 받았다. 힘든 고민거리가 있을 때면 대학생 형·누나들과 상담하면서 조언과 위로를 받을 수 있었다. 그리고 나를 향한 하나님의 음성을 지체들을 통해 들을 수도 있었다. 하나님이 공동체를 통해 은혜의 광맥을 누리게 하신 것이다.

인생의 VIP에 대한
내적 확신을 가지라

성경에는 불행한 인생의 현장에서 고민하고 눈물을 흘리는 사람이 많다. 사마리아 수가성에 대낮에 우물을 길으러 나왔던 여인, 그녀는 불행했다. 남자를 만나서 인생의 갈증을 해갈하고 행복을 찾으려 했다. 하지만 오히려 더 많은 상처만 안을 뿐이었다. 여섯 번째 남자를 만나서 살고 있지만 마음과 얼굴은 어둠의 그림자가 드리워져 있었다. 수치심과 부끄러움 때문에 사람들 틈으로 들어갈 수도 없었다. 그런데 그녀의 인생에 빛을 비춰준 분이 있었다. 바로 예수님이었다. 예수님은 그녀 마음의 병을 고쳐주셨다. 사람들에 대한 태도를 변화시켜주셨다. 가치관과 관심이 달라지게 하셨다.

간음하다 현장에서 종교지도자들에게 발각된 여인도 있었다. 한

순간 쾌락의 종이 되어 즐기려 했다. 하지만 그녀에게 다가온 건 너무 큰 수치와 아픔이었다. 율법에 의하면 돌에 맞아 죽을 운명이 되어버렸다. 행복한 인생을 꿈꿨지만 오히려 엉망진창이 되고 말았다. 종교지도자나 사람들은 무자비했다. 그녀를 끌고 가서 예수님 앞에 내팽개쳤다. 그들의 입에서는 거친 정죄와 비난의 말들이 쏟아졌다. 그들의 눈에는 독기가 서렸다. 그들의 손에는 당장에라도 쳐 죽일 돌이 들려 있었다. 당장에라도 정죄할 분위기였다.

그런데 예수님은 이 여인에게 살 길을 열어주셨다. "죄 없는 자가 먼저 돌로 치라"(요 8:7). 세상에 죄가 없는 자가 어디 있는가! 자기는 더 큰 허물과 죄를 갖고도 남의 과오만 찾을 뿐이지. 자기 눈에 있는 들보는 지나치게 관대하고 남의 눈에 있는 티에만 과민반응을 일으킬 뿐이다. 내가 하면 로맨스고 남이 하면 불륜인 내로남불일 뿐. 그러나 예수님은 평가와 판단의 눈으로 보지 않으시고 용서와 관용의 눈으로 보셨다. 여인의 부끄러움과 수치를 덮으셨다. 마음에 자유와 평안을 선물해주셨다. 예수님, 그분은 간음한 여인의 불행의 문을 닫고 행복의 문을 열어주셨다.

미국 텍사스에서 석유사업으로 갑자기 부자가 된 세 친구가 있었다. 이들은 존 뉴턴, 루이 워더포드, 새뮤얼 프레스턴이었다. 이들은 석유산업 호황으로 졸지에 억만장자가 되었다.

어느 날, 이들은 전세기를 타고 텍사스에서 뉴욕으로 휴가를 떠났다. 미국 대통령이나 국빈만이 묵을 수 있다는 뉴욕 앰배서더호텔

29층 전체를 예약했다. 프런트에 키를 맡긴 첫 날, 이들은 설레는 마음으로 시내를 돌아다녔다. 시간 가는 줄 모르고 한밤중이 되도록 술을 마셨다. 취해서 비틀거리며 호텔에 돌아왔다. 그런데 엘리베이터가 고장이 나 있었다. 흔하지 않은 일이었다. 프런트 직원은 연신 고개 숙여 미안함을 표시하며 양해를 구했다. 29층까지 걸어 올라가는 방법밖에는 길이 없었다. 앞이 캄캄했다. 다행히 2층에 작은 방이 하나 남아 있는데 몇 시간만 거기서 쉬고 있으면 날이 밝는 대로 엘리베이터를 수리해서 정상 작동하겠다고 했다. 그러나 이들 세 친구는 술기운에 객기가 발동해서 29층까지 걸어 올라가기로 했다.

처음 몇 층은 괜찮았지만 점점 힘들어졌다. 마지막 몇 층은 거의 기어서 올라갔다. 2시간 반 만에 29층까지 죽을힘을 다해 올라왔다. 그런데 가장 중요한 것 한 가지를 깜빡 잊어버렸다. 프런트에서 방 열쇠를 받지 않고 올라온 것이었다. 다시 29층을 걸어서 내려가려니 정신이 아찔했다. 난감해서 안절부절못했다. 그런데 그때 마침 구세주가 등장했다. 청소하는 흑인 아주머니였다. 아주머니의 손에는 마스터키가 있었다.

아주머니는 웃으면서 농담 비슷하게 말했다.

"여러분, 29층까지 올라오느라고 얼마나 고생하셨습니까? 여러분을 환영합니다. 그러나 이 마스터키가 없으면 여러분은 방에 들어갈 수 없습니다. 마치 예수 그리스도께서 우리 인생의 마스터키인 것처럼 말입니다."

그러고는 방문을 열어주었다. 그때 '예수 그리스도는 마스터키'

라는 흑인 아주머니의 농담이 존 뉴턴의 가슴에 비수처럼 꽂혔다. 까마득하게 잊어버렸던 어린 시절의 신앙이 되살아났다. 그 순간 그는 신앙고백을 하게 되었다. "그렇다. 예수 그리스도만이 내 인생 모든 문제의 마스터키다." 뉴턴의 진실한 신앙고백에 두 친구도 동의했다.

그날 밤, 그들은 눈물로 예수님을 영접했다. 이들에게 예수 그리스도께서 찾아오심으로 그들은 새로운 인생을 출발하였다. 이들은 예수 그리스도를 사업의 주인으로 모셨다. 그 후 그들은 텍사스 제일가는 석유 부호가 되어 사업의 모든 이익금을 하나님의 영광을 위해 사용하는 아름다운 성도로 성장했다. 교회마다 찾아다니며 간증했다. 그들은 평생 빌리 그래함 목사의 영적 기도후원자, 재정후원자가 되었다.

예수 그리스도, 그분은 우리 인생의 VIP이자 주인이시며 마스터키다. 그분을 만나는 것이 최고의 행운이고 그분과 친밀한 교제를 누리는 것이 하나님의 은혜를 누리는 비결이다. 나는 우리 아이들에게 자주 말하곤 한다. "너희가 누리는 복은 아빠가 예수님을 믿는 사람이고 더구나 목사이기 때문이다." 그렇다. 예수님은 내 인생을 송두리째 바꾸어놓으신 분이다. 아이들을 양육할 때도 "예수님이라면 어떻게 하실까?"라는 질문을 끊임없이 던졌다. 그러니 내가 만난 예수님으로 인해 우리 아이들이 누리는 복도 적지 않은 셈이다.

바울은 영적 아들인 디모데에게 말했다. "하나님은 복되시고 유일하신 주권자이시며 만왕의 왕이시며 만주의 주시요"(딤전 6:15).
어떤 상황에서도 하나님에 대한 흔들리지 않는 신앙고백을 할 수 있
어야 한다. 전적인 신뢰 속에서 완전히 내맡겨야 한다. 불안할 수 있
다. 걱정될 수 있다. 지루할 수도 있다. 그러나 키를 한 자라도 더할
수 없는 인생이 아니던가! 인간의 한계를 인정한다면 주님의 무한한
능력을 신뢰해야 한다.

　바울은 이교도의 생활을 하다가 주님께로 돌아와 믿음의 길을
걸어가는 로마교회 성도들에게 확신 있게 말한다. "우리가 알거니와
하나님을 사랑하는 자 곧 그의 뜻대로 부르심을 입은 자들에게는 모
든 것이 합력하여 선을 이루느니라"(롬 8:28). 어떤 상황에서도 우
리가 알아야 할 것이 있다. 확신해야 할 것이 있다. 하나님을 사랑하
는 자에게는 모든 것이 합력하여 선을 이룬다는 사실이다. 여기서
모든 것에는 인생의 모든 사건과 환경이 다 포함된다. 하나님은 인
생의 모든 파편을 조합해서 하나님의 뜻을 이루어가신다. 이것을 인
정해야 한다.

　은혜의 하나님은 사도 바울에게 말씀하셨다. "내 은혜가 네게 족
하도다"(고후 12:9). 사실 알고 보면 바울은 은혜를 누릴 상황이 아
니었다. 아무것도 가진 것 없이 오늘은 이곳, 내일은 저곳으로 옮겨
다니며 복음을 전하는 전도자에게 건강은 매우 중요했다. 재산이라
고는 몸뚱이 하나밖에 없지 않은가? 바울에게는 고통스러운 질병이
있었다. 육체의 가시와 같은 것이었다. 움직일 때마다 찌르는 가시
때문에 힘들고 고통스러웠다. 이 질병이 안질인지, 간질인지 정확하

지는 않다. 분명한 건 이것 때문에 바울은 너무 힘들었다는 점이다. 그래서 하나님께 세 번이나 간구했다. 하지만 하나님은 그의 인생을 바꾸어주지 않으셨다. 오히려 그것이 은혜라고 말씀하셨다. 우리가 인생길을 걸어갈 때 고약한 습성이 있다. 내가 원하고 바라는 것으로만 만들고 싶어 한다. 불편하면 받아들이지 않으려 한다. 그러나 하나님은 더 큰 그림을 그리고 계심을 믿어야 한다. 내가 원하지 않고 좋아하지 않는 것들을 통해서도 완벽한 작품을 만들어가신다.

독일에서 태어나 미국에서 대학과 대학원을 졸업한 박지혜 자매, 그녀에게는 어릴 적부터 꿈이 있었다. 하나님께 영광을 돌리는 바이올리니스트가 되는 것이었다. 집안 형편이 넉넉해서 바이올리니스트가 되고 싶었던 건 아니었다. 바이올리니스트였던 홀어머니로부터 배운 것이 사교육의 전부였다. 어머니의 지도 아래 스스로 실력을 갈고 닦은 것이었다. 다행히 어머니가 독일에서 음악공부를 하던 터라 학비 부담은 덜 수 있었다.

그런 그녀에게도 극심한 슬럼프가 있었다. 신앙을 놓아버릴 뻔했다. 2004년쯤 칼스루 국립음악대학원에서 공부할 때였다. 불안감이 엄습했다. 아무리 연습해도 만족할 수 없었다. 바이올린이 그녀에게 점점 짐처럼 느껴졌다. 사랑에 빠졌던 악기가 가장 큰 고통이 되어 자신을 짓눌렀다. 하나님께서 이끌어주신다는 확신이 무너져 내렸다. 모든 어려움을 스스로 이겨 내려고 발버둥치는 상황이 되풀이되었다. 행복하지 않았다. 스스로를 자책하고 재능이 부족한 것을 한탄했다. "나는 해도 안 되는구나!" 아무것도 할 수 없는 상태로 멍한 시간이 계속되었다. 담당의사가 우울증이 너무 심해서 죽을 수도 있다고 경고했다. 그녀는 인생을 포기할 지경이 되었다.

2008년, 어머니가 그녀를 한국으로 임시 귀국시켰다. 휴식을 위해서. 기도할 힘조차 잃어버린 순간 그의 귀에 불현듯 복음성가 한 소절이 맴돌았다. "누군가 널 위해 기도하네." 독일에서 오래 살아 한국 복음성가에 익숙하지 않은 그녀의 귀에 들려온 소절이었다. 그 일로 그녀는 삶의 우선순위를 바꿨다. "마지막으로 하나님께 영광을 돌려보자"는 엄마의 권유로 찬송가를 연주하기 시작했다. 그것이 간증콘서트의 시작이었다. 그러면서 새 힘을 얻었고 받은 은혜를 나누고자 직접 앨범까지 제작했다. 하나님이 기뻐하시는 찬양을 연주하면서 클래식도 다시 할 수 있게 되었다.

그녀는 이렇게 고백한다. "언제부턴가 아무리 해도 나아갈 수 없는 거예요. 우울증까지 걸려 죽을 생각도 했죠. 죽기 전에 마지막으로 하나님을 찬양하자는 심정으로 찬양집을 낸 게 제 인생을 바꾸어 놓았어요. 바이올린을 그만두고 죽을 수도 있는데, 더 늦기 전에 하나님께 찬양을 드리자는 심정으로 찬양집을 냈거든요. 그런데 입소문이 퍼지면서 교회에서 간증과 연주로 봉사할 일이 엄청나게 늘어나는 거예요. 하나님의 기쁨이 되는 바이올리니스트가 되고 싶다고 기도했는데 상상도 못 한 방법으로 인도해주시는 거 있죠."

어느 순간 그녀에게 바이올린이 최우선이 아니었다. 오직 하나님을 기쁘게 하는 일만이 삶의 이유이자 목적이었다. 독일 정부에서 학비부터 생활비까지 지원받아 완벽한 장학생으로 유학을 마칠 수 있었다. 이제 그녀는 자랑한다. "단 한 가지도 제 자랑이 아니고요, 이때까지 제게 일어난 일들은 주님의 살아계심을 자랑할 수 있도록 찍어주신 낙인과 같아요."

내가 생각한 게 다는 아니다. 하나님의 프로그램 속에는 내가 알지 못하는 무언가가 더 있다. 내가 생각하는 수준으로 인생을 평가하려 하지 말아야 한다. 하나님의 무한한 지혜가 있다. 광대한 주님의 능력이 있다. 인간의 묘안보다 하나님의 묘안을 바라봐야 한다. 교만하게 굴지 말자. 내가 알면 얼마나 알까? 내가 할 수 있으면 얼마나 할 수 있을까? 주님의 능하신 손길에 내 인생 여정을 내드려야 한다.

지치고 힘들 때일수록 은혜의 공급원이 필요하다. 세상의 그 무엇으로도 끊을 수 없는 하나님의 은혜는 지금도 폭포수처럼 흘러내리고 있다. 자신의 하나밖에 없는 아들을 아낌없이 내주신 큰 은혜, 십자가의 처절한 고통과 신음을 들으면서도 포기하지 않은 그 사랑, 그 은혜가 오늘도 나에게 쏟아지고 있다. 어떤 상황에서도 그 은혜 줄만 붙잡으면 된다.

기도에
담긴
은혜에
눈을 떠라

G · r · a · c · e

─────────── 불확실성의 시대에 결핍된 인생길을 걸어간다. 그러
다 보니 짜증도 나고 불평도 터져 나온다. 자신에 대한 무력감과 절
망감에 휘둘리기도 한다. 그래서 내 인생을 바꿀 수 있으리라는 생
각이 드는 그 누군가에게 기대고 의존하고 싶은 욕구도 생긴다. 그
러나 별 도움을 받지 못하고 오히려 실망할 때가 많다. 그럼 어떻게
해야 하나?

어린 아들이 아버지와 함께 길을 걸어가고 있었다. 앞에 큰 바위 덩
어리 하나가 놓여 있는 것을 보았다. 아이는 생각했다.

'사람들이 다니는데 불편하겠다. 내가 저 돌을 치우고 가야지.'

아이는 아버지에게 말했다.

"아빠! 잠깐만 저 나무 그늘 밑에 가서 쉬고 계세요. 제가 저 돌을 치울 때까지요."

그러곤 돌을 치우려고 시도했다. 그러나 돌은 꿈쩍도 하지 않았다. 학교에서 배운 대로 지렛대를 사용해보기도 했다. 허사였다. 있는 힘을 다했지만 역부족이었다. 그러자 그늘에서 보고 있던 아버지가 다가와서 물었다.

"안 되니?"

"예, 방법을 다 써 보았는데 안 돼요."

그러자 아버지가 빙그레 웃으면서 아들에게 말했다.

"아들아, 너는 제일 쉬운 방법을 잊고 있구나."

"아버지, 그게 뭔데요?"

아버지가 아들에게 말했다.

"나에게 도와달라고 한마디만 하면 되는데…."

아들이 소리쳤다.

"아참! 그렇군요. 아빠, 도와주세요!"

답답하고 아득한 현실과 환경 때문에 힘들고 가슴이 먹먹한가? 아직까지 무력한 자신을 믿고 허둥대는가? 실망으로 돌아올 누군가만 바라보고 있는가? 하늘 아버지는 나에게 다가와서 구하라고 초청하신다. 그러면 풍성한 은혜의 광맥을 캐낼 수 있다고. 이제 기도에 담긴 하나님 은혜의 샘물을 퍼내기 위해 출발해보자.

기도하면 절망이 희망의
출발점이 된다

누구나 살아가면서 기가 막혀 통곡하고 싶은 문제 앞에 봉착할 때가 있다. 그러나 문제와 위기는 기도의 자리로 이끄는 견인차가 될 수도 있다. 초대교회는 지하 카타콤에서도 예배와 기도의 끈을 포기하지 않았다.

여기 절망의 끝자락에 선 한 가련한 인생을 만나보자. 바로 한나이다(삼상 1:9-18). 그녀는 첫째, 시대적인 절망을 갖고 있었다. 시대가 사사시대에서 왕정시대로 옮겨가는 과도기였다. 성경은 영적 암흑기를 이렇게 서술한다. "그때에 이스라엘에 왕이 없으므로 사람이 각기 자기의 소견에 옳은 대로 행하였더라"(삿 21:25). 영적 암흑기를 대변하는 게 당시 제사장들의 타락과 변질이었다. 대제사장인 엘리의 아들 홉니와 비느하스는 타락한 제사와 윤리적 타락에 젖어 있다. 불량자, 망나니짓을 하고 있었다. 그런데도 아무런 대안이 없었다.

두 번째는 가정적인 절망이었다. 엘가나(하나님께서 소유하셨다)는 에브라임 지역에서 살고 있는 레위 지파 사람이었다. 그는 두 아내를 두었는데 그들 사이에는 시기와 다툼이 일어났다. 전처인 한나(사랑스러움, 은혜스러움)에게는 여호와께서 자식을 주지 않으셨다. 그러나 후처인 브닌나(진주, 보석)에게는 자식을 주셨다. 교만해진 브닌나는 한나를 무시하고 조롱하며 대적하고 괴롭혔다. 두 부인

사이에 갈등과 알력이 일어나니 가정이 편할 리 없었다. 육에 속한 하갈도 영에 속한 사라를 괴롭히고 대적했듯이 육에 속한 브닌나도 영에 속한 한나를 대적했다.

셋째, 개인적인 절망이었다. 한나는 조강지처였지만 자식이 없었다. '자식 없음'은 하나님의 징계, 저주로 인식되던 시대였다. 인생의 큰 위기였다. 남편은 가련한 한나에게 특별한 애정을 쏟고 많은 배려를 해주었다. 하지만 그것으로 만족할 수 없는 아픔과 상처였다. 남편도 한나가 당하는 고통과 아픔의 문제를 해결할 수 없었다. 그러니 남편이 하는 말이 무슨 소용 있었겠는가?

우리 역시 시대적인 절망과 가정의 위기를 경험하고 있다. 마음과 육체와 영혼의 억눌림을 당하고 있다. 지금 절망에서 허우적거리는가? 그러나 절망을 희망으로 전환시키는 인생길을 걸을 수도 있다. 그러기 위해서 먼저, 절망 속에 숨어 있는 희망의 불씨를 볼 수 있어야 한다. 살다 보면 절망적인 상황에 부딪힐 수 있다. 그러나 절망이 절망에 곤두박질치도록 방치해서는 안 된다. 절망스러운 현실에서도 반드시 희망의 불씨는 남겨져 있고 희망을 일궈내는 비밀은 숨겨져 있다.

절망을 희망으로 바꾸기 위해서는 '사람이 채워줄 수 없는 공허함'을 철저히 느껴야 한다. 한나는 남편인 엘가나로부터 넘치는 사랑과 관심, 그리고 배려를 받았다. 매년 화목제사를 드릴 때마다 엘가나와 그의 자녀들에게 주는 것과는 달리 한나에게는 갑절을 주었다. 사랑했기 때문에. 그러나 남편의 사랑과 배려에도 채울 수 없는 인생의 공허함이 있었다. 하나님만이 해결하실 수 있고 채워주실 수 있는 영역이 있었다.

절망을 희망으로 바꾸기 위한 또 다른 비결이 있다. '여호와 앞으로 나아가는 것'이다. 아무리 남편을 바라보아도, 남편에게 떼를 쓴다고 해도 자식을 낳지 못하는 것은 남편이 해결해줄 수 있는 일이 아니었다. 하나님 앞에서 해답을 찾아야 했다. 인간적인 돌봄과 위로가 끊어진 때는 여호와 앞으로 나아가는 때다. 답답하고 속상한 심정을 남편에게 토할 것이 아니라 여호와 앞에서 털어놓아야 한다.

인간의 위로가 끊어졌는가? 여호와 앞으로 나아갈 때, 하나님의 은혜를 갈망할 때다. 하나님 앞으로 나아간 한나는 풍성한 기도 응답의 복을 누렸다. 한나는 하나님께 제사를 드린 후에 일어나 여호와의 전으로 나아갔다. 거기서 하나님의 얼굴을 구했다. 그리고 응답받았다.

한나는 '통곡하는 기도'를 드려서 응답받았다. 마음이 괴로운가? 마음이 괴롭고 힘들 때 짜증내고 분노하기보다 여호와의 전으로 발길을 옮겨야 한다. 옮기는 발걸음이 술집, 야구장이 아니라 여호와의 전이어야 한다. 한나는 참을 수 없는 심적 고통을 여호와 앞에서 통곡하는 기도로 풀어냈다. "한나가 마음이 괴로워서 여호와께 기도하고 통곡하며"(삼상 1:10). 때때로 우리의 기도는 너무 신사적이다. 마음의 괴로움에서 나오는 통곡하는 기도가 사라졌다. 기도의 야성을 잃어버린 것이다. 속삭이는 기도, 묵상기도도 필요하지만 마음이 괴로울 때는 통곡하는 기도가 필요하다.

한나는 하나님의 돌보심을 구하는 '필사적인 서원기도'를 드렸다. "기도에 응답하셔서 아들을 주신다면 나실인으로 하나님께 드려 구별된 자로 섬기게 하겠습니다"라고 서원했다. 아픔과 슬픔을 하나님의 돌보심을 구하는 기도로 풀어냈다. 하나님은 그런 한나를 외면하지 않으셨다. 하나님의 돌보심을 기대하며 기도의 동굴을 찾아가는 사람은 반드시 하나님의 응답을 받는다(삼상 1:19, 2:21).

한나는 '오래하는 기도'를 드렸다. 여호와 앞에 나와서 중언부언하는 기도를 하다가 자리를 훌쩍 떠나는 '대충기도'로 때우지 않았다. 술 취한 여자처럼 기도에 푹 빠져 오랫동안 기도했다. '시간과 공간적인 오래'보다 '마음의 무게가 실린 오래'였다.

한나는 '믿음으로 위탁하는 기도'를 드렸다. 엘리 제사장은 한나의 기도를 지켜보고 "평안히 가라. 이스라엘의 하나님이 네가 기도하여 구한 것을 허락하시기를 원하노라"(삼상 1:17)고 축복했다. 그러자 한나가 고백했다. "당신의 여종이 당신께 은혜 입기를 원하나이다 하고 가서 먹고 얼굴에 다시는 근심 빛이 없더라"(삼상 1:18). 한나는 기도에 응답하실 하나님을 믿었다. 그래서 모든 걸 맡겨둔 채 일상으로 돌아가서 먹으면서 다시는 근심하지 않았다.

하나님은 기도하는 사람의 침통한 얼굴을 근심 없는 얼굴로 바꾸어주신다. 하나님께 감사함으로 아뢰었는가? 그다음은 하나님이 주시는 평안으로 일상에서 최선을 다하면 된다. "아무것도 염려하지 말고 다만 모든 일에 기도와 간구로 너희 구할 것을 감사함으로 하나님께 아뢰라. 그리하면 모든 지각에 뛰어난 하나님의 평강이 그리스도 예수 안에서 너희 마음과 생각을 지키시리라"(빌 4:6-7).

아무리 절망적인 상황에서도 희망의 불씨는 남아 있다. 그렇기에 절망을 절망시키고 희망을 캐내는 사람이 되어야 한다. 기도의 사람은 절망을 극복할 수 있고 가문을 일으킬 수 있으며 시대를 움직일 수 있다. 기도는 연약한 여인, 상심한 여인, 비천한 여인을 일으키는 자리이다. 기도로 가슴의 한을 풀고 가정을 세우고 민족을 일으키는 은혜를 누릴 수 있다.

희망을 일구는 것은 다수가 아니라 영적인 창조적 소수에 의해 이루어진다. 영적 암흑기에도 예배에 목숨을 걸었던 여인, 다음세대인 자식에 관심을 두었던 여인, 여호와 앞에 오래 기도했던 여인, 하나님께 소망을 두었던 여인 한나는 개인의 삶, 가정의 운명, 국가의 운명을 바꾸어놓았다. 이처럼 하나님은 어려운 시대에도 예배에 집중하는 사람, 기도에 승부수를 띄우는 사람, 하나님의 사랑과 돌보심을 갈망하는 사람에게 풍성한 은혜를 베풀어주신다.

문제는 하늘문을 열지 않는 불신앙이다

디모데의 합류로 선교의 활력을 되찾은 바울은 제2차 선교여행을 떠나게 되었다. 소아시아 지역에 있는 교회들을 돌아

보면서 선교하기를 원했다. 그런데 성령께서 바울의 소원을 허락하지 않고 막으셔서 방향을 바꿔야 했다(행 16:6). 인생은 그런 거다. 내가 원한다고 다 되는 게 아니다. 내가 꿈꾼다고 다 이뤄지는 것도 아니다. 내 인생을 향한 하나님의 설계가 중요하다.

사도 바울은 드로아에서 밤중에 환상을 보았다. 마게도냐 사람 하나가 서서 손짓을 하고 있었다. "마게도냐로 건너와서 우리를 도우라"(행 16:9). 바울은 하나님이 저 사람들에게 복음을 전하게 하려고 부르시는 것을 깨달았다. 환상을 본 바울은 지체하지 않았다. 곧 마게도냐로 떠났다. 그는 성령의 음성에 즉각적으로 순종하는 습관이 있었던 것이다.

바울 일행은 유럽의 관문인 빌립보에 도착했다. 그곳에 수일 동안 머무는 중 안식일에 기도할 장소를 찾았다. 강가로 나갔다가 거기서 두아디라 시에 있는 자색 옷감 장사인 루디아를 만났다. 우연히 루디아에게 말을 건넸다. 그들에게 '우연'이 하나님에게는 '필연'이었다. 주께서 그녀의 마음을 열어 바울의 말을 따르게 하셨다. 그리하여 온 집안 식구가 세례를 받았다. 그녀가 바울에게 청했다. "만일 나를 주 믿는 자로 알거든 내 집에 들어와 유하라"(행 16:15). 루디아는 바울 일행을 강권하여 자기 집에 머물게 했다. 주님은 기도할 곳을 찾아다니던 바울에게 머물 거처와 든든한 후원자까지 예비해주셨다. 하나님은 정말 후히 주고 꾸짖지 아니하는 하나님이시다(약 1:5).

인생길을 걷다 보면 고난의 현장을 만난다. 원치 않는 장애물이

다가와서 마음을 아프게 한다. 그런데 아는가? 그때가 바로 기도의 동굴로 들어오라는 하나님의 초대라는 사실을. 하나님은 삶의 다양한 문제를 기도의 사인으로 주신다. 때때로 하나님 앞에서 기나긴 시간 동안 대면해야 할 때도 있다. 그러나 꼭 시간만 필요한 것은 아니다. 순간순간 하나님의 얼굴을 바라볼 수도 있다. 느헤미야는 고국의 상황을 듣고 하나님 앞에 금식하면서 기나긴 기도를 드렸다. 그러나 왕 앞에 나아갔을 때는 순간적인 기도를 드렸다. 알고 있는가? 사방이 막혀 있어도 하늘문은 열려 있다는 사실을. 다가오는 환경이 두려운 것이 아니다. 사람들이 겁나는 게 아니다. 하늘문을 열지 않는 우리의 불신앙이 문제이다. 기도하지 않는 건 불신앙, 혹은 하나님의 도움 없이도 살 수 있다는 교만함 때문이다.

4세기에 활동한 주교이자 역사가인 유세비우스는 저서 「교회사」에서 이렇게 말했다. "야고보는 홀로 성전에 들어가 무릎을 꿇고 모든 인간을 용서해달라고 하나님께 간절히 기도했다. 그래서 야고보의 무릎은 낙타의 무릎처럼 딱딱해졌다. 그러므로 사람들이 그를 의인, 또는 인간의 방파제, 또는 의로움이라는 뜻의 오브리아스라 불렀다."

삶이 고달픈가? 가슴이 찢어지게 아픈가? 마음이 무너지게 버거운가? 힘겨운 문제 앞에서 허둥대는가? 도저히 용서하기 싫을 정도로 미운 사람이 있는가? 기도의 무릎을 견고하게 세우라. 사방이 꽉 막혀 있어도 하늘문은 열려 있다. 은혜의 보좌 앞으로 나아가 때를 따라 돕는 은혜를 구하면 된다(히 4:16).

나는 새벽기도 시간을 통해 설교와 목회의 통찰력을 많이 얻는다. 하나님이 생각을 주시면 캄캄한 곳에서도 볼펜을 꺼내 닳지 않는 손바닥 메모지에 메모를 한다. 새벽에 주시는 하나님의 영감이 없다면…. 나는 오후 5시가 되면 목양실에서 무릎을 꿇는다. 하늘문을 여는 시간이다. 성도들의 기도제목을 가지고 하나님 아버지께로 나아간다. 중보기도를 하는 그 시간, 하나님의 임재를 경험하곤 한다. 얼마나 감사하고 행복한 순간인지! 막막한 인생길을 헤쳐가는 이들이여, 사방이 막혀도 하늘 창문을 열어 젖히라.

아무리 바빠도 하나님의 임재 앞에 나아가 기도하는 시간을 빼앗길 정도로 바빠서는 안 된다. 아무리 무력해도 좋다. 하나님 앞에 꿇는 무릎만 든든하면 된다. 믿음의 영웅들, 영적 거장들은 모두 기도의 사람이었다. 기도하지 않고 지혜로우면 교만해진다. 기도하지 않고 능력 있으면 하나님을 무시한다. 똑똑하지 않아도, 다소 능력이 부족해도 괜찮다. 하나님 앞으로 나아가 진솔하게 기도하는 시간을 가질 수 있다면. 정기적으로, 라이프스타일이 되도록, 다니엘처럼 기도하기 힘든 때에도 하나님께 나아올 수 있으면 된다.

모세는 광야에서 38년을 빙글빙글 돌았다. 그리고 다시 가데스로 왔다(민 20:1). 백성들은 지칠 대로 지쳤다. 갈증도 심각했다. 가나안 땅이고 뭐고 다 때려치우고 싶은 심정이었다. 갈증이 나는데 마실 물도 없었다. 그래서 모세와 아론 앞으로 함께 모여들었다. 불평하고 원망하고 짜증내기 시작했다. 상황이 이쯤 되고 보면 나는 어떻게 처신할까? 대노하겠지? 낙심하고 절망감에 싸이겠지?

그러나 기도의 사람 모세는 달랐다. 모세는 농성하고 있는 회중 앞을 떠나 하나님이 임재하시는 회막 문으로 나아갔다. 그곳에서 하나님께 엎드렸다. 회막은 하나님과의 만남의 장소이다. 하나님의 은혜를 경험하는 자리이다. 모세와 아론이 회막 문으로 나아갔을 때 어떤 일이 벌어졌는가? 여호와의 영광이 그들에게 임했다. 여호와의 음성이 들렸다. 하나님의 위로가 기다리고 있었다. 이것이라면 하나님의 사람에게 족하지 않은가?

때때로 주변 사람들이 나를 실망시킬 때가 있다. 때로는 배신감을 안겨주는 경우도 있다. 그때 사람들에게 즉각적인 반응을 일으키기보다 하나님을 대면하러 나아가는 게 좋다. 때때로 나를 도울 사람을 찾고 싶은 때가 있다. 그들에게 손 내밀어 도움을 청하고 싶을 때가 있다. 그런데 그게 별로 신통치 않을 때가 잦다. 그래서 더 낙심되는 경우가 있다. 물론 큰 상처도 받겠지. 그러나 주님의 임재 앞으로 나아가 조용히 머리를 조아리면 하나님의 위로가 기다리고 있다. 상황과 현실을 분별할 수 있는 지혜도 떠오르게 하신다. '어떻게 내가 이런 묘책을 생각할 수 있었지' 하는 생각이 들 정도로. 내가 문제와 사람 앞에 직접 대면하지 않아도 주님이 앞서 가시며 길을 닦고 문을 여시는 때도 많다. 문제는 하늘 보고를 열기 위해 기도하지 않는 것이다.

언젠가 어느 세미나에 참석했다. 둘째 날 오전 집회 후 기도시간을 길게 주었다. 그때 강한 하나님의 임재를 경험했다. 소란스러운 기도도 아니었다. 그저 마음을 하나님 앞에 드리는 기도였다. 나 자신을 위한 기도로 시작했다. 그런데 5분도 채 못 되어 나도 모르게 성도들을 위한 중보기도로 이끌림을 받았다. 아파하는 성도들의 얼굴이 떠올랐다. 그들을 내 가슴에 안고 하나님께 기도했다.

그런데 놀랍게도 하나님은 중보기도를 하고 있는 나를 만져주셨다. 하나님이 음성을 들려주셨다.

"내가 안다!"

"내가 있다."

하나님의 임재 앞에 서 있는 내 눈에서는 눈물이 흐르기 시작했다. 코에서 나온 콧물과 범벅이 되어 손수건을 다 적셨다. 재미없는 세상, 살고 싶지 않은 세상, 그러나 살맛나는 인생이 바로 거기서 경험되었다. 회중 앞에 버티고 있으면 재미없는 인생을 살게 된다. 그러나 회중 앞을 빠져나와 회막 문으로 가서 엎드려 하나님의 임재를 경험해보라. 살맛나는 인생이 될 것이다. 그게 영적 세계의 신비이다. 교회가 회복해야 할 게 바로 이것이다.

좀 아둔하면 어떤가? 좀 부족하면 어떤가? 실력과 능력이 좀 빠지면 어떤가? 지혜의 근원이자 무한한 능력의 소유자이신 하나님이 함께하시면 되는 일 아닌가? 하나님은 기도하는 자와 함께하신다. 십자가 앞에 무릎 꿇는 당신과…. 문제는 하늘문을 열지 않는 당신이다.

주님이 주시는 어떤 잔도
감사하며 마시라

가슴 아픈 이야기를 하나 나누고자 한다. 김신희, 한국대학생선교회 총재로 지낸 김준곤 목사님의 딸이다. 만 29세를 일기로 하나님의 부르심을 받아 세상을 떠났다. 세 살과 다섯 살 난 두 딸과 남편을 남겨두고서. 위암 때문에. 위암을 발견했을 때는 이미 늦은 상태였다. 그래도 포기하지 않고 대학병원에서 개복수술을 받았다. 위와 비장 전부를 잘라냈다. 간장 일부와 췌장 일부까지 절제했다. 소장 일부를 잘라서 대용 위를 만드는 대수술이었다.

수술이 끝난 후 집도를 한 의사가 말했다.

"수술 자체는 성공적입니다. 하지만 6개월 이상 생존하지 못할 것입니다."

"그 이상 생존 가능성은 없나요?"

"10만 분의 일, 100만 분의 일도 없습니다."

이렇게 지옥과 같은 투병생활이 시작되었다.

어느 날, 딸은 옆에 있던 엄마에게 물었다.

"엄마, 아이들 보고 싶지 않아?"

"아이들 보고 싶으면 데려올까?"

"아니."

얼마나 보고 싶은 아이들이었을까? 두 딸을 키운 정성은 유별났었다. 그런데 그들의 얼굴을 볼 수가 없었다. 엄마의 마음이 그렇다.

전주 예수병원에서 치료받고 있을 때였다. 어느 날, 대학 시절의 이야기를 나누며 즐거워하던 순간이었다. 갑자기 딸이 일어나 앉았다. 그리고 아빠를 향해 말했다.

"아빠, 나 살고 싶어요. 살 길이 없을까요?"

억장이 무너지는 말이었다. 이즈음에 의사가 말했다.

"신희의 여명이 얼마 없습니다."

그래서 딸의 신앙을 준비시켜야겠다는 마음을 먹고 있던 터였다. 이때다 싶어 말을 꺼냈다.

"신희야, 너 주님 만날 준비를 해야 한다. 그리고 네 남편과 두 딸에게 남길 말도 녹음해 둬야 하겠다. 네 딸들의 양육은 조금도 염려하지 말고."

그러자 딸이 대답했다.

"아빠, 고마워요. 사실은 진작부터 그 일을 부탁드리고 싶었지만 미안해서 말씀드리지 못했어요. 내게 죽음이란 아무런 문제도 아니에요. 다만 주님을 위해 별로 한 일이 없는 게 걱정일 뿐이에요. 그런데 고통이 무서워요."

이들은 기도회를 가졌다. 이때 딸이 성령 충만하여 빛나는 얼굴로 영감에 찬 기도를 드렸다. 그 기도는 구구절절 목사님의 가슴을 아프게 했다.

"주님, 만일 다시 살 기회를 한 번 더 주신다면 제가 어떤 삶을 살 것인지 주님이 잘 아십니다. 그러나 주님이 주시는 어떤 잔도 감사하고 찬송하며 마시게 해주십시오. 주님의 뜻에 순종하고 싶습니

다. 제 고통과 눈물이 기도가 되고 찬송이 되게 해주십시오. 고통의
잔은 감당할 힘이 없사오니 주님이 책임지고 감당하게 해주십시오."

딸의 최고의 공포는 참을 수 없는 극한 고통이었다. 진통제가 잘
듣지 않아 모르핀을 써야했다. 그런데 말기 암환자에게는 모르핀도
듣지 않는 경우가 잦았다. 그래서 의사들은 최후까지 모르핀을 쓰는
일에 인색했다. 많은 암환자가 죽기 전 일주일 정도는 거의 광란의
상태에 빠진다고 한다. 아버지는 딸이 고통을 참는 것을 차마 눈 뜨
고 볼 수 없었다. 이마에는 식은땀이 흐르고, 온몸을 비틀며 주님을
불렀다. 나중에는 누워서 기도하는 딸의 손목을 잡고 목사님 내외는
끊임없이 신음 같은 기도를 했다고 한다. 딸이 토할 때마다 목사님
은 자기 죄를 창자까지 토해냈다. 자나 깨나, 앉으나 서나 주님과 딸
을 번갈아 부르며 숨 쉬듯 기도했다. 그러나 목사님 생애의 가장 애
절한 기도는 무참히 거절당했다.

어느 날, 목사님과 사모님은 하나님의 임재 앞으로 나아갔다. 아
브라함처럼 이삭을 바치는 순종과 수락을 결심하면서부터 지각에
뛰어난 평강이 찾아왔다. 주님은 목사님의 가장 소중한 것을 기어이
빼앗아가버렸다. 그런데 목사님은 그 주님의 뺏는 손보다 다른 손에
준비된 것을 보았다. 딸을 빼앗아간 다른 손에는 영원한 소망이 전
보다 총천연색으로 보였다. 주님의 절대 사랑과 어떤 상황에서도 승
리하는 힘을 주실 것에 대한 신뢰, 그리고 신앙을 다시 확인해야 하
는 과제 앞에 서게 되었다. 아비된 자로서 딸을 대신하고 싶었다. 하
지만 고통과 죽음만은 대신할 수 없는 것, 오직 주님만이 딸을 대신

하실 수 있었다.

딸과 사위, 그리고 목사님 부부는 이렇게 기도했다.

"주여, 기도할 힘도 없고 심지어 믿음도 꺼져갑니다. 감사와 찬송을 악마가 빼앗아가고 있습니다. 살 힘도, 죽을힘도 없습니다. 병과 싸우고 고통을 참을 힘이 조금도 남아 있지 않습니다. 이 시련은 감당할 수 없습니다. 대신 책임져주십시오. 물속에서 건지듯이, 불속에서 건지듯이 당신이 성령으로 저 대신 기도해주시고, 믿게도 해주시며, 감사와 찬송도 주십시오. 저는 이미 죽었고 제게 사는 것은 주님뿐이며 당신의 죽음으로 죽음을 죽였사오니 저와 죽음이 상관없게 하소서. 신희의 모든 것을 대신해주십시오. 살게 하는 것도 주님이고 죽게 하는 것도 주님입니다. 이 싸움은 당신의 싸움입니다. 이 죽음은 당신의 죽음입니다."

김준곤 목사님 역시 이렇게 고백했다.

"이 피 묻은 고백은 내가 하는 것이 아니라 내 속에 성령이 하신 것이다. 인간의 종말에서 하나님은 시작하고, 우리는 거꾸로 사는 영점 이하 수의 가산(加算)을 살아야 했다. 주님은 살아계셨다. 주님은 사랑이셨다. 주님은 약속을 지키는 신실하신 분이다. 내 딸이기 이전에 주님의 딸이다. 내가 사랑하기보다 주님이 더 사랑하신다. 그래서 주님은 신희가 이 세상보다 천국에서 더 필요해서 더 좋은 곳으로 최선의 것을 예비하시고 높이 쓰시려고 특별 고통 코스로 특별 연단을 시켜 특별히 불러가신 것이다. 그런 주님을 나는 죽음만큼 진실되고 순수하게 찬송한다. 신희의 끊임없는 기도는 어떤 경우에도 '주님께 영광을 돌리고 주님을 찬송하게 하소서'였다."

그렇게 딸은 가족 곁을 떠나 하늘 아버지께로 갔다. 그러나 거기
에서도 하나님은 일하셨다.

많은 이가 열심히 기도한다. 그런데 기도의 방향을 설정하지 않
는다. 자기중심적인 기도만 드릴 뿐이다. 무속신앙은 인간의 감동적
인 행동을 통해 '신의 의지'를 '인간의 뜻' 대로 바꾸려고 한다. 그러
나 기독교 신앙은 '하나님'을 움직이는 게 아니라 '나'를 바꾸는 것
이다. 이제 기도의 중심축을 이동해야 한다. "먼저 그의 나라와 그의
의를 구하라"(마 6:33). 다른 것은 주님이 책임지신다. 예수님이 보
여주시지 않았던가! "나의 원대로 마시옵고 아버지의 원대로 하옵소
서"(마 26:39). 겟세마네 기도는 '아버지의 뜻에 대한 자발적인 순
종'을 보여준다. 나의 뜻을 포기하고 주님의 뜻을 붙잡는 기도였다.
내 마음에 들지는 않지만, 내가 원하는 것은 아니지만 그래도 주님
이 주시는 것을 기꺼이 받을 수 있는 믿음이 꽉 찬 기도를 드려야 한
다. 그에게는 땅에 있는 나라가 아닌 하늘나라의 위로와 은총을 받
을 수 있다.

어린아이처럼 아직 내가 원하는 것을 얻기 위해 하나님의 손을
비틀고 있지는 않은가? 언제까지 유아적인 기도에 머물러 있으려는
가? 누군가 말했다. "기도 응답을 받는 것을 기적처럼 생각하는 그
리스도인이 많은데, 기도 응답을 받지 못하는 것이 기적이다. 왜냐
하면 성경은 기도 응답에 대해 너무 많은 약속을 주셨고, 실제로 기

도 응답을 받았던 사람이 너무나 많기 때문이다."

기도 응답이란 '우리가 원하는 것'을 얻는 것도 되지만 '하나님이 원하시는 것'을 주시는 것도 포함된다. 그런데 우리는 자주 하나님이 원하시는 것을 달갑지 않게 여길 때가 많다.

기도의 독주회와 합주회로
하늘보좌를 움직이라

예수님은 기도의 3중적 약속을 해주셨다. "구하라. 그리하면 너희에게 주실 것이요 찾으라. 그리하면 찾아낼 것이요 문을 두드리라. 그리하면 너희에게 열릴 것이니"(마 7:7). 주님이 나를 향해 요청하신다. "기도해!" "더 기도해!" "끝까지 기도해!" 이렇게 강력하게 요청하시는 주님의 음성이 있는데도 기도를 게을리할 것인가? 기도를 패싱할 것인가? 그러면서 하나님의 은혜에 이끌리는 삶을 욕심낼 것인가?

장담하건대 기도하는 사람은 홀로 외로이 통곡하는 자리에서 근심 없는 얼굴로 살아가는 인생으로 바뀌게 된다. "정말 죽을 것 같아요"라고 하던 사람이 "이제는 살 것 같아요. 이제는 살 수 있어요"라고 외치게 된다. 한나가 그랬던 것처럼.

기도 응답을 받는 것도 행복하지만 기도하는 과정을 즐기는 것도 행복한 일 아닌가! "내가 기도하는 그 시간이 내게는 가장 즐겁다." 혹시 지금까지 근성으로 찬송하지 않았는가? 마음과 영혼의 고백이 아닌 입술만으로. 기도하는 그 시간 주님과 대화 나누는 행복, 기도하는 그 시간에 음성을 들려주시는 행복, 기도하는 그 시간 주님이 부어주시는 한없는 위로, 기도하는 그 시간 땅의 세계에서 벗어나 하늘세계와 접속하는 은혜, 모든 것은 기도 응답과 상관없이 기도의 과정에서 맛보는 행복이다. 이 행복감을 아는 이는 기도 응답에 연연하지 않는다. 이미 주님과 함께하는 기도시간이 응답 자체이니까.

그럼에도 기도는 피 터지는 영적 싸움이자 전쟁이다. 의사인 누가는 겟세마네 기도의 몇 가지 독특한 특징을 알려준다.

첫째, 예수님은 습관을 따라 기도하셨다. 마치 다니엘이 그랬던 것처럼. "예수께서 나가사 습관을 따라 감람산에 가시매 제자들도 따라갔더니"(눅 22:39).

둘째, 예수님은 사투의 기도를 하셨다. "예수께서 힘쓰고 애써 더욱 간절히 기도하시니 땀이 땅에 떨어지는 핏방울같이 되더라"(눅 22:44).

셋째, 예수님은 영적 전투로 기도하셨다. "천사가 하늘로부터 예수께 나타나 힘을 더하더라"(눅 22:43).

예수님은 '유대 광야'에서 기도로 공생애 사역을 시작하면서 사탄과 대적하셨다. 이제 공생애를 마무리하면서 '겟세마네 동산'에서 사탄과 싸우고 계신다. 그런데 중요한 것은 그때 천사가 예수님의 기도를 도왔다는 사실이다.

기름을 짜는 곳인 겟세마네는 영적 전투의 장소로서 성령의 역사도 있지만 사탄의 작용이 다분한 곳이다. 예수님이 고민하여 죽을 지경이 되었다고 말씀하실 정도로. 제자들의 눈이 피곤하여 졸음을 이기지 못할 정도로. 누가는 "슬픔으로 인하여 잠들었다"고 제자들을 좋게 변호하고 있지만(눅 22:45), 제자들은 너무 힘들고 피곤해서 잠에 취한 것이다. 더구나 예루살렘에서 유월절 음식을 배부르게 먹고 난 후이고, 자정이 넘은 시간이니 그럴 만도 하지 않은가? 더구나 사탄이 졸음을 부추기지 않았겠는가?

깨어 있지 못한 결과를 잊지 말아야 한다. 제자들은 결국 스승을 배반하고 버리고 부인했다. "깨어 있어 기도하라"고 거듭 말씀하셨지만 영적 전투에서 실패한 것이다. 더구나 절박한 상황에서 제자들이 함께 자신의 기도에 동참해주기를 원하셨지만 제자들은 예수님을 위해 기도하는 것조차도 실패하고 말았다.

하나님의 교회의 프라이드는 서로를 향해 기도하는 것이다. 만약 교회 안에 서로를 향한 기도가 단절된다면 그 교회는 이미 영적 전투에서 실패한 교회이다. 나는 부족하기 때문에 더 기도하고 실력과 능력이 없기 때문에 더 기도할 수밖에 없다. 항상 옆에는 기도하는 아내가 있고, 장인·장모님이 계시며, 기도의 동역자인 성도들이 있기에 조금이라도 버텨나간다. 그들의 중보기도가 없었다면 나는 벌써 번아웃되고 쓰러졌을지도 모른다.

모든 목회자가 그렇겠지만 나도 자신을 위한 기도보다 성도들을 위한 기도에 분주하다. 새벽에 엎드릴 때마다 나의 기도는 뒷전이고 성도들의 기도가 앞선다. 물론 개인기도 시간이야 더할 나위없다. 기도수첩에 빽빽히 적힌 성도들의 이름과 기도제목을 가지고 기도하기도 바쁘니까. 그런 나를 보면서 가끔 아내가 웃으면서 말한다. "그래도 우리 가족을 위해 기도하는 시간도 배분해줘야지."

칼빈은 "거룩한 백성은 중보자의 은혜를 통해서만 복을 받는다"고 말했다. 그렇다. 우리의 중보자가 되셔서 하나님 보좌 우편에서 기도하시는 예수님 자체가 복이다. "믿음의 주요 또 온전하게 하시는 이인 예수를 바라보자. 그는 그 앞에 있는 기쁨을 위하여 십자가를 참으사 부끄러움을 개의치 아니하시더니 하나님 보좌 우편에 앉으셨느니라"(히 12:2).

괴로울 때 주님의 얼굴을 바라봐야 한다. 아무리 답답해도 하나님 보좌 우편에 앉으신 주님을 기다려야 한다. 하나님 보좌 우편에 계신 주님은 우리를 위해 하늘 아버지께 변호하고 기도하신다. 사실 땅에서 내 힘과 능력으로 사는 것 같지만 하늘 보좌에서 일하시는 주님에 의해 움직여지고 있을 뿐이다.

개인의 골방기도도 매력 있다. 하지만 함께 드리는 공동체의 기도는 더 아름답고 멋지다. 예루살렘교회는 베드로가 감옥에 갇혔을 때 기도합주회를 통해 기적을 체험했다. "이에 베드로는 옥에 갇혔고 교회는 그를 위하여 간절히 하나님께 기도하더라"(행 12:5). "깨닫고 마가라 하는 요한의 어머니 마리아의 집에 가니 여러 사람이 거기에 모여 기도하고 있더라"(행 12:12).

영적 지도자인 야고보가 순교했다. 베드로마저 옥에 갇혔다. 언제 사형선고가 떨어질지 아무도 모른다. 그야말로 예루살렘교회는 졸지에 쑥대밭이 되는 형편이었다. 그런데 그때 성도들은 낙심하지 않고 함께 모여 기도에 열중했다. 마가 요한의 집에 모여 기도했더니 그 기도 응답으로 천사가 옥에 갇힌 베드로를 끌어냈다. 말로 다 표현할 수 없는 하나님의 은혜가 아닌가! 기도를 통해, 그것도 합심기도를 통해 이루어졌다. 그렇다면 우리 역시 기도합주회를 즐겨야 하지 않을까?

지혜로운 성도는 기도의 독주회와 합주회를 즐길 줄 안다. 홀로 은밀하게 기도하는 골방도 즐기지만 성도들이 함께 모여 드리는 기도 합주회의 능력도 누릴 줄 안다. 시편 118편을 통해 기도로 누리는 풍성한 하나님의 은혜를 맛보도록 하자.

"내가 고통 중에 여호와께 부르짖었더니 여호와께서 응답하시고 나를 넓은 곳에 세우셨도다. 여호와는 내 편이시라. 내가 두려워하지 아니하리니 사람이 내게 어찌할까. 여호와께서 내 편이 되사 나를 돕는 자들 중에 계시니 그러므로 나를 미워하는 자들에게 보응하시는 것을 내가 보리로다. 여호와께 피하는 것이 사람을 신뢰하는 것보다 나으며 여호와께 피하는 것이 고관들을 신뢰하는 것보다 낫도다"(시 118:5-9).

어려운 현실을 탓하지 말자. 인생 위기를 원망하지도 말자. 기도하지 않는 못난 나를 자책하자. 기도할 수 있는데 왜 실망하는가? 기도에 응답하실 주님은 항상 곁에 있는데….

때때로 나에게 주어진 삶에 만족하지 못하고, 나에게 다가오는 현실과 환경을 인정하지 않으며 거부하고 싶은 때가 있다. 나를 인도하시는 하나님께 반항하고 반론을 제기하고 싶은 때가 적지 않다. 그러나 어느 시점에서 되돌아보면 그래도 하나님의 은혜가 나를 이끌어 오셨다는 고백이 절로 나온다. 그때야 비로소 감사의 눈물을 흘린다.

아내를 만나서 결혼생활한 지도 벌써 31년이 되었다. 힘든 여정도 많았다. 마이너스 통장으로 살아가던 세월도 있었다. 아이들 때문에 흘려야 했던 눈물도 적지 않았다. 아이들의 진로와 선택이 불만족스러운 적도 있었다. 어느덧 세월이 흘러 큰딸 혜린이는 가정을 이루어 독립하고, 둘째인 아들 형규는 직장을 다니고 있으며, 막내인 세린이는 말레이시아에서 자기 일을 하고 있다. 이들이 앞으로 살아갈 날들을 생각하면 미지수다. 그래서 걱정이 슬며시 찾아올 때도 잦다.

담임목회를 한 지 20년째다. 내년이면 내 나이 60선에 들어선
다. 앞으로 몇 년 더 목회를 할지 모른다. 지금까지도 늘 부족한 목
회자였지만 앞으로도 자신은 없다. 그저 하나님이 베푸시는 은혜만
기다릴 뿐. 때때로 은퇴 후를 생각해본다. 은퇴 후의 내 모습은 어떨
까? 그때 어떻게 지낼까? 노후의 삶은 어떻게 설계해야 하지? 평생
주님의 종으로 살아왔던 인생, 너무 초라하지는 않아야겠는데. 하나
님의 영광을 가리지는 않아야 할 텐데. 사실 이런저런 생각에 잠길
때도 많다. 장담할 수 있는 건 아무것도 없으니까. 불확실성의 시대,
불확실한 인생을 살아가니까.

그런데 내가 붙잡을 수 있는 하나, "이 모든 게 하나님의 은혜였
습니다!" 은혜로 순간순간을 이끌어주신 하나님의 손길이다. 자신에
게 근거를 둔 합리적인 계산보다 믿음에 근거를 둔 비합리적인 계산
서를 손에 쥐고 살아가는 인생이었다. 사실 30년의 결혼생활을 생
각해보면 합리적인 계산으로는 전혀 떨어지지 않는 셈법이었다. 그
러나 하나님은 일하셨다.

신학대학원 지원을 결단할 때 주님을 향해 결제를 요구했던 기
도, "저에게 20세기의 까마귀를 보내주시겠습니까? 그렇다면 저도
주님이 원하시는 길을 가겠습니다." 그렇게 시작한 목회사역 중에
하나님이 보내주신 까마귀를 수없이 경험하고 얼마나 감격했던가!

하나님께서 이끄시는 은혜의 삶이라 고민이 없는 건 아니다. 고
난과 시련이 없는 꽃길만 걷는 인생도 아니다. 지금도 아슬아슬한 살

얼음판을 걷고 있다. 코로나19가 시작된 2020년과 코로나19가 멈추지 않고 있는 2021년에 이 땅을 떠나 하나님 품에 안긴 장로님, 권사님이 많다. 뇌출혈로 쓰러지신 은퇴장로님, 건강하게 지내시다 어느날 갑자기 자택 욕실에서 쓰러져 주님 품에 안긴 원로장로님, 당뇨병 합병증으로 수술받다가 주님 품에 안긴 은퇴권사님, 새벽 운동을 하기 위해 집 계단을 내려오다가 넘어져 뇌출혈로 주님 품에 안긴 은퇴권사님, 대중목욕탕을 갔다가 쇼크로 쓰러져 주님께로 가신 은퇴장로님. 비단 이들만 험난한 길을 걸었겠는가? 인생길이 험하고 마음이 지쳐서 살아갈 용기가 나지 않기는 누구나 마찬가지일 것이다.

성경은 이 세상 공식으로 풀 수 없는 영적 함수관계를 가르쳐준다. "우리가 사방으로 우겨쌈을 당하여도 싸이지 아니하며 답답한 일을 당하여도 낙심하지 아니하며 박해를 받아도 버린 바 되지 아니하며 거꾸러뜨림을 당하여도 망하지 아니하고"(고후 4:8-9). 이런 삶의 비밀을 은혜의 삶이 아니면 어떻게 설명할 수 있단 말인가? 그렇기에 성도는 영적 여정에서 '버림과 얻음' '죽음과 부활' 사이의 영적 함수관계를 잘 알아야 한다. 사즉생 생즉사(死卽生 生卽死), 즉 죽고자 하면 살고 살고자 하면 죽는 원리. 이 영적 비밀을 주님은 이렇게 말씀하셨다.

"누구든지 제 목숨을 구원하고자 하면 잃을 것이요 누구든지 나를 위하여 제 목숨을 잃으면 찾으리라"(마 16:25).

"자기의 생명을 사랑하는 자는 잃어버릴 것이요 이 세상에서 자기의 생명을 미워하는 자는 영생하도록 보전하리라"(요 12:25).

그래서 일사각오의 순교신앙을 가지고 주님 품에 안긴 주기철 목사님은 이렇게 고백했다.

"죽기를 각오하니 두려울 것이 없습니다."

최근 브라질에서 선교하던 어느 선교사님 가정에 일어난 일이다. 이들 부부는 1990년 브라질 마나우스 선교사로 파송됐다. 그곳에서 몇 교회를 개척하며 열심히 사역했다. 문맹퇴치를 위해 1993년과 2003년 각각 무치렁초등학교와 알프레도 나시멘투초등학교도 설립했다. 부부는 아마존강의 지류 중 하나인 네그루강에 선교선을 띄워 오지의 인디오 마을을 찾아 복음을 전했다. 아내인 이신숙 선교사는 특히 어린이 전도에 관심이 커 현지인을 대상으로 강의하며 브라질의 다음세대 양육을 도왔다. 이들 부부는 어언 31년간 브라질에서 성실히 선교사의 길을 걸었다.

그런데 코로나19가 이들 선교사의 가족을 차례로 덮쳤다. 먼저 남편 이성전(66) 목사가 2020년 12월 29일 가족 중에 처음으로 코로나19 확진 판정을 받았다. 다행히 병세가 호전되면서 퇴원했다. 하지만 폐 기능이 회복되지 않아 여전히 약물치료를 받고 있다.

2021년 1월, 아내 이신숙 선교사가 코로나19에 감염돼 64세를 일기로 하나님 곁으로 갔다. 그녀는 무증상 감염자여서 병세가 상당히 악화된 뒤에야 병원으로 이송되었다. 하지만 제대로 치료를 받지 못한 채 9일 만에 숨을 거뒀다.

그런데 더 기가 막힌 건 아내의 죽음에 마냥 슬퍼할 수만은 없었다. 코로나19 바이러스는 여기서 멈추지 않고 아들(41)까지 감염시켰기 때문이다. 아들 역시 선교사가 되기 위해 미국 GP선교회에서 선교사 훈련을 받고 있었다. 미국에서 생활하던 아들은 어머니의 코로나19 치료에 도움이 되는 약과 산소통 등을 가지고 브라질 마나우스에 온 뒤 감염됐다. 아들 역시 병세가 심각한 상태이다.

아내의 죽음 앞에서, 그리고 심각한 병세로 고통당하는 아들을 두고서 이성전 선교사는 다짐했다.

"고통 중에도 마나우스의 코로나19 상황을 걱정했을 정도로 브라질 사람을 사랑했던 아내의 모습이 생생하게 기억난다. 너무 아프고 고통스럽지만 기도하며 아픔을 달래고 있다"

"아내의 삶과 신앙, 선교에 대한 열정이 녹아 있는 브라질 이곳에서 생을 마치고 싶다. 복음에 빚진 자로 하나님께서 부를 때까지 선교사로 일하겠다."

그렇다. 하나님의 은혜는 이 땅, 육신의 삶에 제한 된 게 아니다. 이 세상 너머 완성된 하나님의 나라에서도 계속된다. 육신의 삶 너머 영혼의 세계에도 흘러넘친다. 이 땅에서도, 육신의 삶에도 하늘의 신령한 복과 땅의 기름진 복이 약속되어 있다. 하지만 완성된 주님의 나라에서 눈물을 닦아주시고 위로와 상급을 베푸실 하나님의 은혜가 아직 남아 있다. 삼위 하나님과의 풍성하고 친밀한 교제를 누릴 삶이 약속되어 있다.

그렇기에 하나님의 은혜에 이끌리는 인생은 땅엣 것만 바라보지 않고 위엣 것을 바라보며 산다. 로마 시민권만 자랑하는 게 아니라 하늘나라 시민권에 대한 자부심을 갖고 산다. 부모로부터 물려받는 유산에 몰두하는 인생이 아니라 새 언약 안에서 누리게 될 하나님의 기업에 욕심을 갖고 산다. 그래서 하나님의 은혜에 매인 인생은 차원이 다르다. 세상 기준과 잣대로 평가하고 판단할 수 없는 삶의 비밀을 갖고 산다. 그 은혜에 이르기까지 멈추지 않는 믿음의 분투가 있길 소망한다.